כתבי האקדמיה הלאומית הישראלית למדעים

החטיבה למדעי-הרוח

—

שירי לוי אבן אלתבאן

שירי לוי אבן אלתבאן

יוצאים לאור

על־פי כתבי־יד ודפוסים

בצירוף מבוא

חילופי־נוסח וביאורים

בידי

דן פגיס

ירושלים תשכ״ח

האקדמיה הלאומית הישראלית למדעים

נדפס בדפוס מרכז, ירושלים

הקדמה

תולדות חייו של לוי אבן אלתבאן, מן המשוררים המעולים בני תור־הזהב בספרד, נשכחו במרוצת הדורות. אבן אלתבאן חי בסוף המאה הי״א בעיר סאראגוסה, שבה פעלו באותו זמן משוררים ומלומדים רבים, מהם בני־המקום, ומהם גולים, שבאו לשם אחרי חורבן קהילת קורדובה בתחילת אותה מאה. שירי אבן אלתבאן נתפזרו לאחר מותו; חלקם אבד וחלקם יוחס למשוררים אחרים. במשך שבע מאות שנה ויותר היה ידוע כמעט אך ורק כמחברו של ספר דקדוק, שאף ממנו לא נשתמר אלא השם בלבד.

המקורות עליו מועטים ודלים. לפני מאה ועשרים שנה כתב מיכאל זקש בספרו על שירת־הקודש, שהוא מזכיר את אבן אלתבאן רק דרך אגב, כיוון שמשורר זה ׳לא נודע עליו עוד שום דבר אחר הראוי לציון׳. ואף־על־פי שמאז נתגלו עוד פרטים אחדים, אין אנו יודעים היום הרבה יותר על חיי אבן אלתבאן משידע זקש. אין בידנו לקבוע שום תאריך מדויק בחייו, וזמנו ידוע לנו רק בקירוב, על־סמך קשרים שהיו לו עם משוררים ומלומדים אחרים.

המחקר על אבן אלתבאן התחיל בדורה של ׳חכמת ישראל׳. שד״ל, צונץ, שטיינשניידר, לאנדסהוט ואחרים אספו פרטים אחדים עליו וערכו רשימות חלקיות של שיריו; הם ייחסו לו שלושים שירים, בקירוב. רק כעבור זמן רב נודעו עוד עשרים משיריו, שאותם פרסם ח׳ שירמן ממקורות שונים, ובעיקר מכתבי־יד מהגניזה. היה בידי להוסיף אחדים על אלה, והיום אפשר לייחס לאבן אלתבאן כשבעים שירים, רובם ככולם שירי־קודש, הפזורים במחזורים ובקובצי פיוטים, בכתב־יד ובדפוס, לפי מנהגי קהילות רבות, מרומא ואביניון ועד לבגדאד ובומביי.

בשיריו, המכונסים כאן לראשונה, מתגלה אבן אלתבאן כמשורר בעל שיעור־קומה. חדשן לא היה: חותם סגנונה של התקופה טבוע בפיוטיו, כמו במרבית שירי־הקודש בספרד, שבהם בולט הסגנון האינדיבידואלי פחות מאשר בשירי־החול. באחדים מפיוטיו ניכרת זיקה הדוקה אל פיוטי אבן גבירול, תושב עירו בדור שלפניו, ובאחרים — אל פיוטי משה אבן עזרא ויהודה הלוי, שעמם החליף שירי־ידידות. אך מצד ערכם השירי אין פיוטיו נופלים על־פי־רוב מיצירות בני־זמנו המפורסמים.

כוחו רב ברשויות לִיריות קצרות ובאהבות, באופנים ובמאורות, הכתובים לעתים בצורת דו־שיח בין הקב״ה לכנסת־ישראל. גם כמה מסליחותיו מצטיינות בעוצמה שירית רבה. אפילו אלה מפיוטיו שעיקרם מעשה־משזר של פסוקים אינם נטולי ייחוד עצמי, ואף בהם אין המסורת מגיעה לידי שיגרה. שיר־ידידות ששלח אבן אלתבאן למשה אבן עזרא מעיד על כשרונו המקורי ועל שליטתו באמצעים המסורתיים גם בתחום שירת־החול. דומה, שרק בכמה מסליחותיו אין ייחוד שירי, אך הסיבה לכך נעוצה לפעמים במתכונת הטיפוסית לסוגים מסוימים של סליחות, ושירים כאלה הם מיעוט ביצירתו.

מבחינת המבנה שיריו מגוונים מאוד, חוץ מקבוצה קטנה, הכתובה בחרוז מבריח ובמשקלים קלאסיים. בשיריו הסטרופיים עושר הצורות רב כל כך, עד שכמעט אין למצוא שניים השווים במתכונתם, ורבים מאלה הם שירי־איזור שתבנית חרוזיהם מורכבת מאוד.

נושאי פיוטיו מסורתיים ברובם: כמיהת הנשמה למקור חיים, פיתויי היצר, תפארת הבורא ובריאתו, סבלות הגלות והציפייה לגאולה. באחדים מהם ניתן למצוא את הצירוף האופייני לתור־הזהב: ביטוי להשקפות ראציונאליסטיות בצד קטעים שנעימתם מיסטית. למאורעות זמנו נתן אבן אלתבאן ביטוי מסוגנן. כך, למשל, מקונן הוא על הפורענויות שהתרגשו ובאו על עם ישראל, הנלחץ ׳בידי מלכויות נושכות כנחשים׳, כלומר, בין הנוצרים והמוסלמים שנלחמו אלה באלה בתחילת הריקונקוויסטה; אך אין הוא מזכיר מאורעות מסוימים או שמות של אנשים ומקומות. את המחנות היריבים הוא מתאר לפעמים כאילו התאחדו כדי לדכא את ישראל. שירים אחדים מזכירים את המוסלמים בלבד, אבל חריפים במיוחד הם אלה המתארים את אכזריות הנוצרים, כגון הסליחה הארוכה ׳אליכם אישים אקרא׳ (שיר מס׳ טז), שכבר משכה את תשומת־לבם של החוקרים הראשונים. לדעת אחדים היא מוסבת על מלחמתו של אלפונסו השישי במוראביטים (סמוך ל־1090), ואילו לדעת אחרים — על כיבוש סאראגוסה (בשנת 1118) בידי אלפונסו הראשון מלך אראגון (׳אל־באטאלאדור׳). ייתכן, שאבן אלתבאן חי עדיין בתחילת המאה הי״ב.

בני־זמנו הוקירו את אבן אלתבאן כמשורר וכמלומד. בשירי־הידידות ששלח אליו מפליג יהודה הלוי בשבח כשרונו בשירה, אך עם זאת אין הוא נמנע מלרמוז באחד מהם על שגיאה לשונית שנכשל בה ידידו המדקדק. שבחיו של יהודה הלוי מכוונים, כנראה, אל שירי־החול של אבן אלתבאן, שנשתמרו מהם שרידים בלבד.

גם משה אבן עזרא מהללו בשיר־ידידות ששלח לו. ב׳כתאב אלמחאצ׳רה̈ ואלמד׳א־כרה̈׳ הוא מונה את אבן אלתבאן בין המשוררים המעולים שבדורו, ומכנה אותו ׳מורה מפורסם ומלומד גדול׳, שהבלשן יצחק אבן ברון נמנה עם תלמידיו.

בדברי ההערכה והביקורת על המשוררים העברים בספרד שיהודה אלחריזי שם בפי גיבורו של ספר ׳תחכמוני׳, חבר הקיני, מייחד אלחריזי מקום צנוע גם לאבן אלתבאן. כיאה לשיחה בפונדק, מתבל חבר הקיני את דבריו במשחקי־מלים, וכך אירע, שהערכתו על אבן אלתבאן משתמעת לשתי פנים. היו שראו בכך דברי־זלזול, אבל עיקר עניינו של אלחריזי היה לבדח את דעת קוראיו, ובמקום אחר בספרו חלק שבחים מפורשים לשני בני תבאן, לוי ויעקב. מסתבר, שהתכוון למשוררנו ולבנו, שאף הוא היה משורר. שום ידיעה אחרת על משפחת אלתבאן לא הגיעה לידנו.

בתקופה מאוחרת יותר עוד נזכר לוי אבן אלתבאן כמשורר חשוב בדברי ישועה בן־אליהו, מאספו האחרון של דיואן יהודה הלוי. לכאורה, מעמידו ישועה בשורה אחת עם יהודה הלוי, וטוען, שאינו יכול להבדיל בין שיריהם של השניים על־פי איכותם בלבד. אבל ספק, אם עוד הכיר המאסף רבים משירי אבן אלתבאן. מכל־מקום, במשך חמש מאות שנה ומעלה היה אבן אלתבאן ידוע, למעשה,

רק כמדקדק בעל הספר ׳המפתח׳, שאברהם אבן עזרא הזכירו בהקדמה ל׳מאזני לשון הקודש׳. כבר במאה הט״ז לא ידע אליהו בחור אלא את שם הספר, וממנו העתיקוהו לכסיקוגראפים יהודים ונוצרים מאוחרים יותר. רובם ראו ב׳המפתח׳ ספר מסורה. רק בסוף המאה הקודמת הצביע קוקובצוב על שריד מחיבורו הדקדוקי של אבן אלתבאן, שנשתמר ב׳כתאב אלמואזנה׳ של תלמידו יצחק אבן ברון; לאחרונה מצא י״א וידה פירושי מקראות של אבן אלתבאן בספרו של יוסף אבן וקאר על הקבלה והפילוסופיה, שבו נזכר, כנראה, חיבור אחר שלו. דומה, שיש לייחס לו גם פירושים שהביאם אברהם אבן עזרא בשם ׳ר׳ לוי׳.

הרמזים הפזורים והמקריים הללו, שעוד יפורטו בהמשך הדברים, מצטרפים לתמונה מקוטעת מאוד, שהמשוער בה מרובה על הוודאי. אפילו שירי אבן אלתבאן עצמם מוטלים, כביכול, בספק. במקורות שונים נקרא שמו של ׳ר׳ לוי׳ על פיוט זה או אחר, אך על־פי־רוב לא ידעו המעתיקים מי הוא ר׳ לוי זה, והם סמכו על האקרוסטיכון בלבד. בראש הטורים או המחרוזות נהג אבן אלתבאן לחתום ׳לוי׳, ׳לוי חזק׳ וכדומה, אולם אין לסמוך תמיד על סימן זה, מפני שהיו גם פייטנים אחרים באותו שם. זאת ועוד: רבים משירי אבן אלתבאן יוחסו ליהודה הלוי ונכנסו לדיואן שלו, אף־על־פי שברגיל לא היה חותם ׳לוי׳ סתם. מסורות סותרות וליקויים בטכסטים עוד מגבירים את הערבוביה. אכן, בעיית זיהוי המחבר כבר העסיקה את מאספי הדיואן של יהודה הלוי, ואחריהם — את החוקרים. על־פי הסגנון והנושאים אי־אפשר, כידוע, להכריע בעניין, ורק לעתים רחוקות מזדמנת עדות חיצונית מהימנה. לאחר עיון נוסף, לרגל כינוס זה של שיריו, אמנם אפשר היה לתקן כמה טעויות ולהחזיר אבידות לבעליהן, אבל במרבית המקרים לא באה הבעיה על פתרונה המלא. וכדברי מעתיק קדמון, שהביע את ספקותיו לגבי פיוט שחתום בו ׳לוי׳ סתם: ׳ואללה אעלם באלחקיקה׳, כלומר: ׳האל הוא היודע את האמת׳ (ישועה בן אליהו בכ״י אוכספורד 1971, חלק א, מס׳ צח, דף 25ב; הכתובת הועתקה בכ״י שוקן 37, מס׳ רלח, דף 188א; וראה להלן, שיר מס׳ ז).

בוודאות גמורה ניתן לייחס לאבן אלתבאן שירים מעטים בלבד. אף־על־פי־כן אפשר לומר, על־סמך בדיקת המקורות וההשוואה ביניהם, שהשירים המובאים כאן רובם ככולם הם אמנם מפרי עטו.

את שירי אבן אלתבאן ליקטתי ממקורות שונים, חלקם — מכתבי־יד מן המאות הי״ג—י״ח מספרד, פרובאנס, צפון־אפריקה, תורכיה, תימן ומקומות אחרים; וחלקם — ממחזורים ומקובצי־פיוטים שבדפוס לפי מנהגים שונים, מאיטליה ועד הודו, החל בדפוסי־ערש וכלה במהדורות חדשות בנות זמננו. שירים אחרים ליקטתי מתוך העתונות המדעית ומתוך אסופות־טכסטים שפרסמו חוקרי שירת ימי־הביניים.

בכינוס השירים נעזרתי ב׳אוצר השירה והפיוט׳ לישראל דודזון וברשימת השירים שהביא ח׳ שירמן ב׳ידיעות המכון לחקר השירה העברית׳, ד, בצד שירי אבן אלתבאן שהדפיס שם לראשונה. נעזרתי גם ברשימות שנתחברו בידי

ש״ד לוצאטו, לאנדסהוט וצונץ. על המקורות הרשומים ב׳אוצר׳ ובמקומות אחרים הוספתי כמה דפוסים קדומים (למשל: מחזור רומא, דפוס פאנו 1505 ודפוס מאנטובה 1559) וכן מהדורות חדשות שראו אור אחרי הופעת ה׳אוצר׳ (למשל: ׳שפתי רננות׳, ג׳רבה 1947). פיוטים אחדים, שנכתבו, כנראה, בידי אבן אלתבאן, אבל לא יוחסו לו על־ידי החוקרים, או אף לא נבדקו כלל עד כה — העתקתי לראשונה מתוך כתבי־יד, ויש שמצאתי במקורות אלה גם נסחים שונים של שירים שכבר נדפסו.

כאשר היו לפני גירסאות אחדות, בחרתי מביניהן את זו שנראתה לי ביותר, והבאתי אותה בשלמותה. לא ערכתי טכסט אקלקטי, אבל לפעמים קיבלתי תיקונים שהציע מהדיר קודם לשגיאות בולטות. הצעות־תיקון אחרות, שרובן מיוסדות על השוואה בין המקורות, הבאתי בגוף הביאור; בצד כל טכסט הבאתי את מקורותיו בכתבי־היד ובדפוסים ואת ציוני החוקרים שעסקו באותו הטכסט מבחינה זו או אחרת.

חילופי־הנוסח, המובאים אחרי כל שיר ושיר, אינם כוללים שגיאות בניקוד, שאין שיעור למספרן, ובפרט במחזורים מסוימים. נוסח השירים בא בכתיב חסר, לפי הכללים הנהוגים. גם רמזי המקראות שדברי השיר מיוסדים עליהם מנוקדים לפי כללים אלה, אפילו יש להם במקרא ניקוד מיוחד, אלא־אם־כן מביא הפייטן את הפסוק כלשונו.

שירי אבן אלתבאן שכבר נדפסו בקבצים שונים זכו בחלקם לביאור מצד מהדירים, וביניהם: משה כרמי בספרו ׳הואיל משה באר׳ (׳הגהות וביאורים על תפילות, כמנהג ארבע קהילות׳, עיש 1829—1835); ש״ד לוצאטו ב׳בתולת בת יהודה׳ ובאיגרותיו; ח׳ בראדי וח׳ שירמן בחיבורים ובקבצים שונים; והחוקרים אחרים שעסקו בשירי אבן אלתבאן באקראי. במחזורים מצוי לפעמים ביאור מסורתי, שרובו מראי־מקומות לכתובים ומדרשים, כגון: ביאור ׳עץ חיים׳ לר׳ יחיא בר׳ יוסף צאלח ב׳תכלאל׳, לפי מנהג התימנים, או פירושו של אברהם אלנקאר ב׳מחזור קטן כמנהג ארגיל׳ (1878). מתרגמי השירים — אדלמן (לאנגלית), בנדטי (לאיטלקית), רוזנצוויג (לגרמנית), מילאס ואליקרוסה (לספרדית) ואחרים — הוסיפו אף הם לפעמים ביאור או ניתוח ספרותי קצר.

כל אלה היו בעזרי. כשמצאתי בהם הסבר למקום סתום, הצעה לתיקון הנוסח וכדומה — הבאתי את הדברים בשם אומרם.

לפני כל שיר הבאתי רשימה ביבליוגראפית ופרטים אחרים, כגון: צירופי־חתימה בשיר, תבנית חרוזיו, משקלו, ייעודו בתפילה, עיקר עניינו, שימושי־לשון מיוחדים ולפעמים גם הערות אחדות לניתוח ספרותי. פסוקי המקרא הבאים בשיר כזכרי־לשון בלבד צוינו בגוף הביאור בקצרה. כלשונם הובאו פסוקים שעניינם חשוב להבנת השיר, ובפרט כשהם באים בו כ׳שיבוצים שוני־הוראה׳, או כאשר הפייטן קושר שברי פסוקים ועניניהם המקוריים באמצעות מלה המשותפת להם ומביא אותם לידי אחדות חדשה בשירו.

הקדמה

חיבור זה מיוסד על עבודת־גמר שכתבתי בשנת תשכ״ב באוניברסיטה העברית בירושלים בהדרכתו של מורי ורבי פרופ׳ חיים שירמן. הוא־הוא שעוררני לעסוק בשירי לוי אבן אלתבאן וסייע לי להתגבר על הקשיים שנתקלתי בהם בעבודתי. פרופסור שירמן אף המליץ לפני האקדמיה הלאומית הישראלית למדעים על הוצאת עבודתי זו לאור, ונענה בחפץ לב לכל שאלותי שעה שהכנתי אותה לדפוס. הריני מביע לו את תודתי העמוקה על עזרתו ועל הדרכתו.

בית־הספרים הלאומי והאוניברסיטאי, מכון שוקן לחקר היהדות ומכון בן־צבי לחקר קהלות ישראל במזרח העמידו לרשותי את המקורות שנזקקתי להם, בין ספרים ובין כתבי־יד, והרשו לי לפרסם טכסטים מתוכם. אני מודה בזה להנהלות מוסדות אלה ולעובדיהם.

תודתי נתונה לפרופ׳ ש׳ אברמסון, לפרופ׳ י״א וידה, למר א״מ הברמן, לד״ר חוה לצרוס־יפה, ובמיוחד לידידַי ד״ר עזרא פליישר (י׳ גולה) ומר יעקב בוקסנבוים, שסייעו סיוע רב בליבון הנוסח והביאורים.

לעזרה גדולה זכיתי מידי אלה שעסקו בהכנת הספר והדפסתו: מר ראובן אשל, מרכז פרסומי האקדמיה, שהשקיע עמל רב בהתקנת הספר לדפוס ודאג לשוות לו מתכונת אחידה ובהירה שתקל על הקורא; ד״ר משה שפיצר, שקבע בטוב טעמו את הצורה הגראפית; מר ישראל בן־דוד, שעבר על ניקוד השירים; מר שמואל ראם, שעסק בנאמנות במלאכת־ההגהה בכל שלביה, דקדק בכל פרט ואף העלה הצעות עניייניות חשובות; ולעובדי דפוס ׳מרכז׳ על מלאכת־ההדפסה היפה.

יעמדו כולם על הברכה!

תוכן העניינים

נספחים

נספח לשיר מס׳ א (173).– נספח לשיר מס׳ מח (175).– מקור נוסף לסליחות אבן אלתבאן (178)

מפתחות

פרק ראשון

עדויות על שירתו ועל פעולתו כמדקדק

[א]

ב׳כתאב אלמחאצ׳רה ואלמד׳אכרה׳ מספר משה אבן־עזרא על חבורת משוררים בני זמנו, אשר ׳הצטיינו ברוך ובנעימות, והצליחו לחבר ש רים בתכלית היופי... דרכיהם בשיר ובמליצה היו שונות ומדרגותיהם לא היו שוות זו לזו... אבל כולם... נכללו במעגל היופי והנעימות וההשלמה.׳ בין ראשי החבורה הזאת, שעמה נמנים יוסף אבן צדיק, יהודה הלוי, אברהם אבן עזרא ואחרים, מזכיר משה אבן עזרא גם את אבן אלתבאן:

׳ואלאסתאד׳ אלשהיר אלמוקף אלכביר אבו אלפהם בן אלתבאן[1] מן אלמולפין אלשערא ואלכ׳טבא׳ (כתב־יד אוכספורד 1974 והעתקו בכתב־יד ברלין 187, דף 242ב שורות 13—15), כלומר: ׳המורה המפורסם והחכם[2] הגדול אבו אלפהם בן אלתבאן היה מן המחברים שכתבו דברי שיר ומליצה׳ (לפי תרגום הלפר ב׳שירת ישראל׳, עמ׳ עה). אבן אלתבאן היה, כנראה, קשיש בהרבה מן המשוררים הנזכרים כאן לפניו, וייתכן, ששמו נכנס לרשימה שלא במקומו הנכון.[3] בהמשך דבריו מזכיר אבן עזרא את ׳החכם החשוב אבו אברהים (יצחק) בן ברון תלמידו (של אלתבאן)׳. ועיין בסעיף י׳ שלהלן.

[ב]

עדות נוספת היא שיר־ידידות של משה אבן עזרא אל אבן אלתבאן הפותח ׳אל מי אשא דברי ריבות ובאזן מי אשים אחוה׳. הכתובת שבראש השיר אינה מציינת את מקבלו: ׳וקאל מעאתבא לבעץ׳ אכ׳ואנה׳[4] (=׳ואמר בהתרעמו על אחד מידידיו׳). בדיואן מצורפת תשובה על שיר זה באותו משקל ובאותו חרוז: ׳מה אשיב על תוכחת שר, על מצחי תו עון התוה.׳[5]

1 בכ״י אוכספורד רשום קובוץ ערבי (דמה) מעל האות ת׳ של השם. ועיין בנספח למקורות.

2 את התיבה ׳אלמוקף׳ מתרגם הלפר ׳חכם׳, ואילו דרנבורג (בצרפתית) — ׳הַמְפָרֵשׁ׳ (במבוא ל־*Opuscules*, עמ׳ 43, הערה 1); הוראתה הרגילה היא ׳בעל־נסיון׳. פרופ׳ א״ש הלקין מודיעני, שבכ״י לנינגראד של ׳כתאב אלמחאצ׳רה׳ נוסח הסיפא הוא: ׳מן אלמולפין ומן אלמתכלמין אלשערא אלכ׳טבא.׳

3 י״נ שמחוני, התקופה, כג, עמ׳ 496.

4 כתב־יד אוכספורד 1972, מס׳ נה. בכתבי־יד אחרים הכתובת מקוצרת. עיין ביאור בראדי לשירי משה אבן עזרא, עמ׳ קיד.

5 שני השירים מצויים בכ״י אוכספורד 1972; ברשימת נויבאואר — שירים מס׳ 55 ו־56. נתפרסמו על־ידי בראדי בצירוף ביאור והערות במאמרו: ‘Moses ibn Esra und Levi ibn al-Tabban’, *MGWJ*, LXXI (1927), pp. 49–53. שירו של משה אבן עזרא נדפס פעם נוספת ב׳שירי חול׳ (מהדורת בראדי), שיר מס׳ נז; וראה שם בביאור, עמ׳ קיד. עיין גם: ביאליק־רבניצקי, ׳שירי משה אבן עזרא׳, תל־אביב

ח׳ בראדי סבר תחילה,[6] שגם ׳מה אשיב׳ הוא שיר של משה אבן עזרא, אולם לאחר זמן גילה,[7] כי הוא תשובה על השיר הראשון וכי לוי אבן אלתבאן הוא־הוא שקיבלו והשיב עליו. משה אבן עזרא, שהיה, כנראה, צעיר מלוי,[8] מתאונן בשירו על כך שידידיו זנחו אותו ולא כתבו אליו זמן רב. כידוע, זהו נושא מקובל בשירי־ידידות, אך ייתכן, שיש כאן הד לייסורי המשורר בספרד הנוצרית, אותם הוא מתאר, בין השאר, בשירו ׳כוכבי זקונים׳ (׳שירי החול׳, מס׳ צט), שנשלח ׳אל ידידיו בסאראגוסה׳. בשורה 6 בשירנו מפורש שמו של מקבל השיר, שעשה, כביכול, יד אחת עם שאר ידידיו של משה:

אֶל מִי אֶשָּׂא / דִּבְרֵי רִיבוֹת / וּבְאֹזֶן מִי / אָשִׂים אַחְוָה
וּמְיֻדָּעַי / קָשְׁרוּ עָלַי / וַיָּפֵרוּ / אֶת הָאַחֲוָה...
הִקְצוּ גֶּבֶר / גָּבַר שׁוֹדוֹ / אַךְ נַפְשׁוֹ כָּל־ / הַיּוֹם דָּוָה
הֶעְרִימוּ סוֹד / יַחַד עָלָיו / גַּם לֵב לֵוִי עִמָּם נִלְוָה...[9]

(שורות 1–2, 5–6)

בהמשך השיר מערב אבן עזרא את דברי־התלונה בדברי־שבח ומהלל את ידידו החכם ויירא־השמים, שהוא מגדולי הדור:

אֵיכָה יִשְׂגֶּה / צֶדֶק הוֹגֶה / שׁוֹמֵר תּוֹרָה / וִירֵא מִצְוָה
מַשְׂכִּיל זִכְרוֹ / נֹפֶת פִּיּוֹת / וּלְכָל עַיִן / אִמְרוֹ תַּאֲוָה...[10]
בַּהֲדַר שֵׂכֶל / הִכְתִּיר דּוֹרוֹ / וַעֲלֵי פָנָיו / הוֹדוֹ שִׁוָּה
יוֹדוּ יוֹדְעֵי / בִינָה כִּי לֹא / אֶחָד מֵהֶם / אֵלָיו שָׁוָה...

(שורות 7–8, 10–11)

לבסוף הוא מבקש ממנו שיכתוב לו:

אָכֵן נַפְשִׁי / אֵלָיו תִּתְאַו / מִכְתַּב יָדוֹ / רַק מִתְאַוָּה (שורה 21)

בראדי מציין,[11] כי מלבד אבן אלתבאן לא נודע עוד בחוגו של אבן עזרא מלומד בשם לוי, ומסתבר, שהשיר נשלח אליו. מדברי השיר (למשל, משורה 7) אפשר אולי להסיק,[12] שאבן אלתבאן עמד בראש בית־מדרש. בתשובתו מתנצל לוי

תרפ״ח, ב, עמ׳ 114; וכן: ח׳ שירמן, ׳המשוררים בני דורם של משה אבן עזרא ויהודה הלוי׳, ידיעות, ד, עמ׳ רנג.

6 *MGWJ*, IV (1896), p. 198

7 *MGWJ*, LXXI (1927), p. 49

8 בראדי ב־*EJ*, II, p. 473 (=*MGWJ*, LXXI [1927], p. 52); L. Zunz, *AZDJ*, III (1839), p. 687, No. 12.

9 על הצימוד הגזרי ׳לוי–נלוה׳ ראה להלן, הערה 38.

10 בראדי (ביאור, עמ׳ קיד) משער, שהמלה ׳אמרו׳ מכוונת לדברים שבכתב.

11 *MGWJ*, שם; ביאור, שם.

12 בראדי, *MGWJ*, שם, הערה 42; ועיין: *EJ*, שם.

ומקטין את ערך עצמו לעומת סגולותיו של ידידו. כשרונו מועט אפילו בפרוזה, לא־כל־שכן בשירה:

מָה אָשִׁיב עַל / תּוֹכַחַת שַׂר / עַל מִצְחִי תָו / עֲוֹן הַתְוָה,
אִם בְּמִפְרָד / נַפְשִׁי תֶּחֱרַד / אֵיךְ בֶּחָרוּז / יֵשׁ לִי תִקְוָה?...
אֵיכָה יִתְחַר / עִם הַסּוּסִים / מִי עִם רַגְלַיִם / אֵין לוֹ שַׁלְוָה?

(שורות 1–2, 6)

לבסוף מבקש גם הוא מכתב:

אוּלַי יִתֵּן / לִי אוֹת לַחְיוֹת / נַפְשִׁי וִיצַו / לִקְשׁוֹר תִּקְוָה. (שורה 10)

השיר כתוב ׳בלשון כה טהורה ובחרוזים כה ערבים לאוזן׳,[13] עד שהוא סותר את דברי־הענווה של מחברו. מלבד שיר זה נשתמר משירי־החול שלו רק בית בודד, אבל אפשר לייחס לאבן אלתבאן עוד שני שירי־חול קצרים,[14] שהובאו בדיואן יהודה הלוי.

משה אבן עזרא כתב שירי־ידידות גם אל יצחק אבן ברון, תלמידו של לוי,[15] ובחלק מהם הוא מהלל את ׳כתאב אלמואזנה׳, חיבורו של אבן ברון על הדמיון שבין העברית והערבית, שבו נזכר גם ספר הדקדוק של אבן אלתבאן (ראה להלן). אבן עזרא ספד על מותו של יצחק בקינה נרגשת.

בדיואן שלו מצוי גם שיר ששלח אל משורר בשם אבו יוסף יעקב אבן אלפהם, שהיה, כנראה, בנו של לוי אבן אלתבאן.[16]

[ג]

נשתמרו בידנו שלושה שירי־ידידות ששלח יהודה הלוי אל אבן אלתבאן.[17] שניים מהם הם תשובות על שירי אבן אלתבאן שלא הגיעו אלינו, פרט לבית בודד. מתוכנם של שירי יהודה הלוי אי־אפשר לדעת אם אמנם נפגשו שני

13 *MGWJ*, שם, עמ׳ 52.

14 ׳לך מעטה בשפתותיו גדילים׳ (כאן שיר מס׳ סח) – על טלית ששלח לידידו; ׳לו שחרים ירדפוני ברוח׳ (כאן מס׳ ע) – שיר־אהבה.

15 בקשה שישלח לו את ספרו – ב׳שירי החול׳, מס׳ קעו; תהילה לספרו של יצחק – מס׳ יב, ל; קינה על מותו – מס׳ קצ. מלבד אלה יש בדיואן עוד שלושה שירים (מס׳ ז, לג, קיב) אל יצחק אבן אברהם בן־ברון, אך לא ברור, אם הכוונה לבלשן.

16 ראה להלן, סעיף ו.

17 (א) ׳שלום לבת רבו נגופיה׳, בראדי־רי״ה, א, עמ׳ 16; ׳ביאור׳, עמ׳ 32. מועתק מכ״י 1971; ברשימת נויבאואר – שיר מס׳ 54 (לקוי); וכן מכ״י 1970. (ב) ׳זמן העז מאד [נוסח אחר: ׳כצור׳] פניו ומצחו׳, שם, עמ׳ 30; ׳ביאור׳, עמ׳ 59. מועתק מתוך כ״י 1971 (א, מס׳ 71): ׳זמן העז כצור...׳; ומכ״י 1970 (א, מס׳ 349): ׳זמן העז מאד...׳. הנוסח האחרון מופיע גם בכ״י שוקן 37, דף 187ב. (ג) ׳למה לנפש הכסיל תשוי׳, שם, ב, עמ׳ 227; ׳ביאור׳, עמ׳ 175. מועתק מתוך כ״י 1971 (א, מס׳ 61; לקוי); ומכ״י 1970 (א, מס׳ 279; רק החרוז הראשון; ג, ׳מחנה הנשאר׳, דף יח, ע״ב). שני השירים הראשונים הודפסו ב־1856 על־ידי דוקס ב׳אוצר נחמד׳, עמ׳ 81–82, אולם השיר ׳זמן העז׳ נשתבש שם.

המשוררים פנים אל פנים.[18] עם זאת דומה, שהשיר ׳למה לנפש הכסיל תשוי׳ מודיע על ביקורו הקרוב של יהודה הלוי בבית ידידו (שורות 29—30, 50 ואילך).[19] בראדי סבור, כי השיר ׳שלום לבת רבו נגופיה׳ היה ראשון שיריו של יהודה הלוי אל ידידו וכי בשיר זה ׳הוא מבטיח אותו כי לבבו יהיה שלם עמו עד עולם, למן היום הראשון לכריתת ברית הידידות.׳[20] זהו שיר־תשובה, הפותח בתיאור נערה יפהפייה[21] ועובר לפאר ולרומם את שירו של אבן אלתבאן. בית־המעבר הוא בשורה 19:

...מִי זֹאת שְׁלוֹמָהּ לִי כְּעֶשֶׁן מֹר / מַחְתַּת מְכַהֵן מִי יְנִיפֶהָ?
הַאִם בְּשִׁיר לֵוִי תְּרִיחֵנִי / אוֹ מִכְּנַף שִׁירוֹ כְּנָפֶיהָ?
נַפְשִׁי פְּדוּת שִׁירָה אֲשֶׁר תַּחְפִּיר / כָּל שִׁיר בְּמַשְׂכִּיּוֹת רְשָׁפֶיהָ...

(אצל בראדי שורות 17—22)

דומה, שבשורה 45 רומז יהודה הלוי למה שכתב לו אבן אלתבאן. הוא כותב, כי ׳...(שירת ידידו) רמזה כי שיר מלאכה לי / ויחי לבבי מטרופיה׳; כנראה ר״ל — יפי שירתך ורמזיך כי השירה מלאכתי ואני משורר־אומן[22] הדהימו והפעימו את לבי עד שנחשב כמת,[23] ועם זאת השיבוני לתחייה (על־פי הו׳ ו: א: ׳טרף וירפאני׳). ובהמשך הוא מכחיש: ׳לא כן ולא!...׳ (שורה 47) — רק שירת אבן אלתבאן שירה היא. והוא מסיים בדברי ידידות וגעגועים.[24]

[ד]

מחליפת־השירים בין השניים הגיע אלינו פרט מעניין. בפתיחה לאחד מן השירים ששלח ליהודה הלוי, פתיחה שעניינה תלונה על הזמן, נכשל אבן אלתבאן בשגיאה לשונית. וכך כתב: ׳זְמַן הֵעִיז מְאֹד פָּנָיו וְצָדָה / וְלָקַח לוֹ קְשִׁי עֹרֶף לְצֵדָה.׳ בית זה, שרק הוא נשתייר מן השיר כולו, מובא בכתובת ערבית הנמצאת בראש שיר־התשובה של יהודה הלוי. וזה עניין הכתובת: יהודה הלוי הבחין בכך, שאבן אלתבאן השתמש בפועל ׳הֵעִיז׳, שהוא מגיזרת ע״י (עיז), והוראתו איסוף וכינוס

על שיר זה כתב ש״ד לוצאטו ב׳בתולת בת יהודה׳, עמ׳ 19—20; כן תרגם שם את הכתובת שמעל השיר, שבה מסופר עניינו. וראה להלן, סעיף ד, ובביאור לשריד משירו של אבן אלתבאן ׳זמן העיז׳ (כאן שיר מס׳ סז). ש״ד לוצאטו סבר בטעות, כי ׳שלום לבת׳ הוא שיר של אבן אלתבאן. עיין: ׳איגרות שד״ל׳, עמ׳ 1084 (מכתב מ־13 ביוני 1850); כן עיין: ׳אוצר׳, אות ל, מס׳ 1051.

18 ראה גם: ח׳ שירמן, ׳חיי יהודה הלוי׳, תרביץ, ט (תרצ״ח), עמ׳ 45 והערה 36.

19 ראה: בראדי־רי״ה, ב, עמ׳ 175.

20 שם, א, עמ׳ 38. בראדי מסתמך על שורה 60: ׳תצרֹף לבבי לך בכור אהבה, היום בראשיה כסופיה.׳

21 פתיחה במוטיב דומה מצויה בשירו לכבוד שלמה אבן פרוציאל ׳בעלת כשפים אשר ארכו נדודיה׳ (׳דיואן׳, א, עמ׳ 14; וראה הערת בראדי, שם, א, עמ׳ 32).

22 בראדי־רי״ה, א, עמ׳ 37 של ההערות.

23 עיין גם שאול בן־עבדאללה יוסף, ׳גבעת שאול׳, וינה 1923, עמ׳ 43—53.

24 שלמה אבן צקבל, מחבר המקאמה ׳נאום אשר בן יהודה׳, שילב בה שיר שקול: ׳שלום לבת רבו מצוקיה׳, שנכתב בעקבות שירו זה של יהודה הלוי (עיין: ׳השירה העברית׳, א, עמ׳ 558, שורה 48, ובהערות).

(׳הָעֵז אֶת מִקְנְךָ׳; שמ׳ ט: יט),[25] במקום הפועל ׳הֵעֵז׳ מגיזרת הכפולים (עזז), המשמש בצירוף עזות־פנים (׳הֵעֵז אִישׁ רָשָׁע בְּפָנָיו׳; מש׳ כא: כט). אם־כן, היה עליו לכתוב ׳הֵעֵז פניו׳, בלי יו״ד.[26]

בעדינות וברמז המובן רק לכותב השיר מתקן יהודה הלוי שגיאה זו,[27] ושם בפתיחת שיר־התשובה שלו את שני הפעלים זה בצד זה, כל אחד בהוראתו הנכונה: ׳זְמַן הֵעֵז כְּצוּר פָּנָיו וּמִצְחוֹ / וְלֹא הֵעִיז יְלָדָיו אֶל מְנוּחוֹ.׳[28] לפי נוסח אחר: ׳זמן העז מאד פניו ומצחו׳ וכו׳;[29] וייתכן שנוסח זה הוא הנכון, מפני שהוא חוזר על דברי אבן אלתבאן כמעט כלשונם.[30] הכתובת נדפסה לראשונה בתרגום עברי על־ידי ש״ד לוצאטו.[31] מעניין שגרץ, שידע על יצירתו של אבן אלתבאן כמעט רק מפי השמועה, נטה לפסול אותו כמלומד וכמשורר בגלל שימושו זה ב׳העיז׳ במקום ׳העז׳[32] — ביקורת הנאחזת בקוצו של יו״ד, פשוטו כמשמעו! והרי נמצא גם מי שתיקן פעם את לשונו של יהודה הלוי עצמו.[33] ובכלל, אין בשימוש בכפולים על דרך ע״ו משום סטייה חמורה; ׳עזז׳ היה קרוב ל׳עוז׳ כבר בלשון המקרא.[34] אבל תיקונו של יהודה הלוי מובן — משוררינו בספרד הקפידו שתהיה הלשון נשמעת לקאטיגוריות דקדוקיות ברורות, ובפרט בשירת־החול. מעשה בודד זה בפתיחה של שיר אינו גורע מחשיבות פעולתו של אבן אלתבאן כמדקדק או מחשיבותו כמשורר. דווקא בשירו זה מעתיר יהודה שבחים רבים על ידידו:[35]

25 ועיין: אבן ג׳נאח, ׳ספר השרשים׳, ערך ׳עיז׳ (תרגום אבן תיבון, ברלין 1896, עמ׳ 365).

26 כ״י אוכספורד 1970, א, מס׳ 349; כ״י אוכספורד 1971, א, מס׳ 71; כ״י שוקן 37, דף 187ב (טור ב). וזה לשון הכתובת: ׳וכאן כתב אלי[ה מ׳ לוי אבי אלפהם] בן אלתבאן קציד[ה] אולה[א] זמן הֵעִיז מאד פניו וצדה ולקח לו קשי ערף לצדה. פלם יַגַ̈וֹז לה ר׳ יהודה תצריפה הֵעִיז מן מעני אלצְלְב (אלצולב, אלצלף) וכאן אלצַוַאב אן יקול הֵעֵז עלי מא ג׳א הֵעֵז איש רשע בפניו אלא מן יכון פי מעני אלצ׳ם̈ אעני מן שלח הָעֵז את מקנך פאן הֵעֵז איש מן עזז והָעֵז את מקנך מן עיז פכאתבה ראדה מג׳יבא (מגאובה).׳ בסוגריים רגילים באים חילופי־הנוסח; וראה בקטלוג נויבאואר.

27 עיין: ח׳ שירמן, ׳חיי יהודה הלוי׳, תרביץ, ט (תרצ״ח), עמ׳ 45; וכן: ׳השירה העברית׳, א, עמ׳ 329. העניין הוזכר עוד: בלומנפלד, ׳אוצר נחמד׳, עמ׳ 82 (על־ידי דוקס); בראדי־רי״ה, א, עמ׳ 59 (בהערות); בראדי, אנציקלופדיה יודאיקה, ב, עמ׳ 473; ׳גבעת שאול׳, עמ׳ 77 ואילך; ׳אוצר׳, אות ז, מס׳ 209, 210.

28 כ״י אוכספורד 1970, שם, שם; בראדי־רי״ה, א, עמ׳ 30. והשווה דברי משה אבן עזרא: ׳והעז כצור מצחו׳ (׳שירי חול׳, שיר רלד, שורה 151). בכתבי־יד שונים כתוב ׳והעיז׳ ביו״ד (!) (עיין: ׳שירי חול׳, ביאור, עמ׳ תנב). אשר לדימוי — השווה דברי משה אבן עזרא על הזמן: ׳כחלמיש שם את פניו, חזק מצור נתן מצחו׳ (שיר מס׳ ע, שורה 7).

29 כ״י אוכספורד 1971, שם, שם.

30 ׳גבעת שאול׳, עמ׳ 77.

31 ׳בתולת בת יהודה׳, פראג 1840, עמ׳ 19–20.

32 *Geschichte der Juden* 3, VI, p. 110

33 שלמה אבן פרחון כותב ב׳מחברת הערוך׳ (שורש או), שהקשה על שימוש־לשון של יהודה הלוי, וזה הודה לו. אבל מאוחר יותר נתברר לפרחון, שהצדק עם המשורר.

34 עיין: גרשון ברין, לשוננו, כד (תש״ך), עמ׳ 8–9, וכן שם, הערות 3 ו־4.

35 השווה: ׳שלום לבת׳: ׳[שירתך] אם חוצבה מהר, אמת, מהר־בשן תנוצץ את רשפיה // אם שלפה נשק ומלחמתה / היו כלי יואב שלופיה׳ (שורות 29–30).

בְּהִבָּצֵר תְּבוּנָה מִנְּבוֹנִים / כְּבֶן־נוּן אַתְּ וְהִיא נֶגְדֵּךְ יְרִיחוֹ
וְאֵיכָה לֹא יְהִי הַשִּׁיר מְלַאכְתְּךָ / וְכֹל יוֹדֶה אֲשֶׁר אַתָּה מְשִׁיחוֹ
לְךָ הַשִּׁיר אֲשֶׁר סֶלַע יְפוֹצֵץ / וְיוֹצִיא נַחֲלֵי צוּף מִצְּחִיחוֹ...

(אצל בראדי שורות 25–30)

שוב חוזרים אנו להצטנעות ולדברי־תהילה הדדיים. משורות 27—28 עולה, שאבן אלתבאן כתב בשירו, שהוא עצמו לא יצלח לשירה, והשיר אינו מלאכתו; יהודה הלוי מכחיש את דבריו, מכנה אותו ׳משיח השיר׳, אשר ׳מגילתו כרקיע וטוריו ככוכביו׳ (׳זמן העז׳, שורה 45), ומפליג גם במקומות אחרים בשבח שירתו, שהיא ׳קצובה מעצי עדן׳ (׳שלום לבת׳, שורה 24).
אמנם, שבחים כאלה הם מן המוסכמות בשירי־הידידות, אבל אין לקבל את דעתו של גרץ, הרואה בהם הפלגות בעלמא.

[ה]

בשיר אחר — ׳למה לנפש הכסיל תשוי׳[36] — מרבה יהודה הלוי במשחקי־מלים וברמיזות מבודחות כמעט. רמזים רבים מעידים על שמו של מקבל השיר — לוי בן יעקב — והדעת נותנת, שהכוונה לאבן אלתבאן; בפתיחה מתרה יהודה בנפשו, שלא תדמה לנפש הכסיל, אלא תתור אחר החכמה, והוא מזכיר את ׳אבי הדין׳, אשר יעזור לו ׳אם יקצרה עלי לבוש שכל׳ (שורות 16—17). על נפשו הוא מצווה, שבלכתה בדרך תשים פניה אל מעונו של הידיד, והאיגרת תמליץ על האורח:

שְׁלְחִי לְעַמּוּד הַיְּקָר סֵפֶר / אוּלַי וְהַסֵּפֶר יְהִי וָוֵי
יַחְבִּיר נְדוֹד קִינוֹת שְׁנֵינוּ אָז / תִּרְאִי אֲשֶׁר תִּרְצִי וְתִתְאַוִּי
עַד אָהֳלוֹ שִׁיתִי קְצֵה נוֹדֵךְ / וְתִקְעִי גְבוּלֵךְ שָׁם וְתִתְאַוִּי...[37]
אִם תֹּאמְרִי אֵלָיו: סְפָחֵנִי, / יַעְטְךָ כְּלוֹיַת חֵן וְתִלָּוִי.

(אצל בראדי שורות 25–30, 41–42)

׳ספחני׳, כלומר, אספני לביתך, לפי ׳ואמר ספחני נא אל אחת הכהֻנות׳ (שמ״א ב: לו), ואולי גם לפי ׳ונלוה הגר עליהם ונספחו על בית יעקב׳ (יש׳ יד: א). ואם כן, רמז לשם אבי הידיד, יעקב, וגם ללוי (שם זה אף קובע את חרוז השיר), על־ידי הצימודים ׳תלוי׳ ו׳לוית חן׳. בצימוד זה[38] נשמע גם הד נוסף: ׳הפעם ילוה אישי אלי... על כן קרא שמו לוי׳ (בר׳ כט: לד).

36 בראדי־רי״ה, ב, עמ׳ 175.
37 ׳ותתאוי׳ (לפי במ׳ לד: י) – תשימי גבולך. צימוד שלם לסיום הטור הקודם.
38 צימוד דומה נמצא גם בשירו של משה אבן עזרא אל אבן אלתבאן: ׳גם לב לוי עמם נלווה.׳ אלחריזי משתמש בדבריו על יהודה הלוי ב׳תחכמוני׳, שער ג, בצימודיהם של משה אבן עזרא ושל יהודה הלוי עצמו בשירים הנזכרים: ׳שירי הלוי רבי יהודה לוית חן לראש התעודה...׳; ובשיר שקול, שם: ׳ללוי כל יקר נלוה ונקוה / והוא לוית פאר על ראש משיחיו...׳ אבן אלתבאן עצמו משתמש בלשון־נופל־על־לשון זה בשירו ׳מה אשיב על תוכחת שר׳ (שיר מס׳ סט, שורה 8; על־פי דב׳ כח: יב, מד).

דומה, שבהמשך השיר מודיע יהודה הלוי על ביקורו; הוא מקווה, שידידו יקבל את האורח מבית לוי בצל קורתו, למצער כדי לקיים את דבר הכתוב: ׳השמר לך פן תעזב את הלוי׳ (דב׳ יב: יט; ועיין שם, יד: כז):

אוּלַי לְהֵיטִיב לִי יְהִי זוֹכֵר / מִצְוָה לְבִלְתִּי יַעֲזֹב לֵוִי. (שורות 55–56)

ולבסוף הוא מביע את הכנעת נפשו למארחו:

אֶל שׁוֹאֲלֵךְ מִי אַתְּ וְשִׁפְחַת מִי / אִמְרִי: אֲנִי שִׁפְחָה לְרַב לֵוִי.

[ו]

יהודה אלחריזי מזכיר את אבן אלתבאן פעמיים ברשימות המשוררים שב׳תחכמוני׳, שער ג, בין יוסף בן־ששת ודוד אבן בקודה:

ולא כשירי בן תבאן חשוקים.

ורבי לוי ורבי יעקב בני תבאן ידושו המליצות כְּהִדּוּשׁ מַתְבֵּן.

את שני המשוררים בני תבאן חשבו תחילה לאחים.[39] לאנדסהוט ביקש להוכיח, שעל־אף העובדה ששם אביו של לוי היה יעקב (כפי שידוע מחתימתו בפיוטיו), לא מן הנמנע, שהיה לו גם אח בשם זה, כלומר, יעקב בן־יעקב; מיכאל זקש מדבר אפילו על כמה אחים![40] לדעת שטיינשניידר נשתבשה הפיסקה, והוא הציע לתקנה באופן זה: ׳ור׳ לוי בן יעקב בְּנוֹ תבאן ידוש...׳[41] חוקרים אחדים קיבלו את דעתו,[42] כאילו חילק אלחריזי, או אחד ממעתיקי ספר ׳תחכמוני׳, את השם לוי בן־יעקב, וכך יצאו שני משוררים בני תבאן. שירמן מעיר,[43] שאין הכרח לראות בדברי אלחריזי שיבוש; מתוך הדיואן של משה אבן עזרא ידוע משורר בשם אבו יוסף יעקב אבן אבו אלפהם,[44] וכבר שיער בראדי,[45] שזהו בנו של אבו אלפהם לוי אלתבאן. ואמנם נזכר במפורש משורר בשם יעקב בן תבאן בכתב־יד של דיואן משה אבן עזרא שלא היה בידי בראדי.[46] מעל לשני שירים רשום בכתב־היד, שנתחברו בידי יעקב בן־תבאן.[47] בראדי הדפיס אחד מהם (׳איך יתחלחל׳) בין שירי משה אבן עזרא,[48] אך בביאורו שיער, כי ׳השיר

39 גרץ, שם; ׳עמודי העבודה׳, עמ׳ 154.
40 זקש, עמ׳ 289.
41 קטלוג הבודליאנה, שם.
42 כגון: ה״ג אנלאו ב־*JE*, ערך ׳אלתבאן׳. שלושת הסעיפים הביבליוגראפיים האחרונים המופיעים שם אינם שייכים לערך זה, אלא לבא אחריו.
43 ׳המשוררים׳, עמ׳ רנב–רנג.
44 בראדי, ׳שירי החול׳, שיר מס׳ רלט (מכ״י שוקן 37, מס׳ 199): ׳דבריך בעט שכל׳. מעל השיר רשום: ׳וראג׳ע אבא יוסף אבן אבי אלפהם׳ (=והשיב לאבו יוסף [דהיינו, יעקב אבן אבו אלפהם). השם יעקב מופיע בשורה 4.
45 שם, ׳ביאור׳, עמ׳ תנז.
46 כ״י מוסקבה 1232 (הספרייה על שם לנין), הוא כ״י גינצבורג.
47 ד׳ ירדן, ׳תשעה שירים חדשים׳, מולד, חוברת 161–162, עמ׳ 630.
48 ׳שירי החול׳, שיר מס׳ קפז.

כולל את תשובת הידיד׳. השירים ׳אור מגליל׳, ׳כוכב כאשר׳ ו׳איך יתחלחל׳ באים בכתב־היד ברציפות, והכתובות שבראשם מעידות על חליפת־שירים בין יעקב בן תבאן ומשה אבן עזרא.[49] מסתבר אפוא, כי בדברי אלחריזי לא חל שיבוש: ודאי התכוון ללוי וליעקב בנו. אבל עדיין מתעורר קושי בגירסה אחרת של דבריו. במהדורה הראשונה של ׳תחכמוני׳[50] ובמהדורות שהלכו בעקבותיה[51] יש מלה נוספת במובאה הראשונה: ׳ולא כשירי בן יוסף תבאן חשוקים.׳ דומה, שזוהי טעות של דיטוגראפיה, מפני שבסמוך נזכר ר׳ יוסף בן־ששת, אבל אפשר גם להניח, ש׳בן יוסף׳ הוא שיבוש של ׳אבו יוסף׳, כלומר, יעקב אלתבאן; ואם כן הוא, הכוונה כאן למשורר זה בלבד, ולא ללוי אביו. עם זאת ראוי לציין, שבכתבי־יד אחדים ובמהדורות מאוחרות של ׳תחכמוני׳ חסרה המלה ׳יוסף׳.[52] בשינויי־הנוסח שבמהדורתו מציין קאמינקא, שהשם ׳יוסף׳ מצוי כמעט בכל המקומות שבדק.[53] נוסח זה הוא־הוא, כנראה, שהטעה את גרץ והביאו לכך לכתוב על ׳לוי בן יוסף אלתבאן׳,[54] שיבוש שנשתרבב גם למקומות אחרים.[55]

מכל־מקום, הכתובות הנזכרות בדיואן משה אבן עזרא ודבריו של אלחריזי הם הרמזים היחידים לבני משפחתו של לוי. נטולת־יסוד נראית סברתו של ש״ד לוצאטו, שמצא באחד הפיוטים את האקרוסטיכון ׳בת לוי׳, ושיער, שנתחבר על־ידי בתו של יהודה הלוי או על־ידי בתו של לוי אבן אלתבאן.[56]

ביחס לדברי אלחריזי מתעוררת שאלה נוספת: כיצד העריך את אבן אלתבאן כמשורר? הציור ׳ידושו המליצות כהדוש מתבן׳ הוא בעיני גרץ ביקורת קטלנית.

49 לפני השיר הראשון נאמר בערבית: ׳ושלח אליו ר׳ יעקב בן תבאן את השיר הקצר הזה אל אשתילה׳; לפני השיר השני – ׳והשיבו עליו החכם ר׳ משה׳; ולפני השלישי – ׳והשיבו ר׳ יעקב הנזכר לאמור׳. את הכתובות במקורן הערבי מביא דב ירדן (שם).

50 קושטאנדינה, שנת של״ח (1578), דף ט, ע״א וע״ב (חוקרים מספר רושמים את התאריך שמ״ג [1583]; אך ראה: הברמן, ׳ספר תחכמוני׳, סיני, לא, עמ׳ קיד, קיז).

51 כגון: מהדורת אמשטרדאם, אפת״ח (1729), דפים ז, ע״ב; ח, ע״א; מהדורת שטרן, וינה 1854, דף ז, ע״א; מהדורת ווארשה 1894, עמ׳ 51, 53. בכל אלה שובש שמו של דוד אבן בקודה; ברשימה הראשונה הוא מופיע אחרי אבן אלתבאן.

52 כגון: כ״י אוכספורד 1977, עמ׳ 22, 22א, שורות 13–14; שם, עמ׳ 24ב, שורה 7; S. J. Kaempf, *Nichtandalusische Poesie andalusischer Dichter*, pp. 8, 11 (תרגום – בחלק הגרמני, עמ׳ 8, 12); מהדורת Paul de Lagarde, Göttingen 1883, pp. 21, 23 (דפוס חדש: 1924); בראדי־אלברכט, ׳שער השיר׳, עמ׳ 173, 176; מהדורת טופור־רובסקי, מחברות לספרות, תל־אביב תשי״ב, עמ׳ 42, 44.

53 ׳תחכמוני׳ (הוצאת קאמינקא), ווארשה 1899. המלה ׳יוסף׳ כתובה בסוגריים (עמ׳ 39). בחילופי־הנוסח (עמ׳ 474) מציין המהדיר, שהיא חסרה בכ״י אלמנצי 27.113 שבמוזיאון הבריטי (כה״י אמנם קדום, אך הוא מלא שיבושים). אולם גם בכ״י אוכספורד 1977, שהיה לנגד עיניו של קאמינקא, כתוב רק ׳שירי בן תבאן׳.

54 גרץ, שם, שם. וראה: א׳ הרכבי, ׳חדשים גם ישנים׳, מס׳ 7, הוספה לגרץ־שפ״ר (ווארשה 1916), עמ׳ 28.

55 כגון: י״ל גירשט, ׳תחנות בספרות ישראל׳, ב, עמ׳ 222.

56 ראה: ׳איגרות שד״ל׳, עמ׳ 978 (במכתב אל מ׳ זקש); ׳לוח הפייטנים׳, עמ׳ 22. בפיוט ׳בת ציון מקוננת אמריה׳ (׳אוצר׳, ד, אות ב, מס׳ 1939) מצרף לוצאטו את החתימה ׳בת לוי חזקי׳, על־פי שינויי־נוסח באחד מכתבי־היד (מחזור מפאס).

גרץ נוטה לזקוף את שבחיו של יהודה הלוי על חשבון ידידותו עם אבן אלתבאן, ׳שדרכה של ידידות להפריז׳, ואילו דברי אלחריזי הם בעיניו הערכה ספרותית שאינה נושאת פנים.

אחרים, לעומת זה, סבורים, שאלחריזי התכוון לשבח.[57] בראדי[58] ושירמן[59] מציינים, שדברי אלחריזי מעורפלים ומשתמעים לשתי פנים, משום שלמחבר המקאמה נזדמן כאן לשון־נופל־על־לשון (׳אלתבאן — מתבן׳), שיש בו רמז לפירוש השם בערבית (סוחר תבן), וכדי לבדח את דעת קוראיו היה מוכן לוותר על בהירות הניסוח. (בדבר חרוז זה עיין להלן, בנספח.)

יש לשער, שעל־אף משחק־המלים, שיש בו טעם לגנאי,[60] לא התכוון אלחריזי לזלזל באבן אלתבאן, שהרי לפני־כן הוא אומר, ש׳שירי בן תבאן חשוקים׳.[61] מלבד זאת ניתן לראות גם בציור הנזכר טעם לשבח: אולי כוונתו לומר, שהמליצות נכנעות לבני תבאן כשיבולים בדיש.[62] אך בין כך ובין כך — אין לבקש אצל אלחריזי שיפוט אובייקטיבי או נאמנות היסטורית, שכן ׳... השתדל בעיקר להביא שיחה קלה גדושה במליצות ובדברי בדיחה׳;[63] גם למשוררים אחרים הוא מדביק תארים שעיקר תפקידם הוא לחרוז, ואין ספק, שעדותו של משה אבן עזרא בספרו הערבי נאמנה יותר.

[ז]

במאות האחרונות ועד למחצית המאה הקודמת נודע אבן אלתבאן בעיקר כמדקדק. העדות ששמרה על זכרו יותר מכל דבר אחר כלולה במשפט אחד שכתב אברהם אבן עזרא במבוא לספרו ׳מאזני לשון הקודש׳ (׳ספר מאזניים׳).[64] שם הביא את שמו של אבן אלתבאן בסוף רשימת ׳זקני לשון הקודש׳, הלוא הם המדקדקים שקדמו לו: ׳ורבי לוי הנקרא בן אל תבאן ספרדי במדינת סרקסטה תקן ספר המפתח.׳ דברים אלה הגיעו אלינו גם בנוסח שונה, ב׳זכרון הספרים אשר חברו המדקדקים בדקדוק הלשון העברי מזמן ר׳ יהודה חיוג׳ בעל הספר עד הנה משך שבע מאות ושלושים שנה,׳[65] רשימה שהעתיק יעקב רומאן בן יצחק אבן בקודה בשנת 1600 בקושטא, כנראה מכתב־יד בלתי־ידוע של ׳מאזני לשון הקודש׳.[66]

57 זקש, שם, שם; צונץ, *LG*, עמ׳ 217.
58 *MGWJ*, שם, שם.
59 ידיעות, שם, שם.
60 ׳כהדוש מתבן׳ — יש׳ כה: י; הכתוב מדבר במואב, שנדוש במי מדמנה.
61 אפילו מדובר שם על אבו יוסף יעקב אלתבאן, אין הדבר משנה; כפי שראינו, כורך אלחריזי במקום אחר בספרו את שני בני תבאן יחד.
62 ׳השירה העברית׳, א, עמ׳ 111, שורות 158–159 ובביאור.
63 ח׳ שירמן, ידיעות, ב, עמ׳ קכ–קכא. עיין שם גם בעניין הכרונולוגיה המשובשת של אלחריזי.
64 מהדורת ויניציה 1546, עמ׳ 197ב; מהדורת אופנבאך 1791, עמ׳ 2א.
65 הכוונה, כנראה, לחשבון מימי רס״ג.
66 M. Steinschneider, *Bibliographisches Handbuch über die Literatur für hebräische Sprachkunde*, 1859, עמ׳ 13 של המבוא, הערה 11.

וזה לשונו של הטכסט העברי, שהודפס כבר במאה הי״ח על־ידי וולף [67] ואחרים: ׳ר׳ לוי אלתבן ממדינת סרקסטא פתח ספר המפתח.׳

שטיינשניידר מעיר, שמשחק־המלים שבנוסח זה הוא, כנראה, אותנטי, וכי אברהם אבן עזרא ׳נתפס לאפנה השלטת של לשון־נופל־על־לשון והיתולים סתם׳,[68] כפי שעשה אלחריזי בדבריו על אבן אלתבאן. (אגב, גם שם המדקדק המופיע ברשימה לפני לוי משמש בנוסח של רומאן למשחק־מלים, שאיננו בדפוסים של ׳ספר מאזנים׳: ׳ור׳ יצחק הנקרא בן ישוש צירף ספר הצירופים׳.) ב׳מסורת המסורת׳ שלו מביא אליהו בחור נוסח שלישי: ׳ור׳ לוי הספרדי מעיר סרקוסטה חבר ספר המפתח.׳[69]

מן המשפט האחד הזה שאבו לכסיקוגראפים רבים, ובמשך זמן רב היה ידוע כמקור היחיד על אבן אלתבאן. ׳ספר המפתח׳ אמנם אבד, אבל שמו הוכנס לרשימות של ספרי־דקדוק וספרי־מסורה. כבר אליהו בחור מזכיר אותו, כאמור, ב׳מסורת המסורת׳,[70] מאחר שמצא בכמה גליונות של חומשים מדויקים הערות על כתיב מלא וחסר וכיוצא באלה,[71] שנלקחו מ׳ספר מפתח׳ (בלי ה״א־הידיעה). היה זה ספר־מסורה, שסומן ברגיל בקיצור מפ׳. אליהו בחור אומר במפורש, שאינו מכיר את מחברו של ספר־המסורה, אולם שם הספר מזכיר לו את דברי אבן עזרא על חיבורו של אבן אלתבאן, והוא מוסיף: ׳ואנכי לא ראיתיו עד הנה.׳

ביבליוגראפים מאוחרים קיבלו את דברי אליהו בחור כאילו ספר־המסורה הנעלם אמנם היה ספרו של לוי. בשלהי המאה הי״ז כותב שבתי בס ב׳שפתי ישנים׳:[72] ׳ספר מפתח... והוא ספר מסורת, עיין (במדור) תורה... חיבר רבי לוי הספרדי מסרקוסטה.׳

בעקבותיו הלכו מלומדים נוצריים. יוהאן סימוניס תרגם את רשימתו של רומאן ללאטינית (ושיבש את השם ל׳ארתבאן׳),[73] וממנה העתיקו מלומדים אחרים בני המאה הי״ח, כגון לשר[74] והצל.[75] בכרך א׳ של ספרו הגדול מקדיש וולף לאבן אלתבאן לא פחות משלושה ערכים נפרדים,[76] וגם בשאר הכרכים הוא מזכיר אותו. במקום אחד (א, סעיף 1353) הוא קורא לו רק ׳לוי הספרדי׳, וקובע (בעקבות

67 J. Chr. Wolf, *Bibliotheca Hebraea*, Hamburg 1715, I, p. 337; II, p. 595

68 שטיינשניידר, שם, עמ׳ 11.

69 אליהו בן אשר הלוי אשכנזי, ׳ספר מסורת המסורת׳, ויניציה 1538, שער ׳שברי לוחות׳, עמ׳ עז.

70 שם, שם.

71 ׳...כגון: ״והצמידים״ (בר׳ כד: מז) – במפ׳ חסר יוד תנינא... ״ויחנו בעבר ארנון״ (במ׳ כא: יג) – במפ׳: מעבר.׳

72 ׳שפתי ישנים׳, אמשטרדאם 1680, עמ׳ פה, צג.

73 Joh. Simonis, *Historica Critica Vetus Testamentum*, I, Magdeburg 1725, p. 152

74 V. E. Loescher, *De Causis Linguae Ebraeae*, III, Frankfurt am Main 1706, p. 150

75 W. F. Hetzel, *Geschichte der hebräischen Sprache*, Halle 1726, p. 102

76 וולף, שם, א, עמ׳ 339, 726, 731; ב, עמ׳ 595. בכרך ד, עמ׳ 270 מובא חיבור אנונימי ׳מפתח לשון הקודש׳ (ועיין שטיינשניידר, שם, שם).

בס), ש׳המפתח׳ היה ספר־מסורה. דה קאסטרו מעתיק את הדברים מוולף.[77] פירסט, ב׳אוצר לשון הקודש׳,[78] ודוקס, בחיבורו על הפרשנים הקדומים,[79] כותבים אף הם על ספרו של לוי כעל ספר־מסורה. כל הדעות האלה נבעו, כנראה, מן ההשערה של אליהו בחור; לא מצאתי להן שום סימוכין במקום אחר. לפי שריד שנשאר מ׳ספר המפתח׳, או — ליתר דיוק — לפי תמצית של כמה עניינים שהיו כלולים בו, נדמה, שהיה בעיקר ספר־דקדוק, שבו נעזר גם תלמידו של לוי, יצחק אבן ברון. מן הראוי להזכיר כאן גם את הנסיון לזהות חיבור בשם ׳מפתח הדקדוק׳, השמור בספריית רוסי,[80] עם ספרו של אבן אלתבאן, אולם שטיינשניידר הוכיח,[81] שאין כל יסוד לסברה זו.

[ח]

ב׳כתאב אלמואזנה׳, מחקרו על המלים והשורשים המשותפים לעברית ולערבית, מביא יצחק אבן ברון עניין שדן בו רבו ב׳ספר המפתח׳. הקטע מתייחס לוויכוח שהיה נטוש בין אבו אלוליד אבן ג׳נאח ובין שמואל הנגיד בדבר צורת העתיד של פעלים סבילים.[82] הפיסקה מחיבורו של אבן ברון הודפסה על־ידי דרנבורג, במבוא לכתבי אבן ג׳נאח,[83] וכן על־ידי קוקובצוב — במהדורתו של ׳כתאב אלמואזנה׳.[84] וזה לשונה:

וג׳רי בין אלנגיד ואלחכים אבי אלוליד רחמהמא אללה פי אלמֻסתקבַל מן אלפעל אלד׳י לם (בכתב־היד: ליס) יסםּ פאעלה כלאם כת׳יר תאז אלנגיד קַצַבַ אלסַבַק פיה והו מלכّ׳ץ (בכתב־היד: מכ׳לץ) פי אלתאליף אלד׳י אנתכ׳לה אסתד׳נא אבו (בכתב־היד: אבי) אלפהם פמן אראד אלוקוף עליה פַלְיַלְתַמִסְהֻ (בכתב־היד: ׳פילתמסה׳) מן הנאך.

ובין הנגיד והחכם אבו אלוליד (= אבן־ג׳נאח) רחמם האל (= זכרונם לברכה) היו דברים רבים (= ויכוח גדול) בעניין עתיד הפועל שלא נזכר שם פועלו (= פעלים סבילים). הנגיד זכה בו (= בוויכוח) בזר־הנצחון, והוא מסוכם בחיבור שבחר אותו (או: חיברו כמבחר) מורנו אבו אלפהם (אלתבאן). ומי שרוצה לעמוד עליו יבקשנו שם.

77 J. R. de Castro, *Biblioteca Española*, Madrid 1781, p. 73

78 מהדורת לייפציג 1840, עמ׳ 1382, סי׳ יד.

79 L. Dukes, 'Literaturhistorische Mittheilungen', in: Ewald, *Beiträge zur Geschichte der ältesten Auslegung*, II, Stuttgart 1844, pp. 2–3

80 *MSS Codices Hebraici Bibl. I. B. de Rossi*, I, Parma 1803, Cod. 488, p. 59

81 בקטלוג הבודליאנה, שם; וכן עמ׳ 970–971.

82 עניינו של הקטע הנזכר הוא הבניין הסביל של קל, המופיע במקרא פעמים אחדות; בעבר צורתו כשל פֻּעַל, ואילו בעתיד — כשל הופעל. פרטים על המחלוקת הזאת בין הנגיד לאבן ג׳נאח הבאתי ב׳מקורות לפעולתו של לוי אבן אלתבאן במחקר הלשון׳, לשוננו, כז (תשכ״ג), עמ׳ 49–57.

83 J. & H. Derenbourg, *Opuscules et traités d'Aboul-Walid*, Paris 1880, במבוא, עמ׳ 46.

84 פ׳ קוקובצוב, ׳לתולדות הבלשנות העברית בימי־הביניים׳ (ברוסית)=׳יתר הפליטה

קוקובצוב, הרואה בכינוי ׳אסתד׳נא׳ סימן להשפעתו של אבן אלתבאן על אבן ברון,[85] מעיר, ששניהם תמכו בנגיד בעניני לשון, בניגוד למלומדים אחרים, שהלכו בעקבות אבן ג׳נאח.[86]

ב׳כתאב אלמואזנה׳ מזכיר אבן ברון את ׳ספר מפתח׳ פעם נוספת:[87]

> וללנגיד רח׳ אללה פי אלמצאדר כלאם חסן אלבתה והו מלכ׳ץ פי אלכתאב אלמנתכ׳ל אלמד׳כור.

> ולנגיד רחמו האל דברים מצוינים בעניין שמות־הפעולה, והם מסוכמים בספר המובחר (או: במבחר) הנזכר.

לפי עדותו של אברהם אבן עזרא נכתב ׳ספר מפתח׳ בערבית,[88] ואולי היה שמו במקור ׳אלמפתאח׳.[89] כנראה עסק הספר גם בפירוש לשוני של כתובים.

[ט]

בשם אבן אלתבאן נמסרים לנו ביאורים לשוניים לשני מקראות בתוך ׳ספר הצירופים׳ מאת מחבר עלום־שם. קוקובצוב מביא את הפיסקה הבאה[90] (לדעתו היא מתייחסת ל׳ספר המפתח׳[91]), שהוא מעתיק מנויבאואר:

> ועג׳בי מן אבי אלפהם בן אלתבאן רחמה אללה אן קאל ואלהא׳ אלתי (בכ״י: אלד׳י) פי הַזְּבָחִים וּמִנְחָה הי הא אלאסתפהאם ואִן כאן מא בעדהא משדדה, ומת׳לה הַיִּיטַב בְּעֵינֵי ה׳. הד׳א נץ̈ קולה.

> אני מתפלא על אבן אלפהם אבן אלתבאן, זכרונו לברכה, שאמר: ׳אות ה׳ אשר (במלה) הַזְּבָחִים וּמִנְחָה (עמ׳ ה: כה) היא ה״א השאלה, אף־על־פי שבא אחריה דגש, ודומה לזה ״הַיִּיטַב בְּעֵינֵי ה׳״ (וי׳ י: יט).׳ אלה דבריו לאמיתם.

אבל גם רב סעדיה גאון בתרגומו וגם אבן ג׳נאח ב׳ספר הרקמה׳ תופסים את הה״א שבמלה ׳הייטב׳ כה״א־השאלה, אף שהאות שאחריה דגושה.[92]

מן ״כתאב אלמואזנה״ אשר חברו אבן אברהים בן ברון׳, סט׳ פטרבורג 1893, עמ׳ 12; תרגום לרוסית: עמ׳ 50.

85 שם, החלק הרוסי, עמ׳ 15.

86 שם, עמ׳ 134 של הטכסט, הערה 335.

87 שם, בטכסט, עמ׳ 14.

88 ׳ספר מאזניים׳, שם: ׳וכל אלה הספרים הם בלשון ההגריאים לבד מהמחברות (למנחם בן סרוק) והשירה (אבן גבירול) והאגרון (רס״ג).׳

89 M. Steinschneider, *Die arabische Literatur der Juden*, Frankfurt am Main 1902, p. 145, §96. נויבאואר מתרגם: ׳le livre de l'introduction׳; ראה: *Journal Asiatique*, V (1862), p. 249

90 קוקובצוב, שם, עמ׳ 7, הערה 9

91 שם, עמ׳ 8, הערה 11.

92 ׳ספר הרקמה׳, סוף שער לו (לה) (מהדורת וילנסקי), עמ׳ שעג, שורה 7; וראה שם הערה 4. עיין גם: קוקובצוב, שם, עמ׳ 7, הערה 9.

עדויות על שירתו ועל פעולתו כמדקדק

נויבאואר [93] מייחס את ׳ספר הצירופים׳ ליצחק אבן ישוש מטולידו, שאברהם אבן עזרא מזכירו ב׳ספר מאזנים׳ לפני אבן אלתבאן (ראה לעיל). אולם אבן ישוש מת, כנראה, כבר בשנת 1057,[94] ואילו הקטע שלפנינו נכתב אחרי מותו של אבן אלתבאן, כפי שמעידות המלים ׳רחמה אללה׳.

קוקובצוב [95] חשב, שהביאורים האלה הם השריד היחיד מפירושי אבן אלתבאן; אבל מותר לייחס לו שני ביאורים נוספים, שאברהם אבן עזרא מביאם בפירושו למקרא בשם ׳ר׳ לוי׳ (וכבר הצביעו על כך דוקס ובאכר):

יִגְמָר־נָא רַע רְשָׁעִים וּתְכוֹנֵן צַדִּיק וּבֹחֵן לִבּוֹת וּכְלָיוֹת אֱלֹהִים צַדִּיק (תה׳ ז:י).

ומפרש ראב״ע:

> ׳יִגְמָר נָא רע׳ הוא הפועל ורשעים הם פעולים. ויש אומרים שיסור רע מרשעים. אמר רבי לוי כי וי״ו ׳ובחן לבות וכליות׳ נוסף ואיננו רק טעמו אתה תדע מי הוא צדיק או רשע. (אולי מתייחס גם ההמשך לרבי לוי:) וטעם כליות כנוי לנסתרים כמו הכליות שהם נסתרים וטעם אלהים צדיק כנגד ׳ותכונן צדיק׳.[96]

׳וַאֲנִי בַּחֲלוֹתָם לְבוּשִׁי שָׂק עִנֵּיתִי בַצּוֹם נַפְשִׁי וּתְפִלָּתִי עַל חֵיקִי תָשׁוּב׳ (תה׳ לה:יג).

ומפרש ראב״ע:

> ׳ותפלתי על חיקי תשוב׳ — אמר ר׳ לוי ׳הטעם שהייתי מתפלל ואני משתחווה ונדכה.׳

להלן חולק הראב״ע על ר׳ לוי:

> והנכון — כדרך ׳והשב לשכנינו שבעתים אל חיקם׳ (תה׳ עט:יב): שיתן לי השם כמו תפילתי ובקשתי מהשם בעבורו.[97]

[י]

לאחרונה הצביע י״א וידה [98] על ביאור אחר של אבן אלתבאן, המובא במפורש בשמו בספרו הערבי של יוסף אבן וקאר על הקבלה והפילוסופיה (טולידו, המחצית הראשונה של המאה הי״ג).[99] בעניין הפסוק ׳השמן לב העם הזה ואזניו הכבד

93 נויבאואר, שם, עמ׳ 20, בהערה.

94 על־סמך דברי משה אבן עזרא מזהה שטיינשניידר את יצחק בן ישוש עם יצחק בן קסטאר, שמת בטולידו בשנת 1057. עיין: *ZDMG*, VIII, p. 551; IX, p. 838

95 קוקובצוב, שם, שם.

96 L. Dukes, *Die Zeit* (*Hamechaker*), IV (1880), p. 254

97 W. Bacher, *Abraham ibn Esra als Grammatiker*, Strassburg 1882, p. 187 תרגום עברי: תל־אביב תרצ״ט, עמ׳ 140.

98 G. Vajda, *Recherches sur la philosophie et la Kabbale*, Paris 1962, pp. 132–133

99 עיין: ג׳ שלום, ׳ספרו הערבי של ר׳ יוסף ן׳ וקאר על הקבלה והפילוסופיה׳, קרית־ספר, כ, עמ׳ 153 ואילך.

ועיניו השע פן יראה בעיניו ובאזניו ישמע ולבבו יבין ושב ורפא לו׳ (יש׳ ו: י) כותב אבן־וקאר:[100]

> ואדא פסר השמן עלי מא ארתפאע אל תנאקץ׳ מן בין אלפסוקים וארתפע אל שך ואל גיר מן חכמה תעאלי. ווג׳דת פי רוח(?) אלתלאמיד לר׳ לוי בן תבאן נ״ע אנה שרח פשט הדא אלפסוק אעני השמן לב העם הזה כמא תאולת[ה] ודלך אנה תרג׳מה בקולה יא איהא אלדי[ן] טמסוא קלובהם ות׳קלוא אדהאנהם (=אד׳אנהם) וג׳מצ׳וא אבצארהם מן אלטאעה פלא ירון באעיונהם[101] ולא יפהמון ען ג׳הלתהם[102] פיתובון וישפיהם לו עקלוא...

> ואם יפורש ׳השמן׳ באופן שיסיר את הסתירה מקרב הפסוקים — ויסורו הספק והעוולה ממשפטו של האל ית׳ (כאילו במעשיו דיבר הכתוב). ומצאתי ב׳רוח אלתלאמיד׳ לר׳ לוי בן תבאן נ״ע, כי הוא פירש את הפשט של הפסוק הזה, דהיינו: ׳השמן לב העם הזה׳ כפי שפירשתי אותו אני, באמרו: הוי, אלה אשר מחקו את (תבונת) לבותיהם והכבידו על אוזניהם (אד׳האן = שכל, מוחות; וצ״ל: אד׳אנהם) ועצמו עיניהם מן הציות (מלציית) ולא יראו בעיניהם ולא יבינו מפאת בורותם שיחזרו בתשובה ושב ורפא להם, אילו החכימו.

וידה מציין, כי חיבורו זה של אבן אלתבאן, ׳רוח אלתלאמיד׳, אינו ידוע ממקור אחר (קריאת המלה ׳רוח׳ אינה בטוחה), וכי מדברי אבן וקאר יוצא, שהחיבור היה לפניו (׳ווג׳דת פי...׳). לדעת וידה[103] כתב אבן אלתבאן גם את תרגום הפסוקים הסמוכים ואת ביאורם הכולל (החל בפסוק ט), שלדברי אבן וקאר נעזר בו רד״ק בפירושו לישעיה.[104]

100 כ״י ואטיקאן 203, דף 138ב, שורה 12 ואילך.
101 אל״ף או ו״ו מיותרת.
102 וידה קורא: ׳ג׳הלן (מנ)הום׳.
103 שם, עמ׳ 132, הערה 3; עמ׳ 133, הערה 1.
104 ׳... ואתם משמינים בכוונה לבבכם ומכבידים אזניכם ומשיעים עיניכם שלא תשמעו ולא תראו ולא תבינו ולא תדעו כי אינכם חפצים בתשובה ולא ברפואה...׳ אבל בהסבירו את המקור ׳השמן׳ כפועל בבינוני מציין רד״ק את תרגום יונתן.

השם אלתבאן

פירושה של המלה הערבית אלתבאן הוא סוחר־תבן,[1] ולכך גם רומז אלחריזי בחרזו ׳בני תבאן... כהדוש מתבן׳. השמות הערביים ׳תבאן׳ ו׳תבאני׳ מופיעים במשמעות זו בתקופות שונות.[2]

חוקרים אחדים התלבטו במבטא השם, ומצאו פגם בחרוז שב׳תחכמוני׳, חרוז הנראה כאסונאנס. גייגר[3] ואחרים כותבים Tabban, בהתאם למבטא בערבית הקלאסית. גרץ חולק עליהם; לדעתו התעתיק הנכון הוא Tabbén, ובאכר[4] הולך בעקבותיו. קוקובצוב[5] תומך בראשונים, ורואה בסברתו של גרץ טעות. לאמיתו של דבר אין כאן קושי, וכבר העירו שטיינשניידר, בראדי ושירמן,[6] שערביי ספרד ביטאו á ארוכה כמו é, דהיינו, ׳תֵבאן׳ במקום ׳תָבאן׳. באופן זה מסתבר החרוז אצל אלחריזי, אף־על־פי שייתכן, שמבטאן של שתי ההברות החורזות לא היה זהה בתכלית.[7]

בכתב־יד אוכספורד של ׳כתאב אלמחאצ׳רה׳ של משה אבן עזרא יש ׳דמה׳ (קובוץ ערבי) על האות ת׳ של תבאן,[8] ועל־כן היו שסברו,[9] שיש אולי לקרוא Tobbân או Tubbân. אך קרוב לוודאי, שניקוד זה הוא טעות.[10]

שטיינשניידר[11] מצא קירבה אטימולוגית בין ׳תבאן׳ ובין ׳תבון׳, הלא הוא שם משפחת־המתרגמים המפורסמת. בתור דוגמה הוא מביא את השם ׳דנאן׳, שיש לו קירבה ל׳דנון׳, אבל הוא חולק על יוליוס פירסט,[12] הכותב את השם ׳אבן תבון׳ Ibn Tabôn. סברתו של פירסט, שמקורו של שם זה במבטא המוני של Tabân, מבוססת על דברי אבן אבואב, שאין לסמוך עליו בעניין התעתיק של שמות

1 ראה: שטיינשניידר, *JQR*, יא, עמ׳ 621, סימן 757; בראדי, *EJ*, ב, עמ׳ 473; שירמן, ידיעות, ד, עמ׳ רנג.

2 ראה: D'Herbelot בערכים *Tabban* ו־*Tabbani*; ועיין: קטלוג הבודליאנה, שם; *JQR*, שם.

3 גייגר, ׳דיואן׳, שם (בסימן־שאלה). צונץ (*AZJ*, ג, עמ׳ 678) כותב Eltaban. אצל וולף יש תעתיקים שונים, אפילו El Theban (א, עמ׳ 339). דה קאסטרו מעתיק את השיבוש (עמ׳ 73). אצל סימוניס השתבש השם ל־Artaban, וכך גם אצל לשר, הצל ואחרים. גם את הכינוי אבו אלפהם קראו בצורות שונות. בקטלוג הבודליאנה (שם), כתוב Abu l'Fihm. דרנבורג (*Opuscules*, שם), כותב Faham; ועוד.

4 גרץ, שם, עמ׳ 109; באכר, שם, עמ׳ 187.

5 קוקובצוב, עמ׳ 6, בהסתמך על שטיינשניידר.

6 Steinschneider, *Die arabische Literatur*, p. 145, § 96; בראדי, שם; שירמן, שם; ׳השירה העברית׳, ב, עמ׳ 111. וראה גם: *La poesía sagrada*, p. 103

7 בראדי, *MGWJ*, 71, עמ׳ 49.

8 ׳כתאב אלמחאצ׳רה׳, דף 242ב, שורה 14; וראה: ׳שירת ישראל׳, עמ׳ עה, הערה 4.

9 קטלוג הבודליאנה, עמ׳ 1616, 1374.

10 ידיעות, ד, שם.

11 *Die arabische Literatur*, loc. cit.; *JQR*, loc. cit.; קטלוג הבודליאנה, 1374.

12 *Bibliotheca Judaica*, III (1863), p. 401, n. 2

מערבית.[13] הדמיון שבין שני השמות הניע את אדלמן לכתוב Levi ben Tibon מעל לתרגום האנגלי של שיר אחד של אבן אלתבאן.[14] קמפף עוד הרחיק לכת,[15] ותרגם את דברי אלחריזי על בני תבאן: ...und den Taboniden, R. Levi und R. Jacob..., אך אין לכך שום יסוד. אפילו יש קירבה אטימולוגית בין ׳תבון׳ ל׳תבאן׳, אין, כמובן, להסיק מכאן, שהיתה קירבה משפחתית בין נושאי השמות הללו.

13 *JQR*, שם. שטיינשניידר (קטלוג הבודליאנה, 1616) מפריך את דעתו של רוסי, המזהה את אבן אלתבאן עם אלחנן בעל ׳מפתח הדקדוק׳.

14 ׳גנזי אוכספורד׳, 1850, חלק אנגלי, עמ׳ 40. תעתיק זה מופיע משום־מה גם בעברית, בתרגום ספרו של באכר ׳ראב״ע כמדקדק׳ (עמ׳ 140), אף־על־פי שהמקור הגרמני גורס כתיב שונה; וראה לעיל, הערה 4.

15 קמפף, חלק גרמני, עמ׳ 12.

פרק שני

בעיית זיהוי המחבר

[א]

כינוס שיריו של לוי אבן אלתבאן כרוך בקושי מיוחד: מצד אחד אין ודאות שאכן חיבר את כל הפיוטים שמייחסים לו, ומן הצד האחר יש סימוכין לכך, שכמה פיוטים שיוחסו למשוררים אחרים בני תקופתו אינם אלא מפרי עטו. אקרוסטיכון מפורט, הכולל את שם האב, מופיע רק בשבעה או בשמונה פיוטים, ואילו בכל השאר חתום רק ׳לוי׳, ׳לוי חזק׳ או ׳לוי הקטן׳. חתימה כזאת אין בה כדי להבטיח זיהוי נכון, אפילו מעיד סגנון השירים עליהם שנתחברו בתקופה הקלאסית של שירתנו בספרד, שהרי בתקופה זו היו כמה פייטנים שחתמו בשם ׳לוי׳. פיוטים רבים הנושאים חתימה זו יוחסו, כאמור, ליהודה הלוי, ונכנסו לדיואן שלו (ראה להלן, הערה 7).

לעתים מסתבר, ששורות הנושאות את החתימה ׳לוי׳ הן רק תחילתו או סיומו של פיוט בעל חתימה ארוכה יותר (כגון ׳יצחק הלוי׳ או ׳לוי בר־משה׳), ולא אחת הטעה קיטוע היצירות את החוקרים. פיוטים מספר הגיעו אלינו בצורה משובשת, בסדר שונה של הבתים או בהשמטת אותיות, וניתן לצרף בהם חתימות אחדות. אבל גם כאשר החתימה ׳לוי׳ ברורה בתכלית — קשה, כאמור, להכריע אם הכוונה לאבן אלתבאן, ויש להיזהר מהסקת מסקנות על כלל יצירתו על־סמך שירים שלא הוא מחברם.

[ב]

אבן אלתבאן אינו נוהג לחתום את שם משפחתו בפיוטיו,[1] ׳ועל כן אפשר לומר בוודאות רק על פיוטים... שחתום בהם ״לוי בן יעקב״, כי הם יצירותיו של אבן אלתבאן.׳[2] למשל, ידוע פייטן אחר בספרד ששמו הראשון היה לוי, הוא לוי אבן מר שאול מקורדובה, שגר בטורטוסה והיה בן־דורו של שמואל הנגיד. הסליחה הידועה ׳יום לריב תעמד׳ (׳אוצר׳, אות י, מס׳ 1831) יוחסה לאבן אלתבאן, ׳אולם בכתב־יד מן הגניזה רשום עליה ״והדה לר׳ יצחק בן שאול ז״ל״. בראשי הבתים של הסליחה חתום ״לוי״, ועל־כן אין להבין את הכתובת הזאת אלא אם נניח, שהמעתיק השמיט בטעות את השם הראשון וצ״ל: ״לוי בר יצחק בן שאול״.׳[3]

1 אולי חוץ מן הפיוט ׳אל תשכח לנצח׳; וראה להלן. בפיוט ׳מי כמוך אֶל אֵל אשים דברתי׳ (כתב־יד אוכספורד 1073, במדור לפסח) מוצא נויבאואר את החתימה המקוטעת ׳אני יצ... לוי... תבן... חזק׳ (קטלוג כתבי־היד בספריית הבודליאנה, בסוף עמ׳ 265), אך דומה, כי כאן אין המלה ׳תבן׳ שם־משפחה וכי החתימה היא שריד מ׳יצחק בן לוי׳, בחילוף השורות.

2 שירמן, ידיעות, ד, עמ׳ רנד.

3 ידיעות, שם, שם.

כאן יש להזכיר פייטן בשם לוי בר משה, החותם לפעמים בשמו המלא, ולפעמים, כנראה, רק בשמו הפרטי.[4] אפילו חתימה מלאה ׳לוי בר־יעקב׳ אינה ראיה חותכת לבעלותו של אבן אלתבאן. אצל צונץ[5] רשומים שלושה פיוטים מאת פייטן מאוחר בשם זה.

אבל אפילו חיברו אבן מר שאול ואחרים חלק מן הפיוטים שחתום בהם רק ׳לוי׳ — הרי רובם המכריע נכתבו, לדעת שירמן, בידי אבן אלתבאן.[6] בכך הוא מצטרף לדעתו של ישועה בן־אליהו, הכותב בהקדמתו לדיואן יהודה הלוי:

> מה שהזכרתי (בנוגע לקביעת בעלותו של יהודה הלוי בשירים מסופקים) אינו בגדר הוכחות חותכות, ובייחוד שלכמה מגדולי הסופרים היו שמות משותפים עם מחבר הדיואן הזה, דהיינו, לוי ויהודה... שותפו בשם לוי היה ר׳ לוי, הנודע כאבן אלתבאן, וכולם סוסי־מירוץ, המצטיינים בריצתם בזירת היופי. ואין לומר, ששירתו (של יהודה הלוי) ביחס אליהם יחידה במינה או שאין בהם (בשירתם) ביטויים ורעיונות הנמצאים תכופות גם ביצירותיו... נראה מתוך קריאת שיריו, כי רק במעטים מאוד חתום ׳לוי׳ בלי ה״א־הידיעה,[7] ועל־כן מתקבל על הדעת, שהם מאבו אלפהם (אלתבאן), שהרי אילו היו מאבו אלחסן, היה בוודאי כותב יהודה או הלוי בה״א־הידיעה, כדי שלא ייחסו אותם לאחר או יפקפקו בהם.[8]

4 השיר ׳לך אתחנן צור׳ (סי׳ ׳לוי חזק׳) דומה מאוד לשיר ׳לך ה׳ הצדקה ולנו בושת הפנים׳ (סי׳ ׳לוי בן משה׳); לוי בן משה ולוי בן ישראל חתומים בפיוטים אחדים שסגנונם מאוחר (למשל בכ״י ששון 455 מנהג קוג׳ין). קרוב לוודאי שגם הפיוט ׳לאל יוצרי אשבח׳ המצוי בכ״י זה (שם מס׳ 123 – לא נרשם ב׳אוצר׳) הוא של אחד הפייטנים הללו, ולא של אבן אלתבאן.

5 *LG*, עמ׳ 708; ועיין: שירמן, ידיעות, שם, עמ׳ רנז.

6 עיין גם: ׳השירה העברית׳, עמ׳ 329; וכן: בראדי, *EJ*, שם.

7 ישועה אינו אומר, שיהודה לא חתם מעולם ׳לוי׳ ללא ה״א־הידיעה. ואכן, החתימה ׳יהודה בן שמואל לוי קטן׳ (ולא ׳הלוי׳) מצויה בפיוט ׳אשימה מגמתי לקונן על אגמי מים׳ (כתב־יד אוכספורד 1971, עמ׳ 194א, מס׳ עט). הפיוט ׳למשפט כונן כסאו׳, שבו חתום שלוש פעמים ׳לוי׳, מופיע בפני עצמו במנהגים רבים שבדפוס ובכ״י (ראה: ׳אוצר׳, אות ל, 1190, וכן בכ״י ששון מס׳ 657, 665, 686–687, 882 ועוד), ואינו אלא חלק מן הקרובה ׳אתה כוננת מישרים׳ ליהודה הלוי (ראה: ׳אוצר׳, שם). אבל מקרה אחר מוכיח, עד כמה יש לפקפק בנוסח: בפיוטו ׳אלהים בקודש חזיתיך׳ חתום בכתב־היד הנ״ל ׳יהודה לוי׳, בלי ה״א־הידיעה (עמ׳ 202ב, מס׳ צד), וכך גם אצל בראדי־רי״ה (ג, עמ׳ 90) ודודזון (׳אוצר׳, אות א, מס׳ 4692); בכתב־יד אחר שבדקתי (ברלין 103, דף 30א) מצויה עוד סטרופה, המתחילה במלים ׳הלך צורם לפניהם׳ והמשלימה את החתימה ׳הלוי׳!

8 ׳ומה ד׳כרתא אדלה̈ מכלתה̈ לא סימא וקד שארך צאחב הדא אלדיואן ג׳מאעה̈ מן אלרוסא אלא עיאן פי מסמי לוי ויהודה... וקד שארכה פי מסמי לוי מר׳ לוי אלמערוף באבן אלתבאן וכלהם פרסאן דהאן (צ״ל: רהאן) מג׳לון פי מידאן אלאחסאן פלא יקאל באן שערה באלנסבה̈ אליהמא (צ״ל: אליהם) ג׳יד מעתבר או אן לה אלפאט׳א ומעאני תרדד דברה[מ]א פי קלאידה... יט׳הר מן אסתקרא אקאוילה אנה ליס קול מנהא פי אביאתה חרף לוי בגיר הא אלמערפה̈ אלא קלילא נזרא פיחדס אנה לאבי אלפהם אד לו כאן לאבי אלחסן לג׳על פיהא חרף הג׳א יהודה או הלוי בהא אלמערפה̈

[ג]

בכתבי־יד ובדפוסים עתיקים מיוחסים פיוטים רבים ל׳ר׳ לוי׳ סתם.[9] מסתבר, שלעתים קרובות סמכו המעתיקים על האקרוסטיכון בלבד, ולא היתה בידם מסורת קודמת על הפייטן. במקורות יוחסו רק ארבעה פיוטים במפורש לאבן אלתבאן.[10] שם משפחתו או עירו אינו מופיע באקרוסטיכון.[11] החתימה המפורטת ביותר היא: ׳ללוי... אני לוי הקטן בר יעקב חזק ואמץ׳ (בשיר ׳מי כמוך אל אדיר ונאור׳).[12] שם האב מופיע בחמישה פיוטים נוספים, בצירוף ׳לוי בר יעקב חזק׳ ובצירופים דומים.[13] לעתים החתימה פגומה בגלל השמטת בית או מחרוזת, או בגלל טעויות אחרות של מעתיקים, אך נראה לי, שבשניים—שלושה מבין שירים

כי לא ינסב לגירה או ישרך פיה.׳—מן המבוא ל׳מחנה יהודה׳, כתב־יד אוכספורד 1971, ברשימת נויבאואר. נדפס, בצירוף תרגום לגרמנית, בספרו של גייגר: A. GEIGER, *Divan des Castiliers*, pp. 168 ff. התרגום העברי המצוטט כאן הוא משל שירמן (ידיעות, ד, עמ׳ רנד–רנה). בספר ׳רבי יהודה הלוי׳ (הוצאת מחברות לספרות, תל־אביב תש״י) מתפרסם תרגום אחר של דברי ישועה, ללא ציון שם המתרגם. נוסח זה עשוי להטעות בפרטים אחדים. לפיו מעמיד ישועה לכאורה את שירת יהודה הלוי מעל לשירת חבריו (׳אין לומר שיש לדמות את שיריו בערכו אליהם׳; עמ׳ 126), אך מהמשך הדברים עולה, שכוונת הכותב היא שונה: ׳נבהלו רעיוני את אשר אייחס לרבנו אבו אלחסן׳ (עמ׳ 127). שד״ל חולק על דעת ישועה, שהעמיד, כביכול, את המשוררים בשורה אחת. ראה דיואן ר׳ יהודה הלוי (ליק 1864), עמ׳ 4, במבוא. בדבר ספקותיו של ישועה ושיטת המאספים האחרים ראה גם להלן, בציוני המקורות לשיר ׳לבי שאל אם רם׳ (מס׳ ז); וכן: י. רצהבי, ׳הדיואנים ומאספיהם׳, יבנה, ג, עמ׳ 148.

9 למשל: ׳לר׳ לוי זצ״ל׳ (מעל ׳לבי יחיל בקרבי׳, כתב־יד מוצרי P 248); ׳רשות לנשמת לרבי לוי ז״ל׳ (מעל ׳לך שדי׳, ׳ספר חזונים׳, דף 9א); ׳אחרת לר׳ לוי ז״ל׳ (מעל ׳יום לריב תעמד׳; וראה בפרק זה, הערה 3). לפעמים ניכר בבירור, שהמעתיקים שמו לב לחתימה בלבד, ולא ידעו במי מדובר. מעל השיר ׳לובש צדקה כשריון׳ רשום ׳פזמון סי׳ לוי׳; מעל השיר ׳לובש חסד עולם יסד׳—׳מיושב סי׳ לוי׳ (שניהם בכ״י ברלין acc. 1928/386, דפים 98א, 108א), ועוד הרבה.

10 ׳מתי תחלם נותבי נתיבי׳—׳לר׳ לוי אבן אלתבאן׳ (כ״י T–S 8 H 17/17); ׳אלי לפני בוא יום ה׳׳, הבא מיד אחריו באותו כתב־יד (׳הבדלה לה׳׳); ׳לבורא כל וכל יכול׳—׳אופן ללוי אבן אלתבאן׳ (כ״י אדלר 2923); ׳לך עיני צופיות׳ (עיין: בראדי, ׳מבחר השירה׳, עמ׳ קנא); מעל השיר ׳לכודה כתוא מכמר׳ רשום ׳למר לוי בר׳, ללא שום תוספת. אבל גם כאן ניתן לצרף חתימה מלאה, שכן השם ׳יעקב׳ חתום במחרוזת האחרונה. ועיין בביאור לשיר זה (מס׳ כה).

11 בשיר ׳אל תשכח לנצח עם נחלתך׳ (מס׳ ל) ניתן לצרף גם את השם ׳אלתבאן׳ (ללא שם פרטי), או חלק ממנו. עם זאת דומה, שאין לייחס לו פיוט זה, שחריזתו פגומה.

12 כאן מס׳ מ. הכתובת שמעליו מציינת את אבן אלתבאן. במחרוזות 6–8 נפסקת החתימה, אך כפי שמעידים תוכנן וסגנונן, שייכות מחרוזות אלה לפיוט אחר (וראה בביאור לטכסט). האות יו״ד של ׳יעקב׳ שבחתימה המאונכת פותחת גם את המלה ׳יעקב׳ שבגוף השיר (שורה 76).

13 בשירים אלה: ׳ה׳ לבבות נמהרו׳ (מס׳ סו); ׳אליכם אישים אקרא׳ (מס׳ טז: ׳אני ליוי [כך!] בר יעקב חזק׳); ׳לאיש כמוני רשעי׳ (מס׳ מט); ׳לכודה כתוא מכמר׳ (מס׳ כה); ׳לך ה׳ הצדקה לך העז והמלוכה׳ (מס׳ נז). ייתכן, שברשות ׳לשובב נות בית׳ (שורה 4) חתום שם האב במאוזן.

אלה אפשר לצרפה בנקל.[14] שאר הפיוטים חתומים ׳לוי חזק׳, ׳לוי הקטן׳ וכדומה, אך על־פי־רוב רק ׳לוי׳. פעמיים בא השם ׳לוי׳ גם לאחר אל״ף־בי״ת,[15] ופעם — בסדר הפוך (י—ו—ל).[16]

[ד]

כבר במאה הקודמת נחלקו החוקרים בדבר זהותו של ׳לוי׳, ולא תמיד נהגו בעקיבות. על־אף הערתו של ישועה בן־אליהו יוחסו ליהודה הלוי קרוב לעשרים שירים שחתום בהם ׳לוי׳.[17] בראדי הביאם במהדורתו של הדיואן, אף־על־פי שהוא מביע שם ספקות (ראה המבוא לכרך ג).
למשל: הרשות ׳לקראת מקור חיי אתן מגמתי׳ יוחסה על־ידי מ׳ זקש ל׳ר׳ לוי׳;[18] לאנדסהוט[19] ושד״ל[20] ייחסוה במפורש לאבן אלתבאן. בראדי, לעומת זה, מביאה בין שירי יהודה הלוי (ג, עמ׳ 118) ודודזון (׳אוצר׳, אות ל, מס׳ 1367) מעיר עליה: ׳סי׳ לוי (רי״ה)׳, אף־על־פי שהוא מביא גם סברות אחרות. אמנם דומה השיר לרשות של יהודה (ראה להלן, פרק שלישי), אך אין דבר זה מוכיח כלום. מאחר שהשיר נכנס לדיואן, ניתרגם כמה פעמים בשם רי״ה, ואפילו שימש בניתוח השקפותיו.[21] שירמן חזר לייחס את השיר ׳לקראת מקור חיי אתן מגמתי׳ לאבן אלתבאן,[22] ובעקבותיו הלכו אחרים,[23] וכך חזרה האבידה לבעליה.
זוהי אך דוגמה אחת מני רבות. דודזון מייחס ליהודה הלוי כל פיוט החתום ׳לוי׳ והמופיע בדיואן שלו. ב׳לוח הפייטנים׳ (׳אוצר׳, ד, עמ׳ 430) הוא מייחד מדור שלם לשירים שחתום בהם ׳לוי׳ ושאינם מופיעים בדיואן, מדור אחר — לאלה שחתום בהם ׳לוי בן יעקב׳, ושוב מדור אחר — לשירים שהוא מייחס לאבן אלתבאן בוודאות. במדור השני הוא כולל את שלושת השירים שציין צונץ כפרי עטו של משורר מאוחר יותר (ראה לעיל), אולם גם שירים אחרים הנושאים אותה חתימה. והנה, במדור השלישי הוא מייחס לאבן אלתבאן שירים שאף בהם חתום רק ׳לוי בר־יעקב׳. אודה, עקרון ההבדלה אינו נהיר לי, ובפרט שדודזון מסתייג לעתים קרובות מדעותיהם של חוקרים אחרים בעניין זה.

14 ראה בביאור לשירים מס׳ כה, נז. לעומת אלה מן הראוי לציין את השיר ׳להבות כבוד אלי׳ (׳אוצר׳, אות ל, מס׳ 499), שאין בו חתימה ברורה; וראה בביאור לטכסט. בשני שירים אחרים ניתן לצרף את החתימה רק על־ידי שינויי־נוסח.

15 ׳איך אתיצבה היום׳; ׳ישראל עם קדוש׳ (החל במחרוזת השנייה).

16 ׳יה מי יעמד בסודך׳.

17 אחד נשתרבב בין שירי אבן גבירול, ויוחס אף הוא ליהודה הלוי. וראה כאן בסוף הספר, פיוטים של משוררים אחרים שיוחסו לאבן אלתבאן.

18 מקור, עמ׳ 39 (חלק עברי); תרגום, עמ׳ 108.

19 ׳עמודי העבודה׳, עמ׳ 56.

20 ׳טל אורות׳, עמ׳ 47: ׳הוא ר׳ לוי אלתבאן׳. בטופס אחד של ׳טל אורות׳ רשם חב״ר (בראדי) בדיו בשולי הפיוט: ׳ואולם ראה בדיואן לר׳ יהודה הלוי (מהד׳ שד״ל) אשר שם סי׳ נ״ו נדפס השיר הזה ג״כ!׳

21 ראה, למשל: י׳ קופליביץ, ׳יהודה הלוי האוניברסלי׳, ׳דבר׳, 15 באוגוסט 1941, עמ׳ 3.

22 ידיעות, ד, עמ׳ רנז; ׳השירה העברית׳, עמ׳ 331.

23 למשל: ׳ילקוט הפיוטים׳, עמ׳ קפט; מילאס ואליקרוסה, עמ׳ 287.

[ה]

אכן, קשה הזיהוי. יש שבכתב־יד אחד מיוחס פיוט מסוים לר׳ לוי, ובמשנהו — ליהודה הלוי.[24] בטכסטים מסוימים אף ניתן לצרף חתימות שונות. בראשי הסטרופות של הסליחה ׳דלתיך הלילה לשבי חטא הותרו׳ חתום לפי נוסח אחד ׳דויד׳, ועל־כן מייחס אותה שד״ל[25] לדויד בן־אלעזר אבן בקודה. שניאור זקש חולק על קביעה זו,[26] שכן הוא מוצא בסליחה חתימות אחרות. לדעתו נובעת טעותו של שד״ל משיבושי מעתיקים ׳...שהטילו בסליחה סימן דויד, ולהד״ם׳. זקש מזכיר את דרנבורג,[27] שראה כאן את החתימה ׳דאודייה׳, וייחס אותה לר׳ חייא אלדודי או ליצחק אבן גיאת. כן הוא מזכיר את דעתו של צונץ,[28] שנטה אף הוא אחרי דרנבורג. זקש קורא בנסחים השונים חתימות שונות (גם ׳אחי לוי׳), ובהסתמך על הכתובת ׳לוי לבד בית א׳ ובית אחרון׳[29] הוא קובע, שהסליחה היא של אבן אלתבאן. גם חוקרים אחרים התלבטו בזיהוי מחברה.[30] דודזון (׳אוצר׳, אות ו, מס׳ 260) רושם ׳דוד בקודה׳ בסימן־שאלה. ואמנם דומה, שהסליחה אינה של אבן אלתבאן, אלא של דוד אבן בקודה; גם שירמן מביא אותה בין שיריו של משורר זה (ידיעות, ד, עמ׳ רפד, מס׳ 22).[31] אגב, גם בשני פיוטים אחרים של דוד אבן בקודה הנדפסים שם והחתומים ׳דויד׳ אפשר לצרף ׳לוי׳ או ׳לוי חזק׳.[32]

[ו]

שניאור זקש (המגיד, שם) רואה את הפיוט ׳לא אהלך במחשכים׳ (נוסח אחר: ׳במעקשים׳), שנרשם על־ידי לאנדסהוט בין פיוטי אבן אלתבאן,[33] כחלק מיוצר לשבועות של יהודה הלוי, המובא בשלמותו במחזור על קלף.[34] בשני החלקים הראשונים של היוצר (׳ישוב לאחור צל׳ ו׳יומם ולילה׳) חתום ׳יהודה׳, ובחלק השלישי (׳לא אהלך׳) — רק ׳לוי׳. בראדי (רי״ה, ג, עמ׳ 106) הביאו כחלק מן

24 מעל השיר ׳לב ולשון אכונן׳ רשום ב׳ספר חזונים׳, עמ׳ 112א: ׳אופן לרבי לוי ז״ל׳, ואילו בכ״י אדלר 3109 רשום: ׳ליהודה הלוי זצ״ל׳ (ידיעות, ד, עמ׳ רסב).

25 במבואו למחזור רומא, ב, עמ׳ עג.

26 שניאור זקש, ׳על דבר רשימת פיוטי הפיטנים׳, המגיד, ט (1865), עמ׳ 367.

27 J. Derenbourg, 'Die Schriften des Isaak ben Giath', *WZJT* (*Orient*), V, p. 405

28 *SP*, p. 107

29 ראה, למשל: ׳שפתי רננות׳, טריפולי תרפ״ו, עמ׳ תט; ג׳רבה תש״ז, עמ׳ קמז.

30 ׳עמודי העבודה׳, עמ׳ 64; שטיינשניידר, קטלוג בודליאנה, סי׳ 607, ועוד.

31 אף־על־פי־כן מייחס אותה ש׳ ברנשטיין לאבן אלתבאן. ראה: סיני, יט, עמ׳ ריא, סימן 136.

32 ׳לך ה׳ הצדקה דובר צדק ומישרין׳, שם עמ׳ רצ, סי׳ ו; וכן: ׳לך ה׳ הצדקה דגול שוכן שמי זבולה׳, שם, עמ׳ רצא, סי׳ ז. אם נכלול את שלוש המלים הראשונות בחתימה, יתקבל ׳לוי׳ (לך, ושמך, ידך; לך, ומלכותך, ימינך); בפיוט השני, בשורה 9, חתום גם ׳חזק׳. אך אם נשמיט מלים אלה, שהן פתיחה שכיחה, יתקבל בשניהם ׳דויד׳.

33 ׳עמודי העבודה׳, עמ׳ 155, סי׳ 7.

34 ובדפוס רק ב׳חדשים גם ישנים׳, ג, עמ׳ 9; וראה ב׳אוצר׳.

היוצר הזה. דודזון (׳אוצר׳, אות ל, מס׳ 8++) טוען, שטעות היא לייחס את הפיוט לאבן אלתבאן, ואילו שירמן מזכיר אותו ברשימת שירי משוררנו, ואף מדפיסו בין שיריו.[35]

לאנדסהוט[36] ייחס לאבן אלתבאן פיוט המתחיל במלים ׳לחוץ ומחוץ ירימנו׳, בהסתמך על צונץ,[37] שקרא בו את החתימה ׳לוי׳. שניאור זקש מעיר (המגיד, שם), שזהו קטע בלבד, שורות אחרונות מפזמונו של ר׳ יצחק הלוי בר זרחיה גירונדי, המתחיל במלים ׳יודעי דעת אלהיכם׳.[38] לדעתו החתימה השלמה היא ׳יצחק לוי׳. אגב, לאנדסהוט בעצמו הביא את הפיוט השלם בין פיוטי המשורר הזה!

דבר דומה אירע לפיוט אחר. דודזון רושם ב׳אוצר׳ (אות ל, מס׳ 1221) שיר המתחיל במלים ׳לנפשי אומרה שובי׳ והחתום בשם לוי (ידיעות, עמ׳ רנז, מס׳ 32) בין פיוטי אבן אלתבאן. לפי מראי־המקומות אצל דודזון[39] נדפסו ארבעה טורים כשיר עצמאי. אבל בספרים אחרים[40] — ואפילו בדפים אחרים של המקורות שציינם דודזון! — מצאתי, ששורות אלו הן סטרופה שלישית מתוך ׳שם אל קמתי לברך, על פשעי אשתוממה׳ לאבן גבירול. פיוט זה, שבראשי מחרוזותיו חתום ׳שלמה׳ והמובא אף הוא ב׳אוצר׳ (אות ש, מס׳ 1423), נזכר על־ידי צונץ (*LG*, עמ׳ 519, מס׳ 49) ונדפס בין שירי אבן גבירול על־ידי ביאליק ורבניצקי (׳שירי שלמה׳, ספר שישי, מילואים, ב, עמ׳ 85, מס׳ פח). החתימה ׳לוי׳ בשיר ׳לנפשי אומרה׳ היא מקרית; האות למ״ד היא חלק מהחתימה ׳שלמה׳.

בעניין האקרוסטיכונים המסופקים מן הראוי לציין כאן גם את הַמְּשַׁלֵּשׁ ׳לוכד חכמים בערמם ומסכל עצת נבוני׳, שדוד קאופמן העתיק מכתב־יד של מחזור אביניון. על שיר זה, שחתום בו ׳לוי׳ (כל אות כפולה), מעיר קאופמן,[41] שישועה בן־אליהו ייחסוֹ ליהודה הלוי, אף־על־פי שהסימן היה צריך לעורר בו ספקות. לפי דודזון (׳אוצר׳, אות ל, מס׳ 589) הפיוט הוא חלק ו׳ מן הקרובה ׳את מלחמות ה׳ בהנקמו לי אחזה׳ ליהודה הלוי, המכילה כמה חתימות מְפורשות, כגון ׳יהודה׳ (בראדי־רי״ה, ד, עמ׳ 48).

שירמן מביא בין פיוטי אבן אלתבאן את הרשות לנשמת ׳המון אכד וארך׳[42] — שיר־איזור שבראדי הביאוֹ בין שירי יהודה הלוי (ד, עמ׳ 181). אם נמנה גם את המדריך, אמנם יתקבל הסימן ׳הלוי׳, אבל יש לשער, כי הסימן מתחיל רק במחרוזת הראשונה (שורה 3), כנהוג בשירי־איזור, וכי האות ה״א שבהתחלה היא מקרית. הוא הדין במאורה ׳השכל והדת שני מאורות׳, המיוחסת לר׳ לוי בדפוסים עתיקים, אף־על־פי שניתן לצרף גם בה את הסימן ׳הלוי׳ (וראה בביאור לשיר זה ובנספח לו).

35 ידיעות, ד, עמ׳ רנו, סי׳ 13; ׳השירה העברית׳, א, עמ׳ 332.
36 ׳עמודי העבודה׳, עמ׳ 155.
37 *AZJ*, V (1839), p. 455
38 וראה ׳אוצר׳ (ההערה שאחרי אות ל, מס׳ 624).
39 ׳מחזור קטן כמנהג ארגיל׳, ליוורנו 1878, עמ׳ 240; ליוורנו 1886, עמ׳ 305.
40 ׳מחזור קטן לימים נוראים, נוסח ספרד׳, ליוורנו 1803, דף ו, ע״ב; ׳סליחות לאשמורת הבקר מנהג תונס׳, ליוורנו 1845, דף 19א.
41 קאופמן, בספרו על יהודה הלוי, עמ׳ 43.
42 ידיעות, ד, עמ׳ רנה, סי׳ 7.

האם עשוי היה אבן אלתבאן לרמוז לשמו גם בגוף הטכסט, ולא רק באקרוסטיכון? קאופמן[43] סבור, שמצא רמז כזה בשיר 'ערכו (נוסח אחר: 'ערבו'[44]) כיום רעיוני', שהכול מייחסים אותו ליהודה הלוי. השיר נכתב לכבוד ר' יוסף הלוי אבן מיגש, בירשו את כיסא הרי"ף רבו (בשנת 1103):

עורי צפון הפיחי / גני יזלו בשמיו
ותימן נשבי על רוחי / והיטיבי שיר מנעמיו
ועל כנור לוי צלחי / ושימי לדרך שיר פעמיו
וישוב לימי עלומיו / לעמד לשרת פני אדני.

(שורות 4—7)

לדעת קאופמן המלה 'לוי' (שורה 6) היא שם פרטי, ובהסתמך על עקרון ההבדלה של ישועה (החל אמנם רק על האקרוסטיכון) הוא רואה כאן רמז לאבן אלתבאן. ועוד הוא טוען, שאם אמנם נכתב שיר זה בשנת 1103 — לא יכול היה יהודה הלוי לומר על עצמו 'וישוב לימי עלומיו', שהרי עדיין צעיר היה. בראדי, המביא את השיר בדיואן רי"ה (א, עמ' 141), נמנע מלהכריע (שם, עמ' 233). אבל דומה, שאין יסוד לסברתו של קאופמן. בשירים רבים אמנם מדבר יהודה הלוי על עצמו כעל 'לוי' סתם,[45] אך במקרים אלה אין הוא מתכוון לשמו הפרטי בלבד, אלא גם לשם שבטו, שבט־משוררים. לעניין זה מצטרפים הגעגועים על חידוש שירת הלוויים במקדש, ובקשת היחיד מתמזגת עם בקשת הכלל.[46] על־כן אין להבין את המלים 'וישוב לימי עלומיו' כאילו מוסבות הן על אומרם כפרט, כפי שמעיד גם המשך השיר.

אבן אלתבאן מכונה, כמובן, אף הוא 'לוי' בשירי־השבח ששלחו לו ידידיו,[47] אבל באלה ברור, שהכוונה היא לשם פרטי. ואכן, כבר ראינו (לעיל, פרק ראשון, סעיף ב), שתלונתו של משה אבן עזרא על ידידיו, אשר 'גם לב לוי עמם נלוה', סייעה בידי בראדי לזהות את 'לוי' ואת שיר־התשובה שלו, ולהראות לנו את כוחו של אבן אלתבאן גם בשירת־החול.

בעיית זיהוי המחבר לא באה על פתרונה המלא, על־אף כל דקדוקינו בצירופי אקרוסטיכון ובכתובות שונות. אבל עיון ביבליוגראפי יבש זה השיב לפחות שירים אחדים לבעליהם. הקובץ שלפנינו כולל גם כמה שירים שייחוסם מוטל בספק, ועם זאת יש יסוד לייחסם לאבן אלתבאן; הדבר צוין בביאורו של כל אחד מהם.

43 קאופמן, שם, עמ' 42.

44 בראדי־רי"ה, א, עמ' 232.

45 גם בפי אחרים נקרא רי"ה לפעמים בשם לוי; למשל: אלחריזי, 'תחכמוני', שער ג; אברהם הבדרשי, 'חרב המתהפכת', שורה 125.

46 וכך הוא כותב: 'ושרתי... ונעמתי בשמעי שיר לויים' ('אלהי משכנותיך ידידות', שורות 3 ו־7). יהודה הלוי פונה אל עצמו: '...כי תחדש לפניו שיר מחול מחלים ומושים [הלוויים]' ('התרדף נערות', שורות 59—60) ועוד הרבה.

47 משה אבן עזרא, בשירו 'אל מי אשא' (וראה להלן); יהודה הלוי, בשירו 'שלום לבת' (ראה פרק ראשון, סעיף ג): 'האם בשיר לוי תריחני...' (שורה 19).

פרק שלישי

לבחינת שירתו

א. לוי אבן אלתבאן וסגנון תקופתו

לוי אבן אלתבאן לא היה חדשן בשירתו, ומהרבה בחינות הלך בדרכים שכבר נסללו לפניו. בזמנו כבר היו סוגי הפיוטים, נושאיהם ומבנם לנחלת הכלל. אבל דבר זה חל גם על יצירותיהם של המשוררים הגדולים, שנכנעו ברצון למוסכמות שירת־הקודש, הנתונה מסגרת בתוך מסגרת ושבה נוטה אישיות הפייטן להתבטל לפני שליחותו למען הציבור. לשון ׳אני׳ שנוקט אבן אלתבאן בפיוטיו היא קולו של העם; ואם בכל־זאת בולטת נעימה אישית ברשויותיו — הרי מבחינה מסוימת שייכת אף היא למוסכמות הסוג הזה, ואינה מתכוונת להביע אינדיבידואליות מפורשת.

גם מזיגת הניגודים שבשירתו אופיינית לתור־הזהב בספרד: תלונות על צרות הגלות; תיאורים אסכאטולוגיים נלהבים (למשל: מס׳ יד, טז, יז, כז); נעימה מיסטית, שבה באה לידי ביטוי כמיהת הנשמה לכור מחצבתה (מס׳ א—י); ובצד כל אלה תהילה לשכל ורמזים לתורות ניאו־אפלטוניות (למשל מס׳ מח); תיאורים קוסמוגראפיים (מס׳ לה, לז ועוד); מוטיבים שמקורם בשירת־האהבה החילונית, המתמזגים עם ציורים משיר־השירים (מס׳ כ, כב, כג, כד ועוד); ובשרידי שירי־החול שלו — תעלולי הזמן וההתרפסות בפני ידיד. אין לפנינו לא תכנים מיוחדים ולא סגנון יוצא־דופן.

הקטע ׳לנפשי אומרה: שובי אל אלהי ובו תחסי / כי בו בטח לבי וכי הוא אומצי ועולסי / והוא יריב את ריבי מלוחמי ומשוסי / כי הוא סלעי, צורי ומשושי...׳ נחשב לפיוט של אבן אלתבאן, ואכן, דומה הוא לאחדים מפיוטיו (כגון מס׳ ב, ז, כז). אך נתברר לי, שאין הוא אלא מחרוזת מתוך שיר של אבן גבירול,[1] שהמשכו (׳מה אומר מה אדבר יום תבוא עת קפדה / יום אהיה כצל עובר יום פחד ורעדה...׳) דומה אף הוא ליצירות משוררנו, ובעיקר לסליחותיו.[2] אבל אין כאן השפעה ישירה, כי גם שירו של אבן גבירול דומה לשיריהם של אחרים בדורו ולפניו, ודברי כולם מיוסדים על כתובים שעניינם קרוב.

אמנם לא תמיד מגיע משוררנו לרמתם של גדולים. פיוטו ׳להללך בכל שחרי ונשפי׳ (מס׳ ד) ופיוטו של אבן גבירול ׳שחרתיך בכל שחרי ונשפי׳ (׳השירה העברית׳, א, מס׳ 97ה) — לשניהם חרוז, משקל ומבנה שווים, ואף בסיומת הרומזת לייעודם הם דומים: ׳בעוד נשמת אלהים חי באפי׳ (אבן גבירול) ו׳בעודי חי ונשמתי באפי׳ (אבן אלתבאן). הם דומים גם בפרטים אחרים, כגון הצימוד ׳שחרתיך... שחרי׳, ׳שחרי... לשחרך׳. הדמיון שבלשון מקורו בפסוקי תהילים

1 ראה לעיל, פרק שני, סעיף 1, והערות 39, 40; ולהלן, בסוף הספר, פיוטים של משוררים אחרים שיוחסו לאבן אלתבאן.

2 למשל: ׳לבי יחיל בקרבי מיגורי יום קפדה׳ (מס׳ יז).

שעניינם לכאן וברמזים לתפילה, והלוא אלה הם מאופיו של הסוג ומצויים ברשויות רבות אחרות.[3] אבל התפיסה הכללית שונה ביסודה. אבן גבירול כותב:

לך אהמה בלב צמא...
מרומות לא יכילוך לשבתך — ואולם יש מקומך תוך סעיפי!

התשוקה העזה לאל, הפאראדוכס המאחד את ריחוקו האינסופי ואת קירבתו האינסופית — לא נמצא כמותם בפיוטו של אבן אלתבאן, שעיקרו תחנונים בנוסח מקובל למדי:

יחידתי לך תעטף ותשאל סליחה מקשי לבי וערפי
חמול עלי וחון...

הרשות ׳לקראת מקור חיי אתן מגמתי׳ (מס׳ א) קרובה בפתיחתה לשיר ׳לקראת מקור חיי אמת ארוצה׳ של יהודה הלוי. המוטיב עצמו שכיח ומופיע בניסוחים דומים: ׳נגדך אשים מגמתי כי לך רוחי ונשמתי׳ (יצחק אבן גיאת);[4] ׳לך אל חי תכסף יחידתי וגם תכלה רוחי ונשמתי... כבודתי אשים מגמתי׳ (אבן גבירול);[5] ׳אוותה נפשי אל מקום נפשה וכלתה אל מקור שרשה׳ (משה אבן עזרא);[6] ובדור מאוחר יותר — ׳למצוא מקור חיי מגמתי׳ (יצחק אבן עזרא).[7]
אבל יהודה הלוי מתרומם כאן מעל למקובלות, ותשוקתו לאל מתבטאת במפנה מפתיע ובתמונה נועזת:

מי יתנני לחזותו בחלום! אישן שנת עולם ולא אקיצה!
לו אחזה פניו בלבי ביתה — לא שאלו עיני להביט חוצה.

אבן אלתבאן, לעומת זה, המדגיש את השבון־הנפש ואת הוויתור על הבלי העולם, בונה את פיוטו בצורה מאוזנת ובציורים מקובלים יותר; הטון שלו שקט, ואין הוא גורף אותנו כמו זה של יהודה הלוי. אף־על־פי־כן יש קסם רב דווקא באיזון. המוטיב השכיח הרואה במוות התעוררות[8] זוכה כאן לגיבוש ולחיות חדשה:

ויהי לבבי ער מבין לאחריתי, כי יום תנומתי תהיה תקומתי.

ניגוד כפול יש כאן: אילו היה לבבי ער כבר עכשיו, היה מבין, שרק המוות, הנחשב כתנומה, הוא־הוא התעוררות וראשית של אמת. הניגוד מודגש הדגשה נוספת על־ידי דמיון הצליל שבצימוד ׳תנומתי—תקומתי׳.
אולם גם אצל הגדולים אין פסגות בכל שיר ושיר. אם נשווה את יצירתו של אבן אלתבאן אל מרבית יצירותיהם בתחום זה, ניווכח לדעת, שאין הוא נופל

3 למשל ההתחלה והסיום של הרשות ׳יחידה לאל שחרי׳ ליהודה הלוי (׳השירה העברית׳, א, עמ׳ 514).
4 ראה: ׳השירה העברית׳, א, עמ׳ 309.
5 ׳לך אל חי׳ (ביאליק־רבניצקי, ג, סי׳ ס).
6 ׳נפשי אויתיך בלילה׳ (׳השירה העברית׳, א, עמ׳ 413).
7 ׳מה תצרי מה תרחבי תבל׳, שורה 23.
8 על מקורות המוטיב והמקבילות שלו — ראה בנוסף לשיר מס׳ א.

מהם, לא ברשויות הקצרות ולא בשירי החרטה והתחינה או בפיוטים שעיקר עניינם מצוקת האומה.

למשל: ׳לחוצה באורך גלות׳ (מס׳ כג) דומה לפיוטו של אבן גבירול ׳שזופה נזופה׳ (ביאליק־רבניצקי, ג, סי׳ י). שניהם כתובים כדו־שיח, שבו מבטיח האל גאולה לכנסת־ישראל, אך זו מתעלמת, כביכול, מדברי־ההבטחה מחמת צרותיה, ומוסיפה להתלונן; האל מסיים בדברי פיוס ונחמה. ׳לחוצה באורך גלות׳ מגובש ובהיר יותר מפיוטו של אבן גבירול, ומבין השירים הסטרופיים אפשר להביא דוגמאות נוספות.

נעימה המזכירה את יהודה הלוי נמצאת בפיוטים אחרים שעניינם הגלות, אף־על־פי שראוי לזכור, שלא בכל מקרה ניתן לייחסם לאבן אלתבאן בוודאות. השווה, למשל:

> ינוחם לבבי על היותי למלך על מלכים — והנני עבד ביד עבדי!
>
> (מס׳ יב, שורה 4)

ולעומתו יהודה הלוי:

> ועת קצפו אני עבד עבדים, וברצונו אני מלך מלכים.
>
> (׳יריבוני בך׳, שורה 4)

או תיאורו את עול הנוצרים והמוסלמים:

> והם הולכים בארץ / קומה ועורכים ערך
> זה יכרע לצלמו / וזה נביא שווא יברך.
>
> (מס׳ יט, שורות 6—7)

כנגד יהודה הלוי:

> הדפוני הלמוני בני עשו וישמעאל
> זה טורף וזה מחרף וזה מואס וזה גועל.
>
> (׳ישראל בחירי אל׳, בראדי־רי״ה, ג, עמ׳ 149, שורות 20—21)

דמיון בין השניים ניתן למצוא גם בפיוטים המהללים את הבורא ואת בריאתו. האופן ׳יְחַו לשון חזות אישון׳ ליהודה הלוי (׳השירה העברית׳, א, עמ׳ 528), המתאר, בין השאר, את מערכות הכוכבים והמזלות, את המלאכים, את ארבעת היסודות ואת השתוממות ׳הנשמות החכמות׳ לנוכח פלאי הבריאה, מזכיר במוטיבים שלו, ולעתים גם בניסוחו, שלושה פיוטים קצרים יותר משל אבן אלתבאן: ׳יה מי יעמוד בסודך׳ (מס׳ לד), ׳לבורא כל׳ (מס׳ לה), ׳בזוכרך ינפש׳ (מס׳ לח). עם זאת ראוי לציין, כי דברים דומים מצויים אצל הרבה פייטנים אחרים בני הזמן וכי בסוגי־פיוט מיוחדים, כגון האופן והמאורה, יש נטייה מיוחדת למוטיבים אלה.

ואמנם, סיבת הדמיון נעוצה לפעמים בסוגי־הפיוט, הקובעים לעצמם מתכונת וסדרי עניינים משלהם ונשענים על לשונות קבועים מן המקרא או מן התפילה, הכול לפי ייעודם. נשווה כמה קטעי־סליחות, שבהם מציג עצמו הפייטן כשליח־ציבור:

אבן אלתבאן: ׳יום עמדתי לחבר מלין בקר בערכי... לא ידעתי דבר כי נער

אנכי... הן באתי ואירא כי עירם אנכי׳ (שיר מס׳ נג, שורות 1, 4, 14).
משה אבן עזרא: ׳איך יתגבר קצר פיו ומלים יחבר / לא ידעתי כי נער אנכי... שמעתי ואירא כי עירם אנכי...׳ (ברנשטיין, מס׳ צו, שורות 4—5, 10).
שני הקטעים כאחד מיוסדים על יר׳ א:ו ועל בר׳ ג:י.
אבן אלתבאן: ׳...בושתי כי קטונתי... קמתי מרשיון קהלי לערוך מיטב אמרי / רחפו עצמותי בעמדי לפני זקני ומורי...׳ (מס׳ נד, שורות 2, 25—26).
משה אבן עזרא: ׳...נטלתי רשיון מעם נוהים / נפשי בעד כלם תהים... קטונתי מאד מכלכם...׳ (ברנשטיין, מס׳ קצז, שורות 3 ו־13).
מובן, שסוגים בעלי מתכונת צורנית קבועה לגמרי מטביעים עוד יותר את חותמם על פיוטיהם של משוררים שונים. לא ייפלא אפוא, ש׳מי כמוך׳ של אבן אלתבאן (מס׳ מ) דומה מאוד ל׳מי כמוך׳ של משה אבן עזרא (ברנשטיין, סי׳ קסא) ושל יהודה הלוי (בראדי־רי״ה, ג, עמ׳ 54; ד, עמ׳ 30). מקבילות ל׳נשמת להקת עם אל׳ (מס׳ מד) ולפיוטי ה׳גמר׳ (מס׳ נו—נז) צוינו בביאור ובסקירת הסוגים.
אבל השוואות מעין אלו אינן יכולות להאפיל על ייחודו של כל שיר בפני עצמו.
ביצירתו של אבן אלתבאן יש פיוטים שקשה למצוא להם אח ודוגמה, הגם שיסודותיהם מסורתיים.
חן עממי מיוחד משוך על פיוטי הדו־שיח בין האוהבים האליגוריים, האל והאומה, כמו ברשות ׳לשובב נות בית׳ (מס׳ כ). האל פותח ומבטיח: ׳ותשוב צבית חן לערשי ומרבדי׳, ואילו היא מחכה לו בקוצר־רוח ושואלת ׳למתי?׳ — הרי כבר התייפתה לקראת בואו: ׳ושלחן הכינותי / ומנחה השיבותי / הדסי ושושני / ובשמי עלי נרדי.׳ האל משיב לה, שאין הוא רק מבטיח, אלא גם מקיים: ׳יחידה, כבר נרצית / ואהבת נעוריך / אעורר...׳
בין המאורות יש תיאורי־בריאה נרחבים. מיוחדת במינה היא המאורה ׳השכל והדת׳ (מס׳ מח), הממזגת יסוד יהודי עם תורת האצילות הניאו־אפלטונית.
מן המסתאג׳יב ׳אליכם אישים אקרא׳ (מס׳ טז) ׳בוקעים צלילים שכמותם לא הושמעו לפני כן בשירה העברית בספרד׳ (שירמן).[9] אף־על־פי שהשיר מורכב ברובו מפסוקים, אין הסגנון השיבוצי גורע מייחודו. זהו שיר־קינה עז־ביטוי, שבסיומו עולה ובוקעת התקווה ל׳קץ הפלאות׳.
בעוצמה רבה מצוינת גם הסליחה ׳לבי יחול בקרבי׳ (מס׳ יז), הבנויה על אנטי־תיזה רחבה: בראשית הפיוט משול הצורר לשרצים ולחיות־טרף, אבל בסיום השיר כבר ניטלה אימתם של אלה, ועל־פי חזון ישעיהו משלבם הפייטן בציור גאולת עולמים.
על כוחו של אבן אלתבאן בשירת־החול אפשר לעמוד מתוך שירו ׳מה אשיב׳ (מס׳ סט); ואם אמנם חיבר את שיר־האהבה ׳לו שחרים ירדפוני ברוח׳ (מס׳ ע) — הרי גם בשירת־החול לא נפל כוחו מזה של טובי משוררינו בספרד.

9 עיין בביאור לשיר זה וגם להלן, הסעיפים על החריזה והמשקל.

ב. צורות־החריזה

שירי לוי אבן אלתבאן משופעים בצורות־חריזה. הרשויות ושרידי שירי־החול שלו, הכתובים בחרוז מבריח ובמשקלים קלאסיים, תופשים פחות משליש מכלל שיריו. יתרם, כחמישים במספר, הם שירים סטרופיים, ולרוב — שירי־איזור בתבניות שונות, למן הפשוטות ביותר ועד המורכבות ביותר, שבהן מוצא החרוז הפנימי את בן־זוגו רק אחרי טורים אחדים, והצלילים משתזרים כמו קווי ערבסקות.

1. שירים סטרופיים ללא איזור

בכמה שירים כאלה מסתיימת כל שורה באותה מלה, כגון: ׳הושיע׳ (׳ה׳ למה תהיה כאיש נדהם׳), ׳מים׳ (׳ה׳ לבבות נמהרו׳), ׳שלום׳ (׳לבית לוי ומשפחתו׳); אך גם כאן נוצר גיוון על־ידי המשקל, על־ידי אורך שונה של השורות או על־ידי חריזה פנימית מיוחדת. בסיום כל פיוט ׳גמר׳ (מס׳ נו, נז, נח) מתחלף החרוז (׳—בים׳, לפי לשון התפילה ׳לקבל שבים׳). ב׳נשמת׳ של אבן אלתבאן מופיעות הצורות האופייניות לסוג זה: סטרופות בנות שלוש שורות, מעין פזמון חוזר וסיומת המעוגנת בלשון התפילה. ׳לך אתחנן צור׳ כתוב במתכונת ה׳חרוזי׳ (צמדי שורות: א א ב ב וכו׳). צורה נדירה למדי יש לרשות ׳אתה נורא בצבאות׳: הצלעיות הראשונות שבשורה נחרזות, וחרוז פנימי זה משתלט על סיומי הסטרופות (א—ב א—ב א—א / ג—ד ג—ד ג—ג).

מרבית פיוטיו של אבן אלתבאן הם שירי־איזור. כמעט לכל אחד מהם תבנית מיוחדת, אפילו לא נביא בחשבון את המשקל, את חלוקת השורות ואמצעים פורמאליים אחרים. בשלושים ותשעת שירי־האיזור שלו מצויות לא פחות משלושים ושש תבניות־חריזה שונות!

2. שירי־איזור

בתחינה ׳ה׳ ארכו בגלות שני׳, שהיא שיר־איזור ללא מדריך, משמשים פסוקים כטורי איזור (אאא / ב // גג דד / ב // הה וו / ב). חרוז האיזור ׳—וח׳ רומז, כנראה, שהתחינה נועדה לפרשת נח (האיזור הרביעי הוא פסוק מפרשה זו). בשאר שירי־האיזור המתחילים ללא מדריך מופיע בצלעיות הטורים חרוז פנימי, השונה בדרך־כלל מחרוז היציאה (א—ב א—ב וכו׳); כך הדבר בשירים מס׳ כג, כה, לב, מא, אף־על־פי שאלה שונים זה מזה בגורמי־מבנה אחרים. חריזה מעין זו מופיעה לפעמים גם באיזור עצמו (כגון מס׳ כה: ג—ד ג—ד). במקרים אחרים החרוז שבצלעיות האיזור הוא אחיד (כגון מס׳ לט: ג—ג ג—ג...)

במאורה ׳לכודה כתוא מכמר׳ (מס׳ כה) יש גורם צלילי נוסף: בן־זוגו של החרוז הפנימי שבאיזור מופיע רק אחרי סטרופה שלמה, עם הופעת האיזור הבא (א—ב א—ב / ג—ד // ה—ו ה—ו ה—ו / ג—ד //). אמצעי זה מוסיף לאחדות השיר ומקשר כל מחרוזת למסגרת הכללית. באהבה ׳לחוצה באורך גלות׳ (מס׳ כג) יש לטור האיזור חריזה מרובעת. חרוזן של שלוש הצלעיות הראשונות שונה בכל סטרופה; החרוז הקבוע (התואם למלה המסיימת ׳אהבה׳) חוזר רק בצלעית

האחרונה (סטרופה / גגג ד / סטרופה / זזז ד...). מבנה מעין זה אנו מוצאים גם בטורי הסטרופות של המיושב ׳לובש חסד׳ (מס׳ כב), העשויים שלוש צלעיות. חרוזם הפנימי שונה בכל טור, ואילו חרוזם הסופי שונה בכל סטרופה (א—א—ב ג—ג—ב ד—ד—ב / איזור // ו—ו—ז ח—ח—ז ט—ט—ז / איזור //...).

רוב שירי־האיזור פותחים ב׳מדריך׳, הקובע את החרוז החוזר. מדריך פשוט נמצא בפיוטי מסתאג׳יב, למשל ב׳אליכם אישים׳. בראש הפיוט קבוע פסוק, המשמש מעין מוטו תכני וצורני כאחד: עניינו מצביע על נושא השיר, וסיומו קובע את טורי האיזור, שהם בעצמם חלקי פסוקים.

היחס שבין המדריך ובין טורי האיזור שונה בכל שיר ושיר: שתי שורות לעומת אחת (מס׳ סה), שלוש שורות ובהן חריזה פנימית (מס׳ מב), או ארבע שורות לעומת שורה אחת (מס׳ נה) או שתיים (מס׳ נא). לעתים גם משתלב חרוז הסטרופה בתוך האיזור (מס׳ יז: אאאא / בבבב / ב—א...).

באהבה ׳ישרה מעלי׳ (מס׳ כא) בנויים המדריך וטורי האיזור שלוש צלעיות וחרוז פנימי (א—א—ב); החריזה הפנימית שבטורי הסטרופות היא אחידה (גגג).

ברשות לנשמת ׳המון אכד וארך׳ (מס׳ יט) חריזת המדריך היא א—א ב—א; החרוז הבודד (ב) נשלם רק באיזור הבא. דבר דומה מצאנו לעיל, במאורה ׳לכודה כתוא מכמר׳. בשני הפיוטים הללו מפרידים בין האזורים טורי סטרופות שחריזתם סימטרית (ג—ד ג—ד ג—ד). מורכב מאוד הוא האופן ׳לאום חומה׳ (מס׳ כד): א (פסוק) / ב—ב—א / ג—ג—א / ד—ד—א (המדריך) // ה—ה—ו / ז—ז—ו / ח—ח—ו / ט—ט—ו (הסטרופה) // י—י—א (האיזור) //... האלמנטים הקבועים ואלה המתחלפים מאוזנים כאן: החרוזים הפנימיים שונים בכל שורה, ואילו חרוזי היציאה של הסטרופות קבועים יותר. האלמנט היציב המאגד את כל התבנית הוא החרוז החוזר (ב) שבסיום המדריך וטורי האיזור. גם לאופן אחר (׳לבורא כל׳) תבנית מורכבת מאוד, היוצרת רושם צלילי מתאים לנושאו העיקרי של סוג זה: המולת המלאכים, המקדישים לאל (ראה בביאור לשיר מס׳ לה).

בפיוטים אחדים חוזרת אותה מלה במקום חרוז האיזור. סוגים מסוימים — כגון המסתאג׳יב ׳מי כמוך׳ ופיוטי ׳גמר׳ — נוטים למבנה זה במיוחד. גם בקבוצה זו מונעים אמצעים שונים את מונוטוניות הצליל. בדרך־כלל בא הפסוק בעל הסיומת החוזרת בלוויית טור אחר החורז עמו, כגון בסליחה ׳לאיש כמוני׳: אדם... רודם... ודם... אדם // (סטרופה) / סודם... אדם / (סטרופה) / מעבדם... אדם // וכו׳. יש שחרוז הסטרופה משתלב בטורים המסתיימים באותה מלה (מס׳ סג: אאאא / בבבב / ב—א / גגגג / ג—א...). חרוזים מתחלפים מגוונים גם את הפיוט הארוך ׳מי כמוך׳, שמחרוזותיו מסתיימות במלה ׳אור׳.

מסורת החריזה המגוונת בשירי הקודש קדמה לזמנו של אבן אלתבאן, אך הוא הוסיף עליה משלו והעמיד תבניות מיוחדות.

ג. המשקלים

1. מרבית הרשויות ושרידי שירי־החול של אבן אלתבאן כתובים במשקלים קלאסיים. ׳מה אשיב׳, תשובתו של אבן אלתבאן למשה אבן עזרא, עשוי כתבנית

השיר שקיבל ממנו: במשקלו ובחרוזו של זה. שירי־חול אחרים (׳לך מעטה׳, ׳זמן העיז׳) כתובים במשקל המרובה. גם הרשויות שלו[10] כתובות במשקלים שונים[11] ובצורת ׳קטעה׳. כרגיל במתכונת הקלאסית, מופיע החרוז המבריח לפעמים גם בדלת הראשונה לתפארת הפתיחה ואף בשאר הדלתות.

2. שבעה משירי־האיזור עשויים לפי סכימות מטריות מדויקות, שבהן מקום קבוע לשוואים. עם זאת אין סכימות אלה בגדר משקל נפוץ וידוע, וכל אחת מהן נתייחדה לשיר מסוים. לפעמים בנוי המשקל המיוחד מעמודים שווים, כמו בשיר ׳גולה וסורה׳ (— — ⌣ — — / — — — ⌣ — —), ולפעמים — מעמודים שונים, כגון ב׳רבת מיריבי׳ (— — — ⌣ — — — — — / ⌣ — —); הצלעית השנייה שבכל טור קצרה כאן בהרבה מקודמתה. למאורה ׳לבש הוד׳ ולאהבה ׳לבשי בת׳ תבנית מטרית משותפת (— — — ⌣ — — — — — / — — — — ⌣ — —), ושתיהן דומות זו לזו גם בסדרי חרוזיהן. בתבניות כאלו נוצר אפקט ריתמי מיוחד על־ידי הבדלים באורך השורות, למשל ב׳ישרה מעגלי׳: הטור השלם שבסטרופה בנוי במתכונת הצלעית הראשונה שבטורי־האיזור (— ⌣ — — — — — —, לעומת — ⌣ — — — — — / — ⌣ — — — — — / — ⌣ —). גם בשירים אחרים מופיעות סכימות מיוחדות.[12]

3. לשלושה שירים מרובי־חרוז יש משקל המיוסד על ה׳מרנין׳, אך אין הפייטן מקפיד בכל מקום על הצורה הקלאסית. ב׳לאום חומה׳ כתובים טורי הסטרופות ב׳מרנין׳ כצורתו, ואף טורי־האיזור פותחים בשני עמודים של משקל זה. אבל דווקא בסיומן אין מקומם או מספרם של השוואים קבוע, וצריך למנות שש תנועות בלבד. קרוב לזה משקלו של השיר ׳לבית לוי׳ (טור א: — — — ⌣ / — — — / / — — — / — — — / ⌣ — — — ; אחר־כך יש שינויים קלים). גם באופן ׳לאל עליון׳ יש שינויים במתכונת ה׳מרנין׳; הבולט שביניהם הוא קיצור העמוד האחרון של שתי השורות הראשונות: ⌣ — — — / ⌣ — — — / ⌣ — — — / ⌣ — —.[13]

4. למרבית פיוטיו של אבן אלתבאן משקל חופשי יותר, הרווח מאוד, כידוע, בשירת־הקודש: רק התנועות נמנות, ואילו השוואים הנעים והחטפים אינם במניין. אף יש שמספר התנועות אינו קבוע. רישומם הריתמי של המשקלים

10 וכן הפיוטים מס׳ ז, ט.

11 ברשות ׳לכפר במנחת שיר׳ (מס׳ ח) יש ואריאציה של ה׳ארוך׳: ⌣ — — — ⌣ / — — — ⌣ — — — ⌣ — — — ⌣ —. בראדי, שייחס את הפיוט ליהודה הלוי, מביאו כדוגמה למשקל נדיר מאוד בעברית (*Studien*, p. 26) ומציין, שתורת־המשקלים אינה יודעת את העמוד ⌣ ⌣ — — (مفاعلن). אך גם השיר ׳לבבי יעירני׳ של אבן אלתבאן כתוב בצורה זו של ה׳ארוך׳, המופיעה גם אצל משוררים אחרים, כגון הנגיד (׳למי חדדו עיני צבאים׳, ׳השירה העברית׳, א, מס׳ 50; ׳אמת כי צבי לוקט׳, שם, מס׳ 51ב) ויהודה הלוי (׳גליל זבול ראו הדרך׳, שם, מס׳ 235). וראה: ד. ילין, ׳המשקלים׳ (כתבים נבחרים, ב, עמ׳ 195, 205). בדבר העמוד ⌣ ⌣ — — במשקל ׳הקל׳ ראה להלן, בשיר ׳לו שחרים ירדפוני׳ (מס׳ ע).

12 לפעמים נחשב בהן שווא כתנועה; ב׳השכל והדת׳ מופיע — — ⌣ — — — גם בתור — — ⌣ — — —.

13 מרנין מקוצר (מפועלים נפעלים) מצוי בבן משלי (מס׳ כז). ראה: ד. ילין, ׳המשקלים׳ (שם, עמ׳ 197, 211).

הללו תלוי גם באורך הטורים, בחלוקתם לצלעיות ובחריזה פנימית סדירה. למשל: באופן ׳לבורא כל׳ מתחלק הטור לארבע צלעיות: שתי הראשונות נחרזות, השלישית חופשית, ואילו באחרונה מופיע חרוז הסטרופה. בכל צלעית שלוש תנועות (שתים־עשרה בטור). כפי שכבר צוין, יוצרים כאן המשקל וצורת החריזה ריתמוס שוטף, בהתאם לנושא האופן. לעומת זאת מורגש ריתמוס כבד ומתמשך בסליחה ׳אוילים מדרך פשעם׳, שבה שלטת נעימת התוכחה. השורות אינן ארוכות מאוד (תשע תנועות), אבל אין בהן חריזה פנימית; המלה הקבועה ׳עוון׳, החוזרת פעמיים בסיומה של כל מחרוזת, עוד מוסיפה על תחושת הכובד.

נפוץ במיוחד משקל של שש תנועות בצלעית או בטור. כן מופיעות תבניות אסימטריות. הרשות ׳המון אכד וארך׳ שומרת על קביעות במספר התנועות שבכל צלעית, אבל אורך הצלעיות אינו שווה (חמש ושש, חמש ושש תנועות).

5. בשירים אחדים המשקל חופשי עוד יותר: גם מספר התנועות אינו קבוע. בפזמון ׳עצמה ירבה׳, למשל, יש בטורי הסטרופות בין תשע לאחת־עשרה תנועות, ורק בסיפא של טורי־האיזור יש תמיד חמש תנועות.

אף־על־פי שהשינויים באורך השורות עשויים להיות גדולים מאוד, אין המסגרת הריתמית נפרצת. למשל, בפיוט הארוך ׳מי כמוך׳ (שש עד עשר תנועות) ובמסתאג׳יב ׳אליכם אישים׳ (ארבע עד חמש־עשרה תנועות!) אין, לכאורה, שום סדירות; אבל החריזה הקבועה משמשת כעין סכר לזרימתן החופשית של השורות. ציוריו הקודרים והעזים של השיר האחרון זוכים לגיבוש צורני נוסף: טורי האיזור קצרים בהרבה מטורי הסטרופות, והם מסיימים כמעט את כל חטיבות התיאור בנעימה פסקנית, כגזירה.

ד. הסוגים

כשני שלישים מכלל שירי־הקודש של לוי אבן אלתבאן המצויים בידינו הם ׳פיוטים׳ (דהיינו, שירים ששולבו במקום קבוע בתפילה), ושליש מהם — ׳סליחות׳ לצומות, ללילות אלול ולימים נוראים.[14] הסוגים המונומנטאליים של הפיוט הקדום, הקרובה למיניה או העבודה ליום־הכיפורים, אינם מצויים ביצירתו. בספרד של סוף המאה הי״א ואילך הולכת הזיקה לסוגים אלה ונחלשת,[15] וכשאר בני זמנו נמשך אבן אלתבאן בעיקר אחר סוגים קצרים. אמנם מחזיק ׳מי כמוך׳ שלו למעלה ממאה שורות, אך סוג זה, הנוטה לאריכות,[16] עדיין היה רווח למדי בזמנו. שאר שיריו קצרים ממנו בהרבה.

בהבחנה בין הסוגים השונים של שירי־הקודש, ושירי אבן אלתבאן בכלל זה, משמשים קני־מידה אחדים. הייעוד בתפילה והנושא הם החשובים ביותר, ויש שאחד מהם או שניהם נרמזים בשם הסוג (תחינה, אהבה, גאולה וכו׳). כנגד זה ציינה המסורת סוגים מסוימים על־פי תבניתם. בראש מסתאג׳יב (כגון: ׳אליכם

14 על החלוקה הזאת של סוגי שירת־הקודש ראה: אלבונן, עמ׳ 208; צונץ, *SP*, עמ׳ 76; *KNP*, עמ׳ 32; ׳השירה העברית׳, ב, עמ׳ 712, 714.

15 ׳השירה העברית׳, ב, מבוא, עמ׳ מא.

16 מפויטים בו המעשים העיקריים מבריאת העולם ועד קריעת ים־סוף. וראה בביאור לשיר ׳מי כמוך׳.

אישים׳, ׳אוילים מדרך׳) עומד פסוק המשמש מוטו והנחרז עם סיומי הסטרופות, שאף הם פסוקים. גם בסוגים אחרים בולטת הנטייה לסיים את הסטרופות בפסוקים הנחרזים זה בזה או מסתיימים באותה מלה: בשיר ׳מי כמוך׳, שנועד לחנוכה — במלה ׳אור׳; בתחינה לשמיני־עצרת — במלה ׳מים׳;[17] וב׳גמר׳ לימים נוראים — במלה ׳צדקה׳. גם סיומו של כל הפיוט נקבע לפעמים על־ידי פסוק שיש לו זיקה לנושאו ולתפילה שבה הוא משולב, כגון פסוקים שעניינם אהבה — בסיומי ׳אהבות׳.[18] אף יש שהסיום נקבע על־ידי לשון התפילה עצמה, כמו, למשל, ׳כי ימינך פשוטה לקבל שבים׳ — בסיום פיוטי ׳גמר׳.[19]

ראשיתו של הסוג ׳נשמת׳ וסופו מעוגנים בתפילה. כל מחרוזותיו פותחות במלה ׳נשמת׳, והוא מסתיים בדברי התפילה ׳ואלו פינו מלא שירה כים׳.[20] דומה, שבסוג זה למעשה כבר נקבעה כל המחרוזת האחרונה על־ידי המסורת,[21] והפייטן לא יכול היה לחדש בה הרבה.

שירי־קודש רבים מופיעים סתם כ׳פיוט׳ או כ׳סליחה׳, ללא פירוט נוסף. סוגים מספר נקבעים לפי מנהג־תפילה מסוים, וייחודם כסוג אינו בולט בטכסט. פיוטי ׳מיושב׳ (׳לובש חסד׳, ׳בצר לי׳) אינם שונים יותר מסליחות אחרות משהם שונים זה מזה; הם נקראים כך משום שנאמרו, כנראה, בישיבה, או אחרי תפילת ׳תחנון׳, שבה יושב הש״ץ.[22]

יש שבפיוטים שנועדו לחג מסוים גובר נושא החג על התכונות האופייניות לסוג. המאורה ׳השכל והדת׳ שונה ממאורות אחרות (כגון ׳לכודה כתוא מכמר׳) גם בנושאה, ומשום שנועדה לחג מתן תורה היא מפייטת את עשרת הדברות ומהללת את התורה ואת השכל. באופן ׳לאום חומה׳ מפויטות מכות מצרים, משום שנועד לפסח. אבל לפעמים אין הזיקה לחג מסוים בולטת בפיוט עצמו, והיא ידועה לנו רק הודות לעדות חיצונית של מעתיק, שהסתמך על מנהג קהילה מסוימת. לפי מקור אחד שייכת הרשות ׳לקראת מקור חיי׳ לסוכות, אך אין בה שום רמז לחג זה או לכל חג אחר, ונושאה אפילו אינו יהודי מובהק. על הפזמון ׳רבת מריבי׳

17 נושא הבצורת שכיח בפיוטי ספרד, ואילו בפיוטי צרפת ואשכנז הוא חסר כנראה. וראה שירמן (׳השירה העברית׳, א, עמ׳ 354) על פיוט של דוד אבן בקודה; השווה פיוטים של אותו משורר בידיעות, ד, עמ׳ רצב–רצג; וכן: רמב״ע, ׳תחילת מאמרים׳ (הודיה לסיום בצורת), ׳שירי חול׳, מס׳ נו, עמ׳ נג.

18 ׳ישרה מעגלי׳ מסתיים בשה״ש ב: ד; ׳לבשי בת׳ – ביר׳ לא: ב; ׳לחוצה באורך גלות׳ – במש׳ י: יב.

19 פיוטים אלה פותחים על־פי־רוב במלים: ׳לך ה׳ הצדקה׳; ואמנם כך בנויים שלושת פיוטי הגמר של אבן אלתבאן. השווה, למשל, את שירו של אבן גבירול ׳לך ה׳ הצדקה שדי עולם סובל׳ (ביאליק־רבניצקי, ג, מס׳ פו); יצחק אבן גיאת (ש׳ ברנשטיין, תלפיות, ה, 1952, עמ׳ 509 ואילך).

20 נוהגים לראות כאן שני סוגים: ׳נשמת׳ ו׳אלו פינו׳ (׳השירה העברית׳, ב, עמ׳ 702, 711). לדעת אלבוגן (עמ׳ 211) היה רק הראשון קיים בזמן הקדום. על־כל־פנים, בספרד הם מצטרפים לסוג אחד.

21 על כך העירני ידידי עזרא י׳ גולה. הטורים שלפני משפט־הסיום ב׳נשמת להקת עם אל׳ (מס׳ מג) הגיעו אלינו בנסחים שונים מאוד, אבל כמעט לכל אחד מהם יש מקבילות אצל משוררים אחרים. וראה שם בביאור.

22 ׳השירה העברית׳, ב, עמ׳ 709; אלבוגן, עמ׳ 228.

לבחינת שירתו

נמסר שנועד לפורים, ובראדי הדפיסו במדור זה בין פיוטי יהודה הלוי; אבל אין הוא קשור לפורים דווקא, ובנעימתו המשיחית הוא דומה גם לפיוטים שנועדו לפסח או לחגים אחרים.

ה. סידור השירים

אכן, קשה לקבוע בדיוק את ייעודם המקורי של שירי־קודש רבים. בהקדמתם לפיוטי אבן גבירול מציינים ביאליק ורבניצקי, שקבעו פיוטים רבים במדור מסוים על־פי הנושא, ולא על־פי החג, אף־על־פי שגם אלה ׳נסמכו תמיד במחזורים ויתר הקבצים לאחד ממועדי השנה. בכל זאת, מאחר שזיקתם לעניינו של יום איננה בולטת בהם ביותר, מצאו המסדרים לנכון להפקיעם מ״זמנם״.... הפקעה זו... יפה היא לכמה מן הפיוטים, לפי שהיא מוציאתם מאוירם הדתי המיוחד ומכנסתם לתחום הספרות, מקום שהם עומדים שם ברשות עצמם ונשענים על זכות עצמם.׳[23]

שיטה מעין זו נקטתי בסידור שירי אבן אלתבאן. קבעתי את מקומם לפי נושאם העיקרי ולפי נעימתם, חלוקה התואמת במידת־מה גם את חטיבות הסוגים. המדור ׳תחינה ותשובה׳ כולל בעיקר את סוגי הסליחות; פיוטי־הגמר באים בו סמוכים זה לזה בגלל מתכונתם האופיינית. כל האהבות ומרבית המאורות כונסו במדור ׳גלות וגאולה׳. במדור זה כללתי גם פיוטים הפותחים בתיאור הבריאה, אך עיקר עניינם היא הכמיהה לגאולה. עוד כינסתי בו ארבע סליחות (מס׳ טו—יח) שביטוי החרטה נדחה בהן מפני תיאור מצוקת הגלות. המדור ׳הנשמה׳ כולל רשויות לירִיות קצרות, שנעימתן על־פי־רוב אנושית־כללית; והמדור ׳בורא עולם ותורתו׳ — בעיקר שירי־הלל, המתארים את פלאי הבריאה, את הפמליה של מעלה, נסים שנעשו לישראל או מתן תורה. בסוף מובאים שרידי שירי־החול של אבן אלתבאן. אך לאמיתו של דבר אין לסדר השירים חשיבות יתירה; וכדברי ביאליק בקובץ הנזכר: ׳סוף סוף לא המקום קובע את ערכם.׳

23 ׳שירי שלמה בן יהודה אבן־גבירול׳, ג, הקדמה, עמ׳ 10.

הנשמה

הנשמה

א. לִקְרַאת מְקוֹר חַיֵּי

רשות לנשמת. ארבעה בתים; חרוז מבריח בסוגרים ובדלתות, פרט לדלת שבבית 2.
המשקל: המתפשט (מקוצר בסוף הדלת והסוגר): — — ⏑ — / — — / — — ⏑ — / — — //.
החתימה: ׳ללוי׳.

במקומות אחדים יוחסה רשות זו ליהודה הלוי (ראה מבוא, פרק שני, סעיף ד). בפתיחתה היא דומה לפיוטו ׳לקראת מקור חיי אמת ארוצה׳ ולפיוטי משוררים אחרים (ראה מבוא, פרק שלישי, אבן אלתבאן וסגנון תקופתו). בדבר נושאה המרכזי – שאיפת הנשמה לאל, שעמו מקור־חיים – עיין גם: *L'Amour de Dieu*, p. 99

המקורות: כ״י אוכספורד 1970, חלק א, מס׳ רפ, דף 97א; כ״י אוכספורד 1971, חלק א, מס׳ שעט, דף 274ב (׳וקאל מתזהדא׳ = ׳ואמר בנטותו אל הפרישות׳) [הנוסח המובא כאן]; כ״י אוכספורד 1190, דף 100א (׳רשות׳ לשמחת תורה) [= א]; כ״י גינצבורג 197, דף 240א [= ג]; כ״י שוקן 37, מס׳ קכח, דף 185ב [= ש]; סדר תפלות השנה כמנהג רומנייא, ויניציה 1522, דף תמו (במדור ׳תפלות של שבת לחתן׳) [= ר]. – פורסם: מ׳ זקש, *Die religiöse Poesie*, חלק עברי, עמ׳ 39 (מכ״י והראן: ׳לר׳ לוי׳); חי״ק (?) בהכרמל, א (1860), עמ׳ 77 (׳רשות לנשמת לרבי לוי... אלתבאן׳); שד״ל־רי״ה, מס׳ 56, עמ׳ 21; טל אורות, עמ׳ 47; א׳ הרכבי, רבי יהודה הלוי, ב, עמ׳ 97 (עם פירוש שד״ל); בראדי־רי״ה, ג, עמ׳ 118; השירה העברית, א, עמ׳ 331; ילקוט הפיוטים, עמ׳ קצו. – נזכר: אוצר, אות ל, מס׳ 1367, והמילואים לשם; לוח הפייטנים, עמ׳ 47; טל אורות, שם; עמודי העבודה, עמ׳ 156; ידיעות, ד, עמ׳ רנז, מס׳ 33. שד״ל, לאנדסהוט, שירמן ואחרים מייחסים את השיר לאבן אלתבאן. – תרגומים: M. Sachs, *Die religiöse Poesie der Juden in Spanien*, p. 108; S. Heller, *Die echten hebräischen Melodieen*, p. 96, No. 73; E. Bernhard, *Jehuda Halevy, Ein Diwan*, p. 23; F. Rosenzweig, *Jehuda Halevi, Zweiundneunzig Hymnen und Gedichte*, pp. 79, 216, note; S. de Benedetti, *Canzoniere Sacro di Giudà Levita*, No. 10, p. 205, note; J. M. Millás Vallicrosa, *La poesía sagrada Hebraicoespañola*, p. 287; י״י שווארץ, אונזער ליד פון שפאניע, 211.

לִקְרַאת מְקוֹר חַיֵּי אֶתֵּן מְגַמָּתִי | טֶרֶם יְשִׁיבוּנִי יָמִים לְאַדְמָתִי
לוּ חָכְמָה נֶפֶשׁ רוּחַ מְרַדֶּפֶת | כִּי הִיא לְבַדָּהּ מִתֵּבֵל תְּרוּמָתִי
וִיהִי לְבָבִי עֵר מֵבִין לְאַחֲרִיתִי | כִּי יוֹם תְּנוּמָתִי תִּהְיֶה תְקוּמָתִי
יוֹם יַעֲמִיד מַעֲשֵׂה יָדַי לְעֻמָּתִי | יוֹם יֶאֱסֹף אֵלָיו רוּחִי וְנִשְׁמָתִי.

1 ש ׳מקור חיים׳. ר ׳שמתי מגמתי׳ (וראה הכרמל); אג ׳אשים מגמתי׳. / 2 ר ׳רוח מרחפת׳ (אולי בהשפעת בר׳ א: ב; וראה הכרמל); ש ׳נפשי הבל מרדפת׳. / 3 א ׳לבבי בי ער׳. ג ׳כי עת תנומתי׳.

1 **מקור חיי**: הקב״ה (על־פי תה׳ לו: י). **טרם ...לאדמתי**: כל עוד אני חי, לפי תה׳ קמו: ד. / 2 **חכמה** (קמץ גדול): החכימה. **לו חכמה... מרדפת**: נפשי המרדפת רוח והולכת אחר ההבל, מי יתן ותחכם ותבין. **כי... תרומתי**: ׳היא היקרה מכל מה שיש לי בתבל׳ (שד״ל בקובץ של הרכבי). **רוח מרדפת**: השווה הו׳ יב: ב. / 3 **ויהי לבבי ער**: מי יתן ויהי לבבי ער; את הטור הקודם אפשר להבין גם כמשפט־תנאי: לו החכימה

נפשי, כי אז היה לבבי ער. **לו חכמה... מבין לאחריתי**: על־פי דב׳ לב:כט. **יום**: ביום. **תנומתי**: מותי. **תקומתי**: לחיי עולם; צימוד שונה־אות, המדגיש את הניגוד: החיים הם שינה והמוות התעוררות. על מוטיב זה והקרובים לו ראה הנספח לשיר זה. / 4 **יום יעמיד**: ביום שהאל יעמיד בו את מעשה ידי לעומתי, כעד בשעת הדין. **יאסף אליו רוחי**: על־פי איוב לד:יד.

ב. לָמָּה יְחִידָתִי בְּדָם תִּתְגּוֹלְלִי

רשות לנשמת. שלושה בתים בחרוז מבריח, המופיע גם בדלת של בתים 1 ו־3. המשקל: השלם. החתימה: ׳לוי׳.

פנייה לנשמה שתחדל מייסורי החרטה. ׳עליה לשתף את עצמה גם בחדווה שבעבודת הבורא ולזמר את שבחיו השכם והערב כשאר הנשמות׳ (שירמן, הארץ, י״ט באדר תרצ״ט). הסיום, הרומז גם לייעודו של הפיוט לנשמת, מיוסד על הפסוק החותם את ספר תהילים. בפרטים אחדים דומה הפיוט לרשות של אבן גבירול ׳שחי לאל יחידה החכמה׳ (השירה העברית, א, עמ׳ 237), המסתיימת אף היא ברמז לפסוק זה.

המקור: כ״י טיילור־שכטר H 5/22 (׳אחר לוי׳). – פורסם: ידיעות, ד, עמ׳ רנח, מס׳ א; שירמן, הארץ, י״ט באדר תרצ״ט (בצירוף ניתוח); ברן־יחד, עמ׳ נו; השירה העברית, א, עמ׳ 331, מס׳ 130א.

לָמָּה, יְחִידָתִי, בְּדָם תִּתְגּוֹלְלִי | אִם עַל פְּשָׁעַיִךְ מְאֹד תִּתְחַלְחֲלִי
וַתִּשְׁפְּכִי לִבֵּךְ כְּמוֹ מַיִם פְּנֵי | עֶלְיוֹן, וְעַד אָן מִכְּאֵב תִּשְׁתּוֹלְלִי?
יְחוּד שְׁמוֹ בֹּקֶר וְעֶרֶב צַלְצְלִי | כֹּל הַנְּשָׁמָה יָהּ תְּהַלֵּל־הַלְלִי!

1 **בדם תתגוללי**: על־פי שמ״ב כ:יב; כאן – ציור לעוונות; והשווה יש׳ נט:ג; לדעת שירמן (הארץ, שם) זהו ציור לבכי (דמעות־דם). **תתחלחלי**: תאחז בך אימה (השווה אס׳ ד:ד); ואולי: תתפתלי בכאביך כיולדה; והשווה תה׳ נא:ז: ׳הן בעוון חוללתי ובחטא יחמתני אמי.׳ **אם**: וגם (המשך לשאלה). / 2 **ותשפכי... עליון**: לפי איכה ב:יט. / 3 **צלצלי**: השמיעי שבחו (על־פי תה׳ קנ:ה); שימוש נפוץ בפיוט; עיין *SP*, עמ׳ 125. **כל הנשמה יה תהלל**: תה׳ קנ:ו, בשינוי קל (עיין לעיל). **הללי**: ראה תה׳ קמו:א.

ג. לִפְנֵי אֱלֹהַיִךְ שְׁחִי

רשות לברכו. החרוז המבריח מופיע גם בדלת של בית 1, לתפארת הפתיחה. המשקל: השלם. החתימה: ׳לוי׳. באשר לנושא – השווה רשויות מס׳ ד, ה, ח.

המקור: כ״י טיילור־שכטר H 5/22 (׳אחר לה׳). – פורסם: ידיעות, ד, עמ׳ רנח, מס׳ ג; השירה העברית, א, עמ׳ 331, מס׳ 130ב.

לִפְנֵי אֱלֹהַיִךְ שְׂחִי, תִּתְהַלְּכִי | עֶרְיָה עֲרֻמָּה, וַחֲמָתוֹ שַׁכְּכִי
וּבְעַד פְּשָׁעַיִךְ סְלִיחָה בַּקְּשִׁי, | נַפְשִׁי, וְדִמְעָה כַּנְּחָלִים שְׁפֹכִי.
יוֹמָם, יְחִידָתִי, וְלַיִל אֶת שְׁמוֹ – | מִדֵּי הֱיוֹת רוּחֵךְ בְּאַפֵּךְ – בָּרְכִי!

1 **שחי:** השווה יש׳ נא:כג: ׳לנפשך שחי׳. **עריה ערמה:** בלי לכסות על מעשיך (השווה יח׳ טז:כב ועוד). **וחמתו:** בגלל פשעיך. / 2 **ודמעה כנחלים:** על־פי איכה ב:יח. / 3 **מדי... ברכי:** תה׳ קד:לג, לה. והשווה ללשון התפילה: ׳כל זמן שהנשמה בקרבי מודה אני לפניך׳ וכו׳; והשווה לסיומי השירים הנזכרים לעיל.

ד. לְהַלֶּלְךָ בְּכָל שַׁחְרִי

רשות לנשמת. חמישה בתים בחרוז מבריח. המשקל: המרובה. החתימה: ׳לוי׳, כנראה בתוספת ׳חזק׳ (אולי חסר טור אחד).

פיוט זה דומה לפיוט של אבן גבירול ׳שחרתיך בכל שחרי ונשפי ופרשתי לך כפי ואפי׳ (השירה העברית, א, מס׳ 97ב). המשקל, המבנה והחרוז זהים בשניהם. ראה לעיל, מבוא, פרק שלישי, סעיף א. שירמן מעיר, שברשות זו, שלא כבאחרות, חסרים לגמרי דברי אזהרה לתוכחה: ׳...היא כולה נותנת ביטוי אחיד ונמרץ לתשוקת הנוצר להודות ליוצרו על חסדיו המרובים׳ (הארץ, י״ט באדר תרצ״ט).

המקור: כ״י טיילור־שכטר H 5/22 (׳אחר לה׳). – פורסם: ידיעות, ד, עמ׳ רנח, מס׳ ב; שירמן, הארץ, י״ט באדר תרצ״ט (בצירוף ניתוח); ברן־יחד, עמ׳ נו; השירה העברית, א, עמ׳ 331; ילקוט הפיוטים, עמ׳ קצ.

לְהַלֶּלְךָ בְּכָל שַׁחְרִי וְנִשְׁפִּי | לְשׁוֹנִי יִדְרְשָׁה תָּמִיד וְגַם פִּי,
וְאָקוּמָה לְשַׁחֲרְךָ בְּשִׂיחִי | וְאֶת נַפְשִׁי לְךָ אָשִׂים בְּכַפִּי.
יְחִידָתִי לְךָ תַעֲטֹף וְתִשְׁאַל | סְלִיחָה מִקְּשִׁי לִבִּי וְעָרְפִּי.
חֲמֹל עָלַי וְחֹן, מַלְכִּי קְדוֹשִׁי, | אֲשׁוֹרֵר לְךָ בְּעוּגָבִי וְתֻפִּי,
קְרָאתִיךָ וּבֹקֶר לָךְ אֲצַפֶּה, | בְּעוֹדִי חַי וְנִשְׁמָתִי בְאַפִּי.

2 **בשיחי:** בתפילתי. **ואת נפשי... בכפי:** ראה תה׳ קיט:קט: ׳נפשי בכפי תמיד ותורתך לא שכחתי׳; עיין גם איוב יג:יד; שופ׳ יב:ג. / 3 **יחידתי לך תעטף:** נפשי עורגת אליך בתפילה (על־פי תה׳ קב:א; שם, קמב:ד; ועוד). / 4 **בעוגבי ותפי:** על־פי תה׳ קנ:ד. / 5 **ובקר... אצפה:** על־פי תה׳ ה:ד. **בעודי... באפי:** לפי איוב כז:ג. רמז לייעודו של הפיוט כרשות לתפילת נשמת; השווה לסיום השירים מס׳ ג, י.

שירי לוי אבן אלתבאן

ה. לָמְדָה לְשׁוֹנִי

רשות (לברכו ?). שלושה טורים בחרוז מבריח. המשקל: השלם (מקוצר בסופו). החתימה: ׳לוי׳. השווה לשירים ׳להללך בכל שחרי ונשפי׳ (מס׳ ד) ו׳לכפר במנחת שיר׳ (מס׳ ח).
המקורות: כ״י אוכספורד 1970, חלק א, מס׳ רצד, דף 99א [הנוסח המובא כאן]; כ״י אוכספורד 1971, חלק א, מס׳ לט, דף 15א (רק השורה האחרונה; תחילת הפיוט נזכרת ברשימת התוכן) [=א]; כ״י שוקן 37, דף 193א (רק השורה האחרונה). – פורסם: גנזי אוכספורד, עמ׳ 36 (מכ״י פוק׳ 74=כ״י אוכספורד 1970) [=ג]; שם, חלק אנגלי, עמ׳ 40, מס׳ 13 (Levi Ben Tibbon – כן!); בראדי־רי״ה, ד, עמ׳ 178; השירה העברית, א, עמ׳ 332, מס׳ 130ה. – נזכר: לוח דיואן, מס׳ 39; לוח הפייטנים, עמ׳ 47, מס׳ 20; עמודי העבודה, עמ׳ 156, מס׳ 13; ידיעות, ד, עמ׳ רנז, מס׳ 31. בכל אלה, פרט לראשון, מיוחס השיר לאבן אלתבאן.

לָמְדָה לְשׁוֹנִי, יָהּ, לְסַפֵּר חַסְדְּךָ, ׀ כִּי נֶהֱגֵנִי חַסְדְּךָ מֵעוֹדִי.
וּבְיוֹם אֲשֶׁר אִירָא וְשִׁמְךָ אֶקְרָאָה – ׀ חַיִּים וְחֶסֶד תַּעֲשֶׂה עִמָּדִי.
יָהּ, כֵּן בְּעוֹד אֶת הַנְּשָׁמָה תַּעֲצֹר – ׀ לִבִּי יְבָרֵךְ אֶת שְׁמָךְ, וּכְבוֹדִי.

1 ג ׳חסדיך... חסדיך׳. / 3 ג ׳בעוד הנשמה׳; א ׳בעוד בי הנשמה׳.

1 **למדה לשוני**: השווה יר׳ ט:ד (במשמעות הפוכה); תה׳ נא:טז–יז. / 2 **וביום... אירא**: על־פי תה׳ נו:ד: ׳יום אירא אני אליך אבטח׳. **חיים... עמדי**: איוב י:יב, בשינוי קל. / 3 **בעוד... תעצר**: עד יום מותי. **כבודי**: נפשי (השווה תה׳ קח:ב, טז:ט); לבי וכבודי הם נושא המשפט.

ו. לְאֵל חַי בָּרְכוּ

רשות לברכו (במקורות אחדים: לשבת חול־המועד סוכות). ארבעה בתים בחרוז מבריח, המופיע גם בדלת א, לתפארת הפתיחה. המשקל: המרובה. החתימה: ׳לוי׳.
פנייה למאמינים שיקדישו את שם האל כמו המלאכים ברום (שורות 1–2). ואולי אין זאת פנייה, אלא תיאור, בדומה לשורה האחרונה; ואם כן הוא, באים הפעלים בֵּרְכוּ, הִדְּמוּ, הִקְדִּישׁוּ, הֶעְרִיצוּ, יִחֲדוּ בעבר. בחלק השני באה פנייה אל הנפש, שתצרף את תהילתה לתהילת כל חי (שורות 3–4). שני החלקים מתקשרים גם על־ידי מלים חוזרות וצימודים: ׳לאל חי׳–׳בפי כל חי וקים׳; ׳נפשות חסידיו׳–׳על חסדיו׳–׳כל חסידיו׳; ׳ויחדו יחדו... יחידיו׳–׳יחידה׳; ׳הללי׳–׳מהלל הוא׳.
המקורות: כ״י אוכספורד 1970, חלק א, מס׳ שלו, דף 104ב [הנוסח המובא כאן]; כ״י ששון 902, עמ׳ 619, מס׳ סב [הנוסח הזה שווה לקודם]; כ״י אוכספורד 1971, חלק א, מס׳ מו; כ״י שוקן 37, דף 187ב, מס׳ רכח; כ״י 1119 במכון בן־צבי (דיואן יהודי תימן), דף כו, ע״א [=ת]; חופת חתנים, עדן 1925, עמ׳ נב [=ע]; שירים וזמירות, עמ׳ 60 (שם מיוחס השיר

בטעות לאלחריזי). – פורסם: בראדי־רי״ה, ג, עמ׳ 120. – נזכר: עמודי העבודה, עמ׳ 158, מס׳ 8; אוצר, אות ל, מס׳ 198; ידיעות, ד, עמ׳ רנו, מס׳ 18. בראדי ודודזון מייחסים את השיר ליהודה הלוי, ואילו לאנדסהוט ושירמן – לאבן אלתבאן. – תרגום לספרדית: מילאס ואליקרוסה, עמ׳ 285.

לְאֵל חַי בָּרְכוּ נַפְשׁוֹת חֲסִידָיו | וְהִדַּמּוּ לְמַלְאָכָיו יְדִידָיו
וְהַקְדִּישׁוּ וְהַעֲרִיצוּ שְׁמוֹתָיו | וְיַחְדָּו יַחֲדוּ לְאֵל יְחִידָיו.
יְחִידָה, הַלְלִי צוֹרֵךְ וְיוֹצְרֵךְ | וּבָרְכִי אֶת אֲדֹנָי עַל חֲסָדָיו.
מְהֻלָּל הוּא בְּפִי כָּל חַי וְקַיָּם | וּבִלְשׁוֹן כָּל חֲסִידָיו וַעֲבָדָיו.

1 ע ׳למלאכי ידידיו׳. / 3 ע ׳צורך יוצרך׳. / 4 ת ׳בפה כל חי׳.

1 **נפשות חסידיו**: תה׳ צז:י; השווה תה׳ קמט:א; וראה גם בסיום הפיוט. **והדמו למלאכיו**: המקדישים שמו. / 2 **והקדישו והעריצו שמותיו**: השווה לשון תפילת יוצר: ׳...ומעריצים ומקדישים וממליכים את שם האל...׳. **ויחדו יחדו לאל יחידיו**: צימוד גזרי כפול. **ויחדו**: על־פי הנאמר בתפילה: ׳ומשמיעים ביראה יחד׳. / 3 **יחידה**: הנשמה. **צורך ויוצרך**: השווה בתפילה: ׳תתברך צורנו... יוצר משרתים...׳./ 4 **מהלל... חסידיו**: ראה תה׳ קמט:א.

ז. לְבִי שְׁאַל

הפיוט נועד, כנראה, ליום־הכיפורים (ראה הסיום). ארבעה טורים בחרוז מבריח, המופיע גם בדלת הראשונה והשלישית. המשקל: השלם (מקוצר בסיומי הבתים). החתימה: ׳לוי׳ (בראשי הטורים) ו׳חזק׳ (בטור האחרון).

בכתובת שבראש הפיוט (בכ״י אוכספורד 1971; וראה להלן) חוזר ישועה בן אליהו, מאסף דיואן רי״ה, על הספקות שהביע בהקדמתו לדיואן (ראה מבוא, פרק שני, הערה 8), היינו, אם יש לייחס לרי״ה שירים שחתום בהם ׳לוי׳, כפי שנהגו מאספים שקדמו לו: ׳ולה מנקולא מן כט בן אלקש ומן כט ר׳ חיא איצא ועליה לוי ואללה אעלם באלחקיקה,׳ כלומר: ׳ומיוחס לו (הפיוט הזה, ליהודה הלוי) בכתב של בן אלקש וגם של ר׳ חיא; ועליו ״לוי״ (=אבל בפיוט חתום ״לוי״), ואלוהים הוא היודע את האמת.׳

המלים הראשונות רשומות באות רבתי, בתחתית דף 25א, הקודם לשיר; סוף הכתובת בא מעבר לעמוד, בסמוך לשיר, ובאותיות קטנות יותר. בכ״י שוקן 37 (ראה להלן) הועתק רק סוף הכתובת (מן המלים ׳ר׳ חיא איצא׳ ואילך). על בן אלקש ור׳ חיא ושיטתם בייחוס השירים – ראה: שירמן, ידיעות, ב, עמ׳ קכד–קכה.

המקורות: כ״י אוכספורד 1970, חלק א, מס׳ רצו, דף 99א; כ״י אוכספורד 1971, חלק א, מס׳ צח, דף 25ב; כ״י שוקן 37, מס׳ רלח, דף 188ב. – פורסם: בראדי־רי״ה, ד, עמ׳ 273. – נזכר: לוח דיואן, מס׳ 98; ידיעות, ד, עמ׳ רנו, מס׳ 21; אוצר, אות ל, מס׳ 409.

לִבִּי שְׁאַל אִם רָם לְמַעְלָה מַעֲלָךְ | אֶל רַחֲמֵי דָר הַכְּרוּבִים מַה־לָּךְ,
וּבְלִי נְתֹן פּוּגָה לְדִמְעָתָךְ עֲמֹד | עַל רַגְלָךְ וּפְרֹשׂ לְפָנָיו שֶׁעְלָךְ
יִשְׁמַע תְּפִלָּתָךְ אֱלֹהֶיךָ וְלָךְ | יֹאמַר: אֲנִי מִיַּד עֲוֹנָךְ גֹּאֲלָךְ.
חֹן זַעֲקַת קוֹל עַמְּךָ הַיּוֹדְעִים | כִּי הַנְּשָׁמָה לָךְ וְהַגּוּף פָּעֳלָךְ.

1 **אם רם למעלה מעלך**: אם גבה עד שמים המעל שלך, עוונך (אולי צריך להיות: 'אם רב למעלה', והשווה עזרא ט:ו) – מה לך אל רחמי האל 'דר הכרובים' (שמ״א ד:ד, ועוד). / 2 **ובלי נתן פוגה לדמעתך**: על־פי איכה ב:יח. **ופרש לפניו שעלך**: פרוש את כפות ידיך בתחינה. / 4 **כי הנשמה... פעלך**: מתוך 'שומע תפלה' שבסליחות לימי הסליחות.

ח. לְכַפֵּר בְּמִנְחַת שִׁיר

רשות לנשמת. שלושה בתים בחרוז מבריח בדלתות ובסוגרים (כמתכונת שיר חרוז).
המשקל: צורה של הארוך: ⏑ – – / ⏑ – – – / ⏑ – – / ⏑ ⏑ – (עיין מבוא, פרק שלישי, הסעיף על המשקלים, הערה 10). החתימה: 'לוי'.
בדבר נושא הפיוט וציוריו – השווה שירים מס' ג, ד, ה.
המקורות: כ״י אוכספורד 1971, חלק א, מס' מה, דף 15ג; כ״י אוכספורד 1970, חלק א, מס' שכז, דף 103ב; כ״י שוקן 37, מס' רכז, דף 187ב. – פורסם: בראדי־רי״ה, ד, עמ' 178. – נזכר: לוח דיואן, מס' 45; אוצר, אות ל, מס' 1003; ידיעות, ד, עמ' רנז, מס' 30 (בין פיוטי אבן אלתבאן).

לְכַפֵּר בְּמִנְחַת שִׁיר | פְּנֵי צוּר מְעוֹדְדִי, | יְחִידָה, תְּנִי נֶגְדּוֹ | מְכוֹנֵךְ וְעַתְּדִי
וְחֵיק בֵּית אֲדֹנַיִךְ | בְּמוֹעֲדוֹ תְּכַבְּדִי, | וְיָקוּם וְלֹא יוֹחֵר | אֲזַי הוּא לְמוֹעֲדִי
יְכֹלֶת אֱלֹהֵי כֹל | תְּעִידִין וְתִשְׁהֲדִי, | נְשָׁמָה, וְעַד קִצֵּךְ | שְׁמוֹ יָהּ תְּיַחֲדִי.

1 **לכפר... פני**: השווה בר' לב:כא. **צור מעודדי**: על־פי תה' קמז:ו. **יחידה**: נשמתי. **תני... ועתדי**: שאפי אליו והכיני עצמך לקראתו (ראה מש' כד:כז). / 2 **וחיק**: ראה יח' מג:יג–יד (בעניין המזבח); ואולי צריך להיות כאן 'חוק' (וראה שם, מג:יא). **ולא יוחר... למועדי**: על־פי שמ״ב כ:ה; כאן רמז לגאולה (השווה חב' ב:ג). / 3 **יכלת אלהי כל**: על־פי במ' יד:טז. **שמו... תיחדי**: על־פי תה' פו:יא. **ועד קצך**: על־פי התפילה: 'כל זמן שהנשמה בקרבי מודה אני' וכו'. **נשמה**: רמז לייעוד הפיוט.

ט. לֹא אֲהַלֵּךְ בְּמַחֲשַׁכִּים

פיוט שנועד אולי להוצאת ספר־התורה. הוא מיוסד על ציורים של חושך ואור, בעקבות מש׳ ו: כג; תה׳ קיט: קה; ועוד. שלושה בתים בחרוז מבריח. המשקל: הקל: – ⌣ – – / ⌣ – – / – ⌣ – –. החתימה: ׳לוי׳.

המקורות: כ״י אוכספורד 1971, חלק א, מס׳ קיד, דף 29א (׳וקאל מן מג׳מוע ר׳ חיא מטלע קרובה׳ = ׳ואמר: ובקובץ של ר׳ חיא [זוהי] פתיחה לקרובה׳); כ״י שוקן 37, דף 188ב; סדר לשלש רגלים כמנהג קארפינטראץ, אמשטרדאם 1759 [= ק], עמ׳ 90 (׳פיוט להוצאת התורה׳); וכן שם, עמ׳ 206, בשינוי קל; סדר התמיד... כמנהג ארבע קהלות... אביניון 1767, דף 63ב (רק שורות 1 ו־3). – פורסם: בראדי־רי״ה, ג, עמ׳ 106; חדשים גם ישנים, ג, עמ׳ 9; השירה העברית, א, עמ׳ 332, מס׳ 131. – נזכר: לוח דיואן, מס׳ 114. לאנדסהוט (עמודי העבודה, עמ׳ 155) מייחס את הפיוט לאבן אלתבאן, ואילו שניאור זקש מעיר (המגיד, ט, עמ׳ 367), שהשיר הוא חלק שלישי של היוצר לשבועות ׳ישוב לאחור צל נטה בעוד יומם׳ ליהודה הלוי. גם דודזון (אוצר, אות ל, מס׳ 8 + +) חולק על לאנדסהוט, ומציין, ששלושה קטעים מאת רי״ה נדפסו על־ידי הרכבי יחד בחדשים גם ישנים, ג, עמ׳ 9 (ורק שם) בתור יוצר לפסח, אבל בדרך־כלל מופיע כל חלק כפיוט בפני עצמו. ביוצר חתום פעמיים ׳יהודה׳, ואילו בפיוטנו חתום רק ׳לוי׳, ללא ה״א־הידיעה. עיין מבוא, פרק שני, הערה 7 וסעיף ו. לפי כ״י אוכספורד 1971 הפיוט הוא פתיחה לקרובה (ראה לעיל). שירמן מביא את ׳לא אהלך׳ בין שירי אבן אלתבאן (ידיעות, ד, עמ׳ רנו, מס׳ 13; השירה העברית, שם, שם), אבל אין לייחסו בוודאות למשוררנו.

הנוסח בכ״י אוכספורד הוא ׳לא אהלך במחשכים׳. נוסח ק ומקורות אחרים גורסים ׳לא אהלך במעקשים׳.

לֹא אֲהַלֵּךְ בְּמַחֲשַׁכִּים – וְאַתָּה ׀ אוֹר נְתִיבִי וּבְךָ מְנָתִי וְחֶבְלִי,
וַעֲמָלִי בְדָתְךָ לִי מְנוּחָה, ׀ אֶזְכְּרָה חַסְדְּךָ – וְאֶנְשֶׁה עֲמָלִי.
יִיעֲפוּ בוֹעֲרִים וְנוֹקְשׁוּ חֲשֻׁכִּים ׀ וַאֲנִי – רַק דְּבָרְךָ נֵר לְרַגְלִי!

1 **ואתה אור נתיבי**: על־פי תה׳ קיט: קה (נרמז גם בסיום). **ובך מנתי**: על־פי תה׳ טז: ה. / 2 **ואנשה עמלי**: על־פי בר׳ מא: נא. / 3 **ונוקשו חשכים**: תעו ונכשלו ההולכים בחושך (מקביל ל׳בוערים׳); ראה מש׳ כב: כט. **ואני**: ואילו אני. **רק... לרגלי**: על־פי תה׳ קיט: קה.

י. לְבָבִי יְעִירֵנִי

רשות. שלושה טורים בעלי חרוז מבריח, המופיע גם בדלת הראשונה, לתפארת הפתיחה.
המשקל: ◡ – – / ◡ – – – / ◡ – – – / ◡ – ◡ ◡ – (צורה של הארוך; ראה שיר מס׳ ח).
החתימה: ׳לוי׳. הפיוט מיוסד על לשונות וציורים מתהילים (כגון מזמור נז: ח–יא). הוא דומה לרשויות של משוררים אחרים בני התקופה, כגון ׳יעירוני בשמך רעיוני׳ ליהודה הלוי (השירה העברית, א, עמ׳ 516, מס׳ 222); ׳מחשב תנומתי מנום יקיצני׳ למשה אבן עזרא (שם, שם, עמ׳ 404, מס׳ 162); ׳שחר אבקשך, צורי ומשגבי׳ לאבן גבירול (שם, שם, עמ׳ 238, מס׳ 97ד). וראה גם לעיל, שיר מס׳ ד.
המקורות: כ״י אוכספורד 1970, חלק א, מס׳ של, דף 104א; כ״י אוכספורד 1971, חלק א, מס׳ שכה, דף 58ב; כ״י שוקן 37, דף 191ב. — **פורסם:** בראדי־רי״ה, ד, עמ׳ 174. — **נזכר:** לוח דיואן, מס׳ 325; אוצר, אות ל, מס׳ 286; ידיעות, ד, עמ׳ רנו, מס׳ 19.

לְבָבִי יְעִירֵנִי כְּשׁוֹאֵל לְשַׁחֲרָה ׀ וְעֵינִי לְעַפְעַפֵּי שְׁחָרִים מְשַׁמְּרָה
וְאָקוּם לְעֹפֶר חֵן וּפָנָיו אֲכַפְּרָה ׀ בְּפִי מַעֲנֵה לָשׁוֹן כְּבוֹדוֹ אֲסַפְּרָה
יְקָרוֹ בְּקָהָל רָב וְצִדְקוֹ אֲבַשְּׂרָה ׀ וְרוּחִי בְּעוֹד תִּהְיֶה בְּקִרְבִּי אֲזַמְּרָה.

1 **לשחרה:** לשחר, לבקש; צורה מוארכת (השווה יש׳ מז: יא). **ועיני... משמרה:** בראדי מנקד ׳עינַי׳ (ברבים), אף־על־פי שהפועל ביחיד. **יעירני... שחרים:** על־פי ׳אעירה שחר׳ (תה׳ נז: ט; קח: ג), ׳ועיניו כעפעפי שחר׳ (איוב מא: י; ג: ט; תה׳ קל: ו). **לשחרה–שחרים:** צימוד גזרי; השווה שיר מס׳ ד, שורות 1–2. / 2 **לעפר חן:** הקב״ה. **ופניו אכפרה:** השווה בר׳ לב: כא. **מענה לשון:** ראה מש׳ טז: א: ׳ומה׳ מענה לשון׳. / 3 **בקהל... אבשרה:** על־פי תה׳ מ: י; קא: א; ועוד. **ורוחי... אזמרה:** על־פי התפילה: ׳כל זמן שהנשמה בקרבי׳ וכו׳; והשווה יש׳ כו: ט.

גלות וגאולה

גלות וגאולה

יא. לוּ יִשָּׁקְלוּ דֵעַי מְהוּמָתִי

רשות לשבת דברי; כפי הנראה נועדה לנשמת. ארבעה טורים בחרוז מבריח, המופיע גם בדלת הראשונה, לתפארת הפתיחה. המשקל: המהיר. החתימה: ׳לוי׳ (שלוש האותיות הראשונות).

שורות 1–2 מיוסדות על איוב ו: ב–ג ועל תה׳ לח: ט, שעניינם סבל ועינויים. לאחר הזכרת ייסוריו האישיים עובר הפייטן לקונן על הכלל (שורה 3). בסיום הוא מזכיר את חובתו של כל אדם להודות לבוראו, על־פי משנה, ברכות ט: ה: ׳חייב אדם לברך על הרעה כשם שהוא מברך על הטובה׳ וכאן קישור לתפילה: ׳נשמת כל חי תברך... שכן חובת כל היצורים לפניך... להודות.׳

המקורות: כ״י אוכספורד 1971, חלק א, מס׳ תט, דף 278ב (׳וממא ינסב אליה איצא׳ = וממה שמיוחס לו גם כן) [=א]; כ״י אוכספורד 1081 (מחזור קלבריה), חלק א (לשבת איכה), במדור ׳רשות׳, מס׳ ב [=ק]; כ״י שוקן 37, דף 192ב [=ש]. – **דפוסים** [=ד]: סדר ארבע תעניות, מהדורת ויניציה 1610, דף נג, ע״ב; מהדורת ויניציה 1642, דף נד, ע״ב; מהדורת ויניציה 1740, דף נו, ע״ב (׳רשות לשבת דברי... לנשמת׳); תפלת ישרים, מהדורת ויניציה 1775, דף רנט, ע״ב; מהדורת אמשטרדאם 1779, ג (סדר חמש תעניות), דף יא, ע״א; דברי הצומות וזעקתם כמנהג ספרדים, ליוורנו 1840, דף נט, ע״ב. – **פורסם:** בראדי־רי״ה, ד, עמ׳ 70 [הנוסח המובא כאן]; ילקוט הפיוטים, עמ׳ קצד. – **נזכר:** לוח דיואן, מס׳ 409; *LG*, עמ׳ 675 (מזכיר מחזור משנת 1519: ׳רשות לשבת של ט׳ באב׳); אוצר, אות ל, מס׳ 560 והמילואים לשם; ידיעות, ד, עמ׳ רנו, מס׳ 24.

לוּ יִשָּׁקְלוּ דֵעַי מְהוּמָתִי | כָּבְדָה כְּחוֹל יָם אוֹ כְאַשְׁמָתִי!
עַל כֵּן נְפוּגוֹתַי וּמַאֲמָרַי | לָעוּ וְאָבְדָה כָּל מְזִמָּתִי.
עַל מִי אֲנִי אֶבְכֶּה וְאָחִילָה? | הֶרֶג עֲדָתִי אוֹ חֳרֹב בֵּיתִי?
עַל טוֹב וְרַע חַיָּב לְהוֹדוֹת לָךְ | כָּל חַי, וְכֵן תּוֹדְךָ יְחִידָתִי.

1 **שקאד** ׳רעי׳. **ש** ׳מהומותי׳. **ש** ׳כבדה כחול הים כאשמתי׳. / 3 **א** ׳אם להרג עדתי׳. **ד** ׳ועל מי אקונן בתחילה, אם / הרג עדתי או חרוב ביתי׳. / 4 **ד** ׳על טוב ועל רע׳. **אש** ׳חייב להללך... וכן תודה יחידתי׳.

1 **דעי:** הגיגי; במקורות שונים מופיעה התיבה ׳רעי׳, באותה משמעות. **מהומתי:** צרותי ופורעניותי (ראה יש׳ כב: ה). 1–2 שורות אלו מיוסדות על איוב ו: ב–ג: ׳לו שקול ישקל כעשי והיתי במאזנים ישאו יחד כי עתה מחול ימים יכבד, על כן דברי לעו׳. / 2 **נפוגתי:** פג כוחי (על־פי תה׳ לח: ט). / 4 **חיב להודות לך:** על־פי משנה ברכות; וראה לעיל. **יחידתי:** נשמתי; רמז לייעודו של הפיוט.

יב. לְמָתַי זְרוֹעַ אֵל

רשות ליום שביעי של פסח. המשקל: הארוך. החרוז הנוסף שבדלת הראשונה בא לתפארת הפתיחה. החתימה: ׳ללוי׳.

הפיוט מזכיר את רדיפות הנוצרים והמוסלמים כאחת (השווה לשירים ׳המון אכד וארך׳, שורה 6; ׳לבש הוד׳, שורה 10). בחלקו הגדול הוא מיוסד על ישעיה נא. בעקבות הנביא מבקש הפייטן מ׳זרוע אל׳ שתלבש עוז כבימי־קדם, כבשעת קריעת ים־סוף (הפיוט נועד לפסח), ותביא גאולה לעמה. אך בניגוד לדברי־הניחומים של הנביא (׳מי את ותיראי מאנוש ימות׳), מתאונן הפייטן על הדיכוי בידי אדם ועל ריחוק הגאולה המובטחת.

המקורות: כ״י גינצבורג 79, דף 132א [הנוסח המובא כאן]; כ״י שוקן 37, מס׳ רכה, דף 187ב [=ש]; כ״י אוכספורד 1970, חלק א, מס׳ שטז, דף 102ב–130א; כ״י אוכספורד 1971, חלק א, מס׳ מג, דף 15א. – פורסם: בראדי־רי״ה, ג, עמ׳ 41 [=ב]. – נזכר: לוח דיואן, מס׳ 43; LG, עמ׳ 217; *Polemische und apologetische Literatur*, p. 286 (מייחס את הפיוט לאבן אלתבאן); אוצר, אות ל, מס׳ 1192, והמילואים לשם.

לְמָתַי, זְרוֹעַ אֵל, יְהִי מֵאֱנוֹשׁ פַּחְדִּי | וְעֵשָׂו וְיִשְׁמָעֵאל צְנִינִים אֱלֵי צִדִּי,
לְמָתַי נְטַשְׁתִּינִי זְנוּחָה בְּבֵית אֶבְלִי | עֲפָרִי עֲלֵי רֹאשִׁי וְשַׂקִּי עֲלֵי גִלְדִּי?
וְאַתְּ מַחֲרֶבֶת יָם לְהַעְבִיר גְּאוּלַיִךְ | גְּבוּרָה וְעֹז תַּעְטִי וְהָדָר וְהוֹד תַּעְדִּי.
יְנָחֵם לְבָבִי עַד הֱיוֹתִי לְמֶלֶךְ עַל־ | מְלָכִים וְהִנֵּנִי לְעֶבֶד בְּיַד עַבְדִּי.

4 שב ׳ינוחם לבבי על היותי׳.

1 **למתי**: עד מתי. **זרוע אל**: על־פי יש׳ נא:ט; כתוב זה נרמז גם בשורה 3 (ועיין בהערות שלעיל). **יהי מאנוש פחדי**: ראה יש׳ נא:יג, במשמעות הפוכה. **עשו וישמעאל**: הנוצרים והמוסלמים. **צנינים אלי צדי**: צוררים אותי (על־פי במ׳ לג:נה). / 2 **זנוחה**: לשון נקבה; דברי כנסת־ישראל, על־פי דברי הנביא (לעיל). **בבית אבלי**: בגלות. **עפרי... גלדי** (על־פי איוב טז:טו): סימני האבל. **גלדי**: עורי. / 3 **ואת**: זרוע ה׳. **מחרבת ים... גאוליך**: על־פי יש׳ נא:י (ועיין שורה 1); **מחרבת ים**: שמה את ים־סוף לחרבה (השווה גם שמ׳ יד:כא). **גבורה... תעדי**: השווה: תה׳ פט:יד; קד:א–ב; איוב מ:י. / 4 **ינחם לבבי עד היותי**: תנני וינוחם לבבי עד שתרוממני (׳להיות מלך על מלכים׳), כי שפלתי מאוד (׳והנני לעבד׳ וכו׳). השווה יהודה הלוי: ׳ועת קצפו – אני עבד עבדים / וברצונו – אני מלך מלכים׳ (׳יריבוני בך׳, שורה 3, ׳השירה העברית׳, א, עמ׳ 465). בנוסחים ש וב מתחיל הטור האחרון: ׳ינחם לבבי על היותי למלך על מלכים׳. ואם אמנם גירסה זו נכונה, אזי כוונת הסיום היא: נחמני על שהייתי מלך לפנים ועתה אני עבד.

יג. לְךָ שַׁדַּי

רשות לנשמת, הנאמרת בשבת חנוכה. שישה בתים בחרוז מבריח, המופיע גם בדלת הראשונה, לתפארת הפתיחה. כמעט בכל בית מופיעים גם חרוזים פנימיים. המשקל: המרובה. החתימה: ׳לוי חזק׳.

המקורות: כ״י גינצבורג 197, דף 45א [=ג]; כ״י מונטפיורי 203, דף 1א (׳רשות לשבת של חנוכה׳; מיוחסת שם לרי״ה) [=מ]; כ״י שוקן 36, דף 6א (׳רשות לשבת חנוכה׳) [הנוסח המובא כאן]; ספר חזונים, דף 9א (׳רשות לנשמת לרבי לוי ז״ל׳, במדור ׳חזון שבת של חנוכה׳) [=ח]. – פורסם: ידיעות, ד, עמ׳ רנח, מס׳ ד (מכ״י שוקן 36 ומספר חזונים). – נזכר: עמודי העבודה, עמ׳ 156, מס׳ 12 (מייחסו לאבן אלתבאן על־פי שירים וזמירות, קושטאנטינה ש״ה, סי׳ מו: ׳להחכם הר״ר לוי׳); לוח הפייטנים, עמ׳ 47, מס׳ 48 (מייחסו לאבן אלתבאן); *LG*, עמ׳ 674; אוצר, אות ל, מס׳ 884.

לְךָ שַׁדַּי אֲיֻמָּתְךָ מְחַכָּה । בְּגָלוּתָהּ וְדִמְעָתָהּ מְפַכָּה
וּמֵעַבְדוּת לְךָ תֶּהֱמֶה וְתִדְמֶה । כְּדָג נֶאְחָז בְּמִכְמֹרֶת וְחַכָּה.
יְבוֹאוּהָ חֲסָדֶיךָ וְהָשֵׁב । שְׁבוּתָהּ וֶהֱיֵה לָהּ צֵל וְסֻכָּה
חֲבשׁ מַחְצָהּ גְּדֹר פִּרְצָהּ וְתִהְיֶה । עֲנֻגָּה כַּאֲשֶׁר הָיְתָה, וְרַכָּה.
זְכֹר עָנְיָהּ רְאֵה בִכְיָהּ בְּזָכְרָהּ । פְּלָאֶיךָ בְּשַׁבָּת וַחֲנֻכָּה
קְרַב־נָא אֵל לְהַרְוִיחָהּ בְּשָׁפְכָהּ । לְךָ רוּחָהּ וְנַפְשָׁהּ הַמְּדֻכָּה.

2 גמח ׳כמו צפור במכמורת וחכה׳. / 3 גמ ׳יבואון לה׳. / 5 גמ ׳וזכרה פלאיך׳.

1 **אימתך**: כנסת־ישראל, על־פי שה״ש ו:ד, י. / 2 **כדג נאחז וכו׳**: על־פי קה׳ ט:יב: ׳כדגים שנאחזים במצודה רעה וכצפרים האחזות בפח׳; בנסחים אחדים של שירנו נתערבבו הציורים הללו. / 3 **יבואוה חסדיך**: על־פי תה׳ קיט:מא. **והיה... וסכה**: על־פי יש׳ ד:ו. / 4–3 **וסכה... גדר פרצה**: על־פי עמ׳ ט:יא (בדבר סוכת דויד הנופלת). **ענגה... ורכה**: השווה: יר׳ ו:ב; דב׳ כח:נו. / 5 **זכר עניה וכו׳**: השווה איכה א:ז, ג:יט. / 6 **להרויחה**: להביא לה רווחה (ראה איכה ג:נו; והשווה שיר מס׳ כה, שורה 7). **בשפכה... ונפשה**: ראה איכה ב:יט; תה׳ קמב:ג; ועוד.

יד. אֶבְכֶּה בְּיוֹם צֵאתִי

יוצר לשבת חזון (במחזור קלבריה: ׳לשבת איכה׳). שיר־איזור בעל מדריך. החריזה בצורת מרובע: אא/אא–בב/בב//א. המשקל: המתפשט; לפי נוסח אחד נחשב שווא לפעמים כתנועה (וראה להלן, הערות שד״ל ב׳מבוא למחזור בני רומא׳). החתימה: ׳לוי׳. הפיוט נסמך על לשונות מאיוב ומאיכה; נושאו חורבן הבית וייסורי הגלות.

המקורות: כ״י שוקן 37, דף 192ב, מס׳ שכח; כ״י אוקספורד 1971, חלק א, מס׳ שפה, דף 74א [הנוסח המובא כאן]; כ״י אוקספורד 1081 (מחזור קלבריה), חלק יא (לשבת איכה) מס׳ ו [=ק]. – פורסם: שד״ל, מבוא למחזור בני רומא, ב, עמ׳ ה (קטע מנוסח כ״י

אוכספורד 1970) ; איגרות שד״ל, עמ׳ 499 (ליקוטים ממחזור קלבריזי ; לעיל, ק) ; בראדי־רי״ה, ד, עמ׳ 75 [=ב] ; ילקוט הפיוטים, עמ׳ קצג. – נזכר: *LG*, עמ׳ 675 ; לוח הפייטנים, עמ׳ 47, מס׳ 19 (מייחסו לאבן אלתבאן) ; אוצר, אות א, מס׳ 265, והמילואים לשם ; ידיעות, ד, עמ׳ רנה, מס׳ 1.

אֶבְכֶּה בְּיוֹם צֵאתִי ׀ מִתּוֹךְ חֲדַר בֵּיתִי.
סַפְתִּי וְנִסְפֵּיתִי ׀ אוֹי לִי כִּי נִדְמֵיתִי.

לָקְחוּ מְתֵי רִיבִי ׀ כָּל מַחְמַד לִבִּי
אָכֵן עֲלֵי חוֹבִי ׀ כִּי רַב וְעָנָה בִּי
חַלְתִּי וְנֶחְלֵיתִי.

וָאֶסְפְּקָה כַפִּי ׀ בְּעַד יְמֵי חָרְפִּי
וְכוֹכְבֵי נִשְׁפִּי ׀ חָשְׁכוּ וְעַל אַכְפִּי
צַמְתִּי וְעֻנֵּיתִי.

יָאוּת בְּכִי אֵלַי ׀ עַל שִׁמֲמוֹת אֵלַי
אַף עַל סְפוֹת אֵלַי ׀ מַר אֶזְעֲקָה, אוּלַי
אֶשְׁאַל וְנַעֲנֵיתִי.

1 ק ׳מתוך הדר ביתי׳. / 3 ק ׳כל מחמד טובי׳. / 4 ק ׳אכן על חובי׳. / 6 ב ׳בעד׳ (שני פתחים). ק ׳על שממות ספי׳. / 7 ב ׳גם כוכבי נשפי׳. קב ׳עלי אכפי׳. / 8 ק ׳ונעניתי׳. / 9 ק ׳על שממות היכלי׳. / 10 ק ׳אף על ספוד אילי׳ (בנוסח זה חוזר כאן הסיום של שורה 2: ׳אוי לי כי נדמיתי׳; צונץ [*LG*, עמ׳ 675] רושם מלים אלו בתור סיום הפיוט).

1 **מתוך חדר ביתי**: מציון ומבית־המקדש. נוסח ק: ׳מתוך הדר ביתי׳, באותה משמעות. / 2 **ספתי**: בגלות. **אוי לי כי נדמיתי**: יש׳ ו:ה. / 3 **מתי ריבי**: אויבי. / 4 **חובי**: עווני. **וענה בי**: העיד בי; **כי... בי**: משפט מוסגר: אכן, מחמת עווני הרב, שהעיד נגדי, ׳חלתי ונחליתי׳ (שורה 5). / 6 **ואספקה כפי**: בצער ואבל; והשווה איכה ב:טו; איוב כז:כג. **בעד ימי חרפי**: על ימי קדמותי שחלפו ואינם (על־פי איוב כט:ד: ׳כאשר הייתי בימי חרפי בסוד אלוה עלי אהלי׳). ואולי רומז הפייטן גם ל׳אהלי׳, כמו ׳ביתי׳ בשורה 1. **בעד**: שווא נחשב לתנועה וכן ׳וכוכבי׳ שבשורה הבאה; ראה הערת שד״ל במחזור בני רומא, שם. / 7 **וכוכבי... חשכו**: על־פי איוב ג:ט. **ועל אכפי**: על הכפייה והלחץ (על־פי איוב לג:ז; וראה ראב״ע, שם). / 9 **יאות בכי אלי**: עלי לבכות. **על שממות אלי**: על חורבן בית־המקדש (השווה יח׳ מ:ט, כט, לג). / 10 **אף על ספות אלי**: על הרג שרי וקציני, אלי הארץ. השווה יהודה הלוי: ׳יבשו אלי, וספו אלי, ואיד בא אלי׳ (בראדי־רי״ה, ד, עמ׳ 76, מס׳ ל, שורות 1–2).

גלות וגאולה

טו. אֲדֹנָי אָרְכוּ בְּגָלוּת שָׁנַי

תחינה לפרשת נח. שיר־איזור. במחרוזת הראשונה שלושה טורים קצרים וטור איזור (אאאב). בשאר המחרוזות החריזה היא גג/דד/ב, ואילו באחרונה – מממב (לדעת משה כרמי, מהדיר נוסח ה, היתה החריזה גם כאן כבמחרוזת הראשונה). טורי האיזור הם פסוקים המובאים כלשונם (בשני מקומות – בשינוי קל). לדעת כרמי החרוז באיזור הוא –וח, משום שהתחינה נועדה לפרשת נח (וראה שורה 19). בכל טור ארבע עד שבע תנועות; השוואים הנעים והחטפים אינם במניין. החתימה בנוסח ה הוא 'אני לוי חזק אמץ', ואילו בנוסח ע – 'אני לוי אמץ' (בהשמטת 3 מחרוזות).

המקורות: כ״י אוקספורד 1137, דף 34ב [=א]; הואיל משה באר, ג, עמ׳ 216 [=ה]; בראדי־רי״ה, ביאורים, שם, א, עמ׳ 102 [הנוסח המובא כאן]; סדר רב עמרם, וארשה 1865, ב, עמ׳ 17 [=ע]. – נזכר: אוצר, אות א, מס׳ 761; ידיעות, ד, עמ׳ רנה, מס׳ 2.

אֲדֹנָי, אָרְכוּ בְּגָלוּת שָׁנַי
וְנָפְלוּ פָּנַי
וְלִפְנֵי מְעַנַּי
הָלַכְתִּי שְׁחוֹחַ.

נָמֵס כַּדּוֹנַג לְבָבִי
כִּי קָמוּ צָרִים לְרִיבִי
שָׁדְדוּ אָהֳלִי
וּבָזְזוּ חֵילִי
וַיִּשְׁטְחוּ לָהֶם שָׁטוֹחַ.

יָרַד לֶעָפָר כְּבוֹדִי
וְנִשְׁפַּךְ לָאָרֶץ כְּבֵדִי
שָׁכַנְתִּי דוּמָה
כְּרָחֵל נֶאֱלָמָה
כְּכֶבֶשׂ אַלּוּף יוּבַל לִטְבוֹחַ.

לִשְׁאוֹל מַטָּה נָגַעְנוּ
לְרִיק וּלְהֶבֶל יָגַעְנוּ

1 ע 'ה' ארכו שני'. / 6 א 'קמו זדים'. / 12 א 'ישבתי דומה'; ע 'ושכנה דומה'. / 16 א 'ולריק

3–4 ולפני... שחוח: על־פי יש׳ ס:יד; כאן הכוונה הפוכה. / 5 נמס וכו׳: השווה מי׳ א:ד; תה׳ כב:טו; ועוד. / 9 במ׳ יא:לב. / 10 על־פי תה׳ ז:ו. / 11 ונשפך לארץ וכו׳: איכה ב:יא. / 12 שכנתי: על־פי תה׳ צד:יז. / 13 כרחל נאלמה: יש׳ נג:ז. / 14 יר׳ יא:יט. / 15 נגענו: הגענו (על־פי תה׳ פח:ד). / 16 לריק ולהבל וכו׳: על־פי

מֵרֹב תְּלָאָה
עֲדָתְךָ נִלְאָה
וְלֹא מָצְאָה הַיּוֹנָה מָנוֹחַ.

וְהַמַּיִם הַזֵּידוֹנִים
גָּבְרוּ וּפַסּוּ אֱמוּנִים.
גְּרוֹנִי נִחַר
וְלִבִּי סְחַרְחַר
כִּי מִבְחַר הַצֹּאן לָקוּחַ.

יַחַד כַּצֹּאן תָּעִינוּ
וְרוּחַ קָדִים רָעִינוּ
כִּי מְשׁוּבָה שׁוֹבַבְנוּ
וּבְשׁוּבָה עֲזַבְנוּ
אֱלֹהֵינוּ כִּי יַרְבֶּה לִסְלוֹחַ.

חָשַׁב אוֹיֵב בְּאָרְבּוֹ
רָעוֹת רַבּוֹת בְּקִרְבּוֹ
וּבָטַח בְּחַרְבּוֹ
וְאָמַר בְּלִבּוֹ
הֲיֻקַּח מִגִּבּוֹר מַלְקוֹחַ?

יגענו׳; ע ׳ולריק בכל יום יגענו׳. / 19 ה ׳ולא מצאה מנוח׳. / 20 א ׳ומים זידונים׳. / 20—24 ע ׳ומכובד זידונים / גמרו ופסו אמונים / והלב סחרחר / כי הקץ אחר / ומבחר הצאן לקוח׳. / 28 אע ׳ותשובה עזבנו׳. / 30—44 ע מחרוזות אלה חסרות. / 31 א השורה חסרה.

יש׳ מט:ד. / 19 **ולא מצאה היונה מנוח**: בר׳ ח:ט; פסוק מתוך פרשת נח, שהתחינה נועדה לה. בתחינות רבות בא פסוק מפרשת־השבוע בסוף אחת המחרוזות (וראה כרמי, שם). כרמי מציין גירסה אחרת: ׳ולא מצאה מנוח׳ (איכה א:ג — על יהודה: ׳...כל רדפיה השיגוה׳). מכל־מקום, הכוונה כאן כבמגילת איכה. / 20—21 **והמים הזידונים גברו**: שיבוץ על־פי תה׳ קכד:ה (׳אזי עבר על נפשנו המים הזידונים׳) ועל־פי בר׳ ז:יט (׳והמים גברו מאד׳). פייטנים מאוחרים מאבן אלתבאן נזקקים לפעמים לצירוף ׳מים זידונים׳ כדי לרמוז לטבילה (ועיין להלן, בביאור לשיר מס׳ סב, שורה 3); ייתכן, שהרמז הזה כבר מצוי בשורה שלפנינו, מפני שהמשכה הוא ׳ופסו אמונים׳ (תה׳ יב:ב). / 22 **גרוני נחר**: תה׳ סט:ד. / 23 **ולבי סחרחר**: תה׳ לח:יא. / 24 יח׳ כד:ה. בנוסח ע יש נוסח אחר למחרוזת זו; וראה בחילופי־הנוסח. / 25 **כצאן תעינו**: על־פי יש׳ נג:ו. / 26 **ורוח וכו׳**: ראה הו׳ יב:ב. / 27 **כי משובה**: ראה יר׳ ח:ה. / 28 **ובשובה עזבנו**: במשמעות ׳ותשובה עזבנו׳ (ראה יש׳ ל:טו). / 29 יש׳ נה:ז. / 30—31 **חשב אויב... בקרבו**: השווה תה׳ קמ:ג; עז׳ ח:לא; יר׳ ט:ז. / 34 יש׳ מט:כד; וראה להלן, שורה 44. / 35 **זדון**

זְדוֹן הַלֵּב הִשִּׁיאָנוּ
עַל כֵּן כָּל זֶה מְצָאָנוּ
וְחָרְבָה עִירֵנוּ
וְשָׁמֵם מִקְדָּשֵׁנוּ
וְעָלָה סִירִים קִמּוֹשׂ וָחוֹחַ.

קָרֵב נָא אֵל עֶלְיוֹן פְּדוּת
לְסוֹבְלֵי עֲבֹדוֹת בִּכְבֵדוּת
וְיִרְאוּ מוֹנַי
וְיֵדְעוּ הֲמוֹנַי
וְקוֵֹי ה׳ יַחֲלִיפוּ כֹחַ.

אַמֵּץ כְּאָז לְבָבָם
חֶזְיוֹנֵי כְתָבָם
וְתָרִיב אֶת רִיבָם
קְרָא דְרוֹר לְשׁוֹבְבָם
לִשְׁבוּיִם וְלַאֲסוּרִים פְּקַח־קוֹחַ.

35 **א** ׳זדון לב׳. / 36 **ע** ׳כל זר מצאנו׳. / 37—39 **א** ׳חרבה טירתנו / ועלתה בארמונותינו / סירים׳ וכו׳. / 40 **א** ׳קרב פדות׳. / 45—49 **אע** ׳אמץ לבבם / בחזיוני כתבם / לרוב רובם / וללכת (**ע** ׳ולהלוך׳) פדויים / ולקרוא לשבויים / דרור ולאסירים פקח קוח׳.

וכו׳: עו׳ ג. / 36 **על כן כל זה מצאנו**: מצא אותנו; וראה שופ׳ ו:יג. / 37—38 **וחרבה... מקדשנו**: השווה מוסף לשבת וראש־חודש. / 39 יש׳ לד:יג. / 40 **קרב נא אל עליון**: השווה תה׳ עח:לה; שם, קיא:ט. / 42 **ויראו**: לדעת כרמי צריך להיות ׳וייראו׳. **מוני**: עושקי. / 43 **המוני**: ישראל. / 44 **וקוי ה׳ וכו׳**: יש׳ מ:לא. שורות 42—44 (ושורה 47 שלהלן) רומזות גם לנאמר ביש׳ מט:כג–כו (׳...אשר לא יבשו קוי. היקח מגבור מלקוח... גם שבי גבור יקח ומלקוח עריץ ימלט ואת יריבך אנכי אריב... והאכלתי את מוניך את בשרם... וידעו כל בשר כי אני ה׳ מושיעך וגאלך׳ וגו׳); ויש ברמז זה משום תשובה על שאלתו היהירה של האויב (לעיל, שורה 34), שאף היא נסמכת על אחד הפסוקים הנזכרים. / 45 **אמץ וכו׳**: השווה תה׳ כז:יד. אמ״ץ הוא סיום האקרוסטיכון, המופיע עד כאן בראשי המחרוזות. / 46 **חזיוני כתבם**: לדעת כרמי צריך להיות: ׳בחזיוני כתבם׳ (בנבואות תורתם); ואכן, כך גם נוסח **ע**. / 47 ראה הביאור לשורה 44. / 48 **קרא דרור וכו׳**: על־פי יש׳ סא:א. לדעת כרמי, המלה ׳לשובבם׳ מיותרת, והמחרוזת האחרונה צריכה להיות במתכונת הראשונה, בחריזה אאא/(פסוק)–וח. נסחים **אע** מסתיימים בפסוק יש׳ סא:א כלשונו.

טז. אֲלֵיכֶם אִישִׁים אֶקְרָא

סליחה ליום־הכיפורים בצורת מסתאג׳יב (על צורה זו ראה: שער השיר, שם; השירה העברית, ב, עמ׳ 710; וכן לעיל, פרק שלישי, הסעיף על הסוגים והחריזה). הפסוק ׳מכל חטאתיכם לפני ה׳ תטהרו׳ (וי׳ טז: ל), שעניינו יום־הכיפורים, עומד בראש השיר וקובע את נושאו. טורי האיזור חורזים עם פסוק זה, והם עצמם חלקי־פסוקים, המובאים כלשונם ונמשכים לפעמים מן השורות הקודמות להם במחרוזות. בכל מחרוזת ארבע שורות: בשלוש מהן מתחלף החרוז; המחרוזת הרביעית היא טור האיזור: אאאב / גגגב וכו׳. המשקל חופשי טורי האיזור הם על־פי־רוב קצרים מן השאר (ראה לעיל, פרק שלישי, הסעיף המשקל). החתימה: ׳אני ליוי (כך!) בר יעקב חזק׳ (בראשי המחרוזות).
הפייטן קורא לחזרה בתשובה (שורות 1–13), מתאר את אכזריות האויבים (שורות 14–33), פונה לאל בבקשת סליחה (שורות 34–55) ומתחנן אליו שירחם על עמו וירוממו (שורות 56–65). האל מבטיח להשיב את שבות העם (שורות 66–69). הפיוט מסתיים בבקשה לקרב את ׳קץ הפלאות׳ (שורות 70–73). לפי נוסח ת (להלן) אין קולו של האל נשמע כאן, וגם שורות 66–69 הן פנייתו של הפייטן. השיר נחון בעוצמה רבה, אף־על־פי שהוא בעיקר מעשה־משזור של פסוקים (ראה לעיל, פרק שלישי, עמ׳ 41). תיאורי הרדיפות מוסבים, כנראה, על חורבנה של סאראגוסה בידי אלפונסו השישי, בשעת מלחמתו במוראביטים. אחדים סבורים, שהמדובר בכיבוש העיר ב־1118 בידי אלפונסו הא׳, מלך אראגון (וראה במבוא).
המקורות: שפתי רננות, מחזור כמנהג טריפולי, ויניציה 1711, דף סג, ע״א [ט]; שפתי רננות... כמנהג ק״ק טריפולי וק״ק ג׳רבה, ג׳רבה תש״ז, דף קמו, ע״ב [=ת]. – פורסם: שער השיר, עמ׳ 122, מס׳ 110 (מעתיק מנוסח ט ומתקן טעויות) [הנוסח המובא כאן]. – נזכר: עמודי העבודה, עמ׳ 155, מס׳ 4; *LG*, עמ׳ 218, מס׳ 4; M. Sachs, *Die religiöse Poesie*, ; בראדי, *EJ*; pp. 289–290; H. Graetz, *Geschichte der Juden*3, VI, pp. 109–110 א, עמ׳ 464; אוצר, אות א, מס׳ 5105; ידיעות, ד, עמ׳ רנו, מס׳ 5; השירה העברית, א, עמ׳ 330; מילאס ואליקרוסה, עמ׳ 104.

מִכֹּל חַטֹּאתֵיכֶם לִפְנֵי ה׳ תִּטְהָרוּ

אֲלֵיכֶם אִישִׁים אֶקְרָא יַשְּׁרוּ מַעְגְּלֵיכֶם
רַחֲצוּ הִזַּכּוּ הָסִירוּ רֹעַ מַעַלְלֵיכֶם
וּבְבֹץ פִּשְׁעֵיכֶם הָטְבְּעוּ רַגְלֵיכֶם
צְאוּ מִתּוֹכָהּ הִבָּרוּ.

נַעֲלָמִים אֶת לִבָּם יְשִׁיבוּן
וְחֶלְבָּם וְדָמָם בְּיוֹם זֶה יַקְרִיבוּן

2 ט ׳המעגליכם׳ (בראדי תיקן).

1 **מכל חטאתיכם וכו׳**: וי׳ טז:ל; קביעת נושא הפיוט; וראה בהערות לעיל. / 2 **אליכם אישים אקרא**: מש׳ ח:ד. / 3 **רחצו... מעלליכם**: יש׳ א:טז. / 4 על־פי יר׳ לח:כב. / 5 יש׳ נב:יא. / 6 **נעלמים**: חוטאים (וראה תה׳ כו:ד). / 7–8 **וחלבם ודמם ביום**

כִּזְבָחִים וְעֹלוֹת וּמֵחַטָּאתָם יְשׁוּבוּן
וְכִבְּסוּ בִגְדֵיהֶם וְהִטֶּהָרוּ.

יִשְׂאוּ לֵבָב וְכַפַּיִם
אֶל־אֵל בַּשָּׁמַיִם חוֹקֵר שַׂרְעַפִּים
יִתְוַדּוּ אֶת עֲוֹנָם וְיִקְּדוּ לוֹ אַפַּיִם
הִבִּיטוּ אֵלָיו וְנָהָרוּ.

לָכֵן כֻּלָּם בְּרֹאשׁ גּוֹלִים גָּלוּ
וְהָיוּ צָרֵיהֶם לְרֹאשׁ וְאוֹיְבֵיהֶם שָׁלוּ
וְעִנּוּם בְּמַס וְשָׂרִים בְּיָדָם נִתְלוּ
פְּנֵי זְקֵנִים לֹא נֶהְדָּרוּ.

יִזְכְּרוּ וְיָשׁוּבוּ אֶל אֲדֹנָי מִמַּחְשְׁבוֹת אוֹנָם
אֲשֶׁר פִּתּוּהוּ בְּפִיהֶם וַיְכַזְּבוּ בִלְשׁוֹנָם
וַיִּקְחוּ עִמָּהֶם דְּבָרִים כִּי צָלְלוּ בְּמֵי עֲוֹנָם
וְכָשְׁלוּ בָם רַבִּים וְנָפְלוּ וְנִשְׁבָּרוּ.

וּבִידֵי מַלְכֻיּוֹת נוֹשְׁכוֹת כַּנְּחָשִׁים
נִסְגְּרוּ וְהִנָּם בְּיָדָם נְטוּשִׁים
וַיָּבֹאוּ אֲנָשִׁים וַיִּקְחוּ לָהֶם נָשִׁים
מִכֹּל אֲשֶׁר בָּחָרוּ.

יְדֵיהֶם לֹא מָצְאוּ אַנְשֵׁי־כֹחַ
וְהָיוּ לְשָׁלָל וְלִשְׁבִי מַלְקוֹחַ

8 ת ׳ומחטאם׳. ט ׳בזבחים׳. / 11 ת ׳מבין מחשבות וחוקר שרעפים׳.

זה יקריבון כזבחים ועלות: הם יושבים בתענית, ומתמעט חלבם ודמם, תמורת חלבם ודמם של הקרבנות; ראה ברכות יז, ע״א. / 9 במ׳ ח:ז. / 10 **ישאו... וכפים**: על־פי איכה ג:מא. / 11 **חוקר שרעפים**: על־פי תה׳ קלט:כג. / 12 **יתודו וכו׳**: על־פי וי׳ כו:מ. **אפים**: על־פי נחמ׳ ח:ו. / 13 תה׳ לד:ו. / 14 על־פי עמ׳ ו:ז. / 15 על־פי איכה א:ה. / 16–17 **ושרים... לא נהדרו**: איכה ה:יב. / 18 **יזכרו וכו׳**: תה׳ כב:כח. **ממחשבות אונם**: על־פי יר׳ ד:יד. / 19 על־פי תה׳ עח:לו. / 20 על־פי הו׳ יד:ג. / 21 יש׳ ח:טו. / 22 **מלכיות נושכות כנחשים**: הנוצרים והמוסלמים; הדימוי מזכיר את עמ׳ ט:ג; והשווה לשיר ׳לבי יחיל בקרבי׳ (מס׳ יז). שורות 11–12. / 24–25 **ויקחו... בחרו**: בר׳ ו:ב. / 26 על־פי תה׳ עו:ו. / 27 **והיו... מלקוח**: על־פי במ׳ לא:יב, כו; לפי הפסוק האחרון משמעות הצירוף ׳ולשבי מלקוח׳ היא: ׳מלקוח השבי׳ (בראדי,

וְלְכַף רַגְלֵיהֶם לֹא מָצְאוּ מָנוֹחַ
נָדְדוּ יַחַד מִקֶּשֶׁת אֻסָּרוּ.

בְּמוֹ אֵשׁ נִכְווּ וּנְהָרוֹת שְׁטָפוּם
וְצָרוֹת רַבּוֹת מְצָאוּם אֲפָפוּם
וּמִכָּל צִדֵּיהֶם הִקִּיפוּם
שְׂבֵעִים בַּלֶּחֶם נִשְׂכָּרוּ.

רְאֵה אֲדֹנָי בָּעֳנִי הָעָם הַזֶּה
נָמֵס בְּעֹל צָר, נִקְלֶה וְנִבְזֶה
יִצְעַק וּמִשְּׁמַן בְּשָׂרוֹ יֵרָזֶה
כָּל מִשְׁבָּרֶיךָ וְגַלֶּיךָ עָלַי עָבָרוּ.

יֵצַר צַעֲדָם וְרַגְלָם תִּמְעַד מָעוֹד
וְכָל יוֹם נוֹפְלִים וְאֵין מִסְעָד סָעוֹד
כַּמֵּתִים אֲשֶׁר לֹא זְכַרְתָּם עוֹד
וְהֵמָּה מִיָּדְךָ נִגְזָרוּ.

עָבַר בְּרִיתְךָ שׁוֹכֵן מְעוֹנַי
לָכֵן הָיָה לַעַג וָבוּז לִגְאֵיוֹנַי
וּמָאַסְתָּ בָם עַל מָאֲסָם אֶת תּוֹרַת אֲדֹנָי
וְחֻקָּיו לֹא שָׁמָרוּ.

קָלוֹן שָׂבְעוּ מִכָּבוֹד בְּיַד אוֹיְבֵיהֶם
וְהִנָּם לְמָשָׁל וְלִשְׁנִינָה בְּפִיהֶם
וּפִתְאֹם אָסְפוּ נָגְהָם כּוֹכְבֵיהֶם
שֶׁמֶשׁ וְיָרֵחַ קָדָרוּ.

32 ת ׳ומכל צריהם הקיפום׳. / 38 ט ׳יוצר צערם׳; ת ׳יצרו צערם׳. / 42 ת ׳עברו בריתך׳. / 43 ט ׳לגיוני׳. / 45 טת ׳ואת חוקותיו לא שמרו׳ (בראדי תיקן על־פי הפסוק).

שער השיר, הערות למס׳ 110). / 28 **ולכף... מנוח**: על־פי בר׳ ח:ט (היונה במבול); איכה א:ג (על יהודה); והשווה לשיר ׳ה׳ ארכו בגלות שני׳ (מס׳ טו), שורה 19. / 29 יש׳ כב:ג. / 30 **במו אש נכוו**: על־פי יש׳ מג:ב; כאן בכוונה הפוכה. / 31 על־פי דב׳ לא:יז, כא; תה׳ עא:כ. / 33 **שבעים... נשכרו**: שמ״א ב:ה. / 34 על־פי שמ״א א:יא. / 36 **ומשמן** וכו׳: יש׳ יז:ד. / 37 יונה ב:ד (וכן תה׳ מב:ח). / 38 על־פי מש׳ ד:יב. / 39 **סעוד**: לסעוד. / 40–41 **כמתים... נגזרו**: תה׳ פח:ו. / 43 **לעג... לגאיוני**: על־פי תה׳ קכג:ד; תיקון של בראדי. / 44–45 **על מאסם... שמרו**: עמ׳ ב:ד. / 46 על־פי חב׳ ב:טז. / 47 על־פי דב׳ כח:לז. / 48 על־פי יואל ב:י; ד:טו. / 49 **שמש...**

בְּצַר לָהֶם יְשַׁחֲרֻנְךָ לְסַעֲדָם
וְהֵכִינוּ לְבָבָם הַיּוֹם בְּהִוָּעֲדָם
בָּאוּ בְחַדְרֵיהֶם לְחַפֵּשׂ מַצְפּוּנָם, וּבַעֲדָם
אֶת הַדֶּלֶת סָגָרוּ.

חִלּוּ הַיּוֹם פָּנֶיךָ בִּתְשׁוּבָה
אַל תִּרְחַק מִמֶּנּוּ כִּי צָרָה קְרוֹבָה
כְּסָלֵינוּ מָלְאוּ נִקְלֶה וְשָׁכַבְנוּ לְמַעֲצֵבָה
וְהָעֲצָמוֹת יֵחָרוּ.

זֶה הַיּוֹם תְּיַשֵּׁר כָּל עָקֹב
וְאַל תֵּפֶן אֶל לֵב עָקוֹב יַעֲקֹב
לֵאמֹר לֹא עַתָּה יֵבוֹשׁ יַעֲקֹב
וְלֹא עַתָּה פָּנָיו יֶחֱוָרוּ.

קָדוֹשׁ הַפּוֹדֶה נֶפֶשׁ עֲבָדָיו
יְרַחֵם עַם מַרְעִיתוֹ וְצֹאן יָדָיו
צוֹעֵק בְּמֶרְחַבְיָה מִמַּעֲבִידָיו
הָאֹמְרִים עָרוּ עָרוּ.

בְּשִׂיר, דַּלִּים, אָשִׁיב אֶת שְׁבוּתֵיכֶם
אֲכַפֵּר עֲוֹנְכֶם וְאֶסְלַח חַטֹּאתֵיכֶם
וַהֲשִׁיבוֹתִי אֶתְכֶם לְאַדְמַתְכֶם
וְאֶת הָאָרֶץ תִּסְחָרוּ.

64 ת ׳צועק במר ביד מעבידיו׳; ט ׳ממעבָריו׳. / 65 ט ׳ידי האומרים׳. / 66 ת ׳בשר דלים אשיב שבותכם׳.

קדרו: יואל ב:י; ד:טו. / 50 **בצר... ישחרנך:** על־פי הו׳ ה:טו. / 51 ראה דה״ב כ:לג. / 52–53 **באו... סגרו:** בר׳ יט:י; יש׳ כו:כ. **לחפש מצפונם:** על־פי עו׳ ו. / 54 **חלו:** אולי צריך להיות ׳חלינו׳ (בראדי). / 55 תה׳ כב:יב. / 56 **כסלינו:** קרבינו (על־פי תה׳ לח:ח). **ושכבנו:** יש׳ נ:יא. / 57 יח׳ כד:י. / 58 **זה היום:** על־פי יש׳ מ:ד. / 59 על־פי יר׳ ט:ג. / 60–61 **לא... יחורו:** יש׳ כט:כב. / 62 על־פי תה׳ לד:כג. / 63 **עם מרעיתו... ידיו:** תה׳ צה:ז. / 65 תה׳ קלז:ז; בנוסח ט יש כאן חזרה על המלה ׳ממעבידיו׳ שבשורה הקודמת. / 66–69 לפי נוסח ט שורות אלו הן דברי הקב״ה (׳בְּשִׂיר... אשיב׳); אבל לפי נוסח ת גם הן דברי הפייטן: ׳בַּשֵּׂר דלים: אשיב שבותכם׳ (על־פי צפ׳ ג:כ). / 68 על־פי יר׳ מב:יב. / 69 בר׳ מב:לד. / 70 קץ

קָרֵב לָנוּ קֵץ הַפְּלָאוֹת
וְכִימֵי עוֹלָם הַרְאֵנוּ נִפְלָאוֹת
וְקַיֵּם לְעַמְּךָ נְבוּאוֹת הַנּוֹרָאוֹת
וּלְקֵץ שָׁנִים יִתְחַבָּרוּ.

73 ט ת ׳ולקץ ימים יתחברו׳ (בראדי תיקן על־פי הפסוק).

הפלאות: דנ׳ יב:ו. / 71–72 **וכימי... הנוראות:** חדש את הנפלאות שעשית לעמך בשעת יציאת מצרים; השווה תה׳ קו:כב: ׳נפלאות בארץ חם, נוראות על ים סוף׳. / 73 **ולקץ שנים יתחברו:** קיבוץ גלויות (דנ׳ יא:ו). **שנים:** תיקון בראדי על־פי הפסוק; בנסחים ט ת כתוב: ׳ולקץ הימים׳ וכו׳, בהשפעת המלים האחרונות שבספר דניאל.

יז. לִבִּי יָחִיל בְּקִרְבִּי

סליחה בצורת שיר־איזור בעל מדריך וארבע סטרופות. במדריך ובכל מחרוזת ארבעה טורים. בכל מחרוזת, פרט למקום אחד, מופיע החרוז גם בצלעית הראשונה של האיזור: אאאא / בבבב ב–א // וכו׳. במחרוזת ג׳ חמישה טורים, וייתכן, שאחד מהם נוסף על־ידי מעתיקים. המשקל: בכל צלעית (גם בשורות שהן חלקי־פסוקים) שש תנועות; השוואים הנעים והחטפים אינם במניין; בשורה 4 – חמש וחמש תנועות. החתימה: ׳לוי חזק׳ (בשורות 1–3, 5, 10 ו־15). במדריך ובטורי האיזור מובאים חלקי־פסוקים, בדרך־כלל כלשונם.

השיר בנוי על אנטיתיזה רחבה. בולטים בו דברי־השנאה העזים נגד הצורר הנוצרי, ׳אדום אשר יד ינופף׳ (שורה 11), שהפייטן מדמה אותו לחיות־טרף ולשרצים, ל׳לביא וליש... אפעה ושרף מעופף׳ (יש׳ ל:ו) ול׳עקרבים וסרבים וסלונים׳ (על־פי יח׳ ב:ו), אך בסיום הפיוט ניטלת אימתם, והם משתלבים בגאולת עולם (על־פי חזון הנביא): ׳ושעשע יונק על חר פתנים ועל מאורת צפעונים גמול ידו הדה׳.

המקורות: כ״י אוקספורד 1145, דף 257ב, מס׳ כב [=א]; כ״י ששון 902, עמ׳ 430, מס׳ פד [כמעט שווה לנוסח הקודם]; שפתי רננות, ויניציה 1711, דף 222ב [=ט]; ג׳רבה תש״ז, דף 245ב [הנוסח המובא כאן]. – פורסם: השירה העברית, א, עמ׳ 334, מס׳ 133. – נזכר: אוצר, אות ל, מס׳ 356; ידיעות, ד, עמ׳ רנו, מס׳ 20.

לִבִּי יָחִיל בְּקִרְבִּי ׀ מִיגוֹרֵי יוֹם קְפָדָה
וְאֵימוֹת נָפְלוּ עָלַי ׀ וְנַפְשִׁי מְאֹד חָרְדָה.
יָרֵאתִי פֶּן תִּהְיֶה ׀ רַגְלִי בְּחֶטְאִי לְכוּדָה –
צִירִים אֲחָזוּנִי ׀ כְּצִירֵי יוֹלֵדָה.

1 ט ׳יחל׳.

1 **לבי... בקרבי:** תה׳ נה:ה; המשך הכתוב משובץ בשורה הבאה. **מיגורי:** מן האימות. **יום קפדה:** יום הקץ והכליון (ראה יח׳ ז:כה). / 2 **ואימות... עלי:** תה׳ נה:ה. / 3 **בחטאי לכודה:** השווה קה׳ ז:כו; מש׳ ה:כב; איכה ד:כ; ועוד. / 4 **צירים...**

גלות וגאולה

חָשַׁךְ מְאוֹר עֵינֵינוּ | בְּאֶרֶץ צָרָה וְצוּקָה
וְאֵיכָה נָרִים מֵצַח | אִם לֹא לָנוּ צְדָקָה?
וְחַטֹּאתֵינוּ הָיוּ | לָנוּ לְמִכְשׁוֹל וּפוּקָה!
לָכֵן יִסַּרְתָּנוּ | וְשַׂמְתָּ בְּגָלוּת דְּחוּקָה
בְּמָתְנֵינוּ מוּעָקָה, | הֲבֵאתָנוּ בַמְּצוּדָה.

זְדוֹנֵנוּ אִם נִגְלָה, | שִׂימָה סִתְרְךָ מְחוֹפֵף
וּלְחַם מִלְחֲמוֹת תְּנוּפָה | בֶּאֱדוֹם אֲשֶׁר יָד יְנוֹפֵף:
לָבִיא וְלַיִשׁ מֵהֶם | אֶפְעֶה וְשָׂרָף מְעוֹפֵף,
כְּזֶרֶם מַיִם שׁוֹטֵף | עַד הַנֶּפֶשׁ אוֹפֵף,
וְנוֹגְשִׂים אָצִים וְלוֹחֲצִים, | וַתִּכְבַּד הָעֲבוֹדָה.

קָרוֹב לְכָל הַקּוֹרְאִים | וְשָׁבִים בַּצַּר אֵלָיו,
פְּדֵה עַמְּךָ אֲשֶׁר נִשְׁאַר | כְּאִילָן נֶחְמְסוּ עָלָיו,
וְקָמִים מִכָּל עֵבֶר | כְּאַרְבֶּה נִקְבְּצוּ עָלָיו.
כְּרַחֵם אָב עַל בָּנִים | רַחֵם עַל עוֹלָלָיו,
כְּנֶשֶׁר יָעִיר קִנּוֹ | יְרַחֵף עַל גּוֹזָלָיו,
וְהָשֵׁב שְׁבוּת אֳהָלָיו | וְחֹן שְׁכוּלָה וְגַלְמוּדָה.

וּרְאֵה כִּי בְעָלוּנוּ | זוּלָתְךָ אֲדוֹנִים
וְשָׁחֲרוּ עַד כִּי קִבְּצוּ | פָּארוּר כָּל הַפָּנִים.
נָא הַשְׁפֵּל עַקְרַבִּים | וְסָרָבִים וְסַלּוֹנִים

6 א ׳ומה יש לנו צדקה׳. / 7 א ׳ואשמותינו היו לנו׳. / 8 א ׳ולכן׳. / 9 א ׳במצוקה׳. / 11 ט ׳בארם אשר יד׳. א ׳מנופף׳. / 13 ט ׳בזרם׳. / 14 א ׳וצרים אצים ולוחצים׳; ט ׳ולוחשיט׳. / 16 א ׳ראה עמך׳. / 17 א ׳וצרים מכל עבר... כאריה׳. / 22 א ׳ושחנו עד כי׳.

יולדה: יש׳ כא:ג. / 5 **בארץ... וצוקה**: הגלות (יש׳ ל:ו); המשך הכתוב בא בשורה 12. / 6 **נרים מצח**: נעמוד לפניך. / 7 **למכשול ופוקה**: על־פי שמ״א כה:לא. / 8–9 **ושמת... במצודה**: תה׳ סו:יא, בהיפוך הסדר ובתוספת מלים. **במצודה**: ברשת. / 10 **מחופף**: מכסה ומגן (על־פי דב׳ לג:יב). / 11 **ולחם... תנופה**: על־פי יש׳ ל:לב. / 12 **לביא... מעופף**: כמסופר על בהמות נגב (יש׳ ל:ו). / 13 **כזרם מים וכו׳**: על־פי יש׳ כח:ב. **עד הנפש אופף**: על־פי יונה ב:ו. / 14 **ונוגשים אצים** (ואולי צריך להיות ׳והנוגשים׳) **...ותכבד העבודה**: שמ׳ ה:יג, ט. **ולוחצים**: שמ׳ ג:ט. בנוסח ט: ׳ולוחשים׳ (השווה תה׳ מא:ח); אבל נוסח זה כנראה טעות. / 15 **קרוב**: אתה, הקרוב לכל הקוראים אליך. / 16 **עליו**: העלים שלו; צימוד שלם עם החרוז הבא. / 17 **וקמים**: ואויבים. **כרחם וכו׳**: תה׳ קג:יג. / 19 **כנשר... גוזליו**: כדי להגן עליהם (על־פי דב׳ לב:יא). / 20 **אהליו**: של עמך. **שכולה וגלמודה**: יש׳ מט:כא. / 22 **קבצו פארור**: השחירו הפנים (ראה נח׳ ב:יא; יואל ב:ו). / 23 **עקרבים... וסלונים**: האויבים

שירי לוי אבן אלתבאן

וְקֶרֶב חָזוּת: ׳וְשִׁעֲשַׁע | יוֹנֵק עַל חֻר פְּתָנִים
וְעַל מְאוּרַת צִפְעוֹנִים | גָּמוּל יָדוֹ הָדָה.׳

24 א ׳וקרב חזיון׳.

24–25 וקרב חזות: את חזון הנביא הבא להלן: ׳ושעשע... הדה׳ – (על־פי יח׳ ב:ו). / מחזון אחרית־הימים (יש׳ יא:ח), בשינוי קל (׳פתנים׳), היוצר חרוז פנימי.

יח. ה׳ לָמָּה תִהְיֶה כְּאִישׁ נִדְהָם

תחינה לעשרת ימי התשובה. משולש, היינו, בכל שורה שני חרוזים פנימיים. כל הצלעיות האחרונות הן פסוקי מקרא המסתיימים במלה ׳הושיע׳, או במלה הנגזרת מפועל זה. המשקל חופשי. החתימה: ׳לוי בר יעקב׳.

המקורות: כ״י ליידן 94, דף 41א (תחינה ליום שני לפני עשרת ימי התשובה) [=ל]; כ״י אוכספורד 1138, דף 33א [=א]. – פורסם: ידיעות, ד, עמ׳ רעב, מס׳ יז (טכסט אקלקטי על־פי שני כתבי־היד הנ״ל) [הנוסח המובא כאן]; השירה העברית, א, עמ׳ 337. – ב־*LG*, עמ׳ 218, מייחס צונץ את הפיוט לאבן אלתבאן, ואילו בתוספת ל־*LG* (עמ׳ 708) הוא נוטה לייחסו לפייטן מראשית המאה הי״ג, בלי לנמק זאת. כן נזכר הפיוט באוצר, אות א, מס׳ 883, והמילואים לשם.

ה׳ לָמָּה תִהְיֶה | כְּאִישׁ נִדְהָם | כְּגִבּוֹר לֹא־יוּכַל לְהוֹשִׁיעַ
וְשִׁמְךָ עָלֵינוּ נִקְרָא | מִשְׂגָּב לְעִתּוֹת בַּצָּרָה | מְדַבֵּר בִּצְדָקָה רַב לְהוֹשִׁיעַ
יַחַד שָׁכַבְנוּ לְמַעֲצֵבָת | וְחָשַׁב אוֹיֵב מַחֲשֶׁבֶת | כִּי אֵינְךָ מוֹשִׁיעַ
בְּחוּנִים בְּגָלוּת פְּעָמַיִם | עַמְּךָ מֵאֵשׁ וּמִמַּיִם | יְשַׁוְּעוּ וְאֵין מוֹשִׁיעַ
רַבַּת צְרָרוּם מִמְּחִתָּה | הִנָּם חֲרֵדִים וְאַתָּה | אֵל מִסְתַּתֵּר אֱלֹהֵי יִשְׂרָאֵל מוֹשִׁיעַ
יְחָרְפוּם מְשַׂנְאִים בְּשִׁבְיָם | אַיֵּה הַמַּעֲלֵם מִיָּם | וַיְהִי לָהֶם לְמוֹשִׁיעַ
עוּרָה לִקְרָאתָם וּרְאֵה | וְהָשִׁיבָה לִמְחָרֵף וּמִתְגָּאֶה | הֵן לֹא קָצְרָה יַד ה׳ מֵהוֹשִׁיעַ
קֶשֶׁת גִּבּוֹרִים שַׁבֵּר | וְיֵדַע כָּל־צָר מִתְגַּבֵּר | כִּי אַתָּה עִם עָנִי תוֹשִׁיעַ
בְּזַעְפּוֹ עֵינוֹ תִדְמַע | עַד אָנָה ה׳ שִׁוַּעְתִּי וְלֹא תִשְׁמָע | אֶזְעַק אֵלֶיךָ חָמָס וְלֹא תוֹשִׁיעַ.

3 ל ׳במעצבת׳. / 4 א ׳באנו באש ובמים׳. / 5 ל שורה זו חסרה. / 7 א ׳ואשיבה׳.

1–2 ה׳... נקרא: יר׳ יד:ט. משגב: תה׳ ט:י. מדבר... להושיע: יש׳ סג:א. / 3 למעצבת: כמו ׳למעצבה׳, על־פי יש׳ נ:יא. וחשב: על־פי יח׳ לח:י. כי אינך מושיע: שופ׳ יב:ג. / 4 בחונים בגלות פעמים: ישראל נבחנו בגלות בבל ואדום. בחונים: כינוי לאבות שנתנסו וגם לישראל; השווה, למשל, פסחים פז, ע״ב: ׳ישראל שהן בני בני בחוני׳; וכן אליהו זוטא ח: ׳רשב״ע, בניך הם, בני בחוניך הם׳; וראה גם צונץ, *SP*, עמ׳ 479. ישועו ואין מושיע: תה׳ יח:מב. / 5 רבת צררום: על־פי תה׳ קכט:א. ממחתה: מן הכליון. אל מסתתר... מושיע: יש׳ מה:טו. / 6 יחרפום: ראה תה׳ מב:יא. איה המעלם מים: יש׳ סג:יא. ויהי... למושיע: יש׳ סג:ח. / 7 עורה: ראה תה׳ נט:ה. הן... מהושיע: יש׳ נט:א. / 8 קשת גבורים שבר: ראה שמ״א ב:ד; יר׳ מט:לה. כי... תושיע: תה׳ יח:כח. / 9 עד אנה... תושיע: חב׳ א:ב.

גלות וגאולה

יט. הֲמוֹן אַכַּד וְאֶרֶךְ

רשות לנשמת. שיר־איזור בעל מדריך וארבע סטרופות. בראשי הסטרופות חתום ׳לוי׳. יחד עם המלה הראשונה, הפותחת את המדריך, אמנם מתקבלת החתימה ׳הלוי׳, אבל על־פי־רוב לא נכלל המדריך בחתימה; וכך גם בשיר־איזור מס׳ מח (׳השכל והדת שני מאורות׳), שאף הוא פותח באות ה״א, ובכל־זאת לא יוחס ליהודה הלוי, אלא ל׳רבי לוי׳. המשקל: בצלעית הראשונה חמש תנועות, ואילו בשנייה – שש; השוואים הנעים והחטפים אינם במניין. החריזה מורכבת: הצלעיות הראשונות שבטורי הסטרופות חורזות זו עם זו, כמוהן כצלעיות האחרונות. במדריך ובטורי האיזור חורזת הצלעית הראשונה עם השנייה והרביעית; השלישית יוצאת דופן והיא חורזת רק עם חברותיה, כלומר, עם כל צלעית שלישית שבטורי האיזור האחרים: א–א ב–א / ג–ד ג–ד ג–ד / א–א ב–א // ה–ו ה–ו ה–ו / א–א ב–א // וכו׳.

דו־שיח בין כנסת־ישראל (שורות 1–12) והפייטן (שורות 13–22). כנסת־ישראל מקוננת על גורלה: היא סובלת תחת עול הנוצרי (׳זה יכרע לצלמו׳) והמוסלמי (׳וזה נביא שוא יברך׳) ואין מציל (שורות 1–7). הפייטן פונה אל ה׳יונה׳, שהאל השקה אותה כוס־רעל ואת אויביה רומם, ומזרזה לקרוע את בגדי־האבל, להתנחם בדברי האל ולספר תהילתו. הסיום רומז לייעודו של הפיוט (נשמת). שורות 6–9 מזכירות את פיוטו של יהודה הלוי ׳יודעי הפיצוני ימי עני׳: ׳היה אדום אורח בארמוני / וידי ערב שלטו ואדמוני // ...ושמי אשר היה להגיון // נהפך בפי זרים לבזיון // מתפארים עלי בחזיון // הגרי ומואבי ועמוני...׳ (בראדי־רי״ה, ג, סי׳ יג, עמ׳ 20, שורות 6, 8–10).

המקורות: כ״י אוכספורד 1971, חלק ב, מחלקה ב, מס׳ ה, דף 104ב–105א (׳וקאל לחן אני גולה וסורה׳).– פורסם: בראדי־רי״ה, ד, עמ׳ 181.– נזכר: לוח דיואן, חלק ב, מחלקה ב, מס׳ 5; אוצר, אות ה, מס׳ 749; שם, כרך ד (תיקונים), מס׳ 479; ידיעות, ד, עמ׳ רנה, מס׳ 7; השירה העברית, א, עמ׳ 330.

הֲמוֹן אַכַּד וְאֶרֶךְ ׀ הֵבִיא בְלִבִּי מֹרֶךְ
הִגְדִּיל אֶת זַעְמוֹ ׀ וַיַּעֲבֵד בְּנִי בְּפָרֶךְ.

לִפְנֵי־מִי אַגִּיד ׀ נֶגַע לְבָבִי וְיָחֹן
וּבְשִׂיחִי אָרִיד ׀ וְאֵין לְפִי עוֹד פִּתְחוֹן
כִּי רֹאשִׁי אוֹרִיד ׀ וָאֵלְכָה עַל גָּחוֹן
וְהֵם הוֹלְכִים בְּאֹרֶךְ ׀ קוֹמָה וְעוֹרְכִים עֶרֶךְ.
זֶה יִכְרַע לְצַלְמוֹ ׀ וְזֶה נָבִיא שָׁוְא יְבָרֵךְ.

1–2 דברי כנסת־ישראל. **המון אכד וארך**: האויבים, ובמיוחד המוסלמים (על־פי בר׳ י:י, שם מוסבים הדברים על בבל); השווה השיר ׳לבש הוד ועז התאזר׳, מס׳ לג, שורה 10. **ויעבד בפרך**: על־פי שמ׳ א:יג. **הביא... מרך**: על־פי וי׳ כו:לו; נרמז להמשך הכתוב (׳בארצת איביהם׳). / 4 **ובשיחי אריד** (על־פי תה׳ נה:ג): בכייה; ראב״ע מפרש ׳צעקה׳. **ואין... פתחון**: כהתגשמות נבואתו של יחזקאל: ׳ולא יהיה לך עוד פתחון פה מפני כלמתך׳ (טז:סג). / 6 **והם**: האויבים. **בארך קומה**: זקופים וגאים; השווה משנה, נדרים ט:י: ׳פלונית... קצרה והרי היא ארוכה׳; ואולי יש כאן גם השפעה ערבית (וכגון זה: ׳וגבה

וּשְׁמִי הַנִּכְבָּד | לַעַג בְּפִי כָּל שׂוֹנֵא
כִּי אָמְרוּ אָבַד | שִׁבְרֵךְ וְאֵין לָךְ קוֹנֶה
גַּם בֶּן הַנֶּעְבָּד | מִתּוֹךְ חֲצֵרוֹ עוֹנֶה,
מֵצִיץ מֵחֶרֶךְ | וַאֲנִי עַל אֵם דֶּרֶךְ
עֵת יִרְכַּב בְּעַצְמוֹ | אֶקְרָא לְפָנָיו אַבְרֵךְ.

יוֹנָה צַר־לִי עַל | [תחת?] כֶּתֶר מְלוּכָה
יִדְרֹךְ כָּל־נַעַל | וְאַתְּ עִמּוֹ מְשׁוּכָה
מַלְכֵּךְ כּוֹס־רַעַל | הִשְׁקֵךְ בְּחֵמָה שְׁפוּכָה
הֵרִים יַד צָרֵךְ | צוֹרֵךְ אֲשֶׁר בּוֹ הֶצִירֵךְ
כִּי הָיָה עִמּוֹ | וּמִלְּפָנָיו הֱסִירֵךְ.

כַּמֶּה עוֹד בְּגָלוּת | תֵּשְׁבִי עֲנִיָּה בְּאֵין־פֶּה.
רַק שִׁבְתֵּךְ בְּדַלּוּת | יִתֵּן וְרַפֹּא יְרַפֵּא
קִרְעִי סוּת אֲבֵלוּת | וּתְנִי דְבָרוֹ לְמַרְפֵּא
וְהֵיטִיבִי זְמִירֵךְ | לָאֵל אֲשֶׁר כָּל בֶּרֶךְ
לוֹ תִכְרַע וְלִשְׁמוֹ | נִשְׁמַת כָּל חַי תְּבָרֵךְ.

קומתו איש ארוך׳, זבארה, ׳ספר השעשועים׳, יב). ועורכים ערך: עובדים את אלוהיהם (על־פי שמ׳ מ:כג). / 7 זה יכרע לצלמו: הנוצרי. וזה נביא שוא יברך: המוסלמי המברך שווא את נביאו; נוסח אחר (בסמיכות): ׳נְביא־שקר׳ (השירה העברית, א, עמ׳ 330). / 9 שברך: תקוותך. קונה: פודה. / 10–12 בן הנעבד: כנראה בנו של העבד, של עשו (ראה בר׳ כז:לז), כלומר הנוצרים (השווה גם בר׳ לו:ט: ׳עשו אבי אדום׳). ייתכן שהכוונה לעמלק, בן בנו של עשו (בר׳ לו:יב, טז), כלומר לסלאווים שבספרד, שהיו מכנים אותם ׳עמלק׳ (למשל, שמואל הנגיד בשירו ׳אלוה עֹז׳, שורה 41: ׳עמלק ואדום ובני קטורה׳); ואם כן הוא, מוסיף הפייטן את הסלאווים על הספרדים והנוצרים, שהזכירם לפני זה; כמותם – ׳גם בן הנעבד... עונה׳. ואולי זהו כינוי לכל האויבים, תמורה ל׳כל שונא׳ (שורה 8). מתוך חצרו... אברך: אני תועה בגלות, ׳על אם דרך׳, ואילו הצורר יושב בחצרו ומגדפני, ׳מציץ מחרך׳ (על פי שה״ש ב:ט, אך שם – על ׳דודי׳), כלומר אורב לי מטירתו ומחצרו (השווה תה׳ י:ז–ח: ׳אלה פיהו מלא... ישב במארב חצרים׳ וגו׳), וכאשר יצא וירכב ׳בעצמו׳, במלוא עוצמתו, נאלצת אני לתת לו כבוד ולקרוא לפניו ׳אברך׳ (על־פי בר׳ מא:מג, ושם – על יוסף). / 13 דברי הפייטן. יונה: ישראל. תחת (?): המלה ברורה בכתב־היד, אך אינה מובנת; בראדי אינו מנקד אותה. 14 ואת עמו משוכה: עם הכתר, שאת מתחללת כמוהו. / 15 כוס רעל... בחמה: הכניעך ופגע בך; מדברי הפייטן משתמעת גם נחמה, על־פי דברי ישעיה לירושלים: ׳אשר שתית מיד ה׳ את כוס חמתו, את קֻבעת כוס התרעלה׳ וכו׳ (נא:יז). / 16 צרך צורך... הצירך: האל רומם את אויבך, ואילו אותך השפיל; צימוד שונה־תנועה וצימוד גזרי. / 17 עמו: עם צרך. ומלפניו הסירך: על־פי מל״ב יז:יח, שגם שם מוסבים הדברים על הקב״ה וישראל (וראה גם מל״ב יז:כג; כג:כז; כד:ג). / 19 רק שבתך בדלות יתן ורפא ירפא: שמ׳ כא:יט בשינויים קלים; הכתוב מדבר בקנס המוטל על מי שמכה את רעהו; אם חי המוכה, חייב המכה אותו רק בתשלום שבתו (שביתתו ממלאכה וישיבתו

בטל). בפיוט מוסב הביטוי על הקב״ה, שיגמול לכנסת־ישראל על סבלותיה ויצילנה וירפאנה. **רק שבתך**: המלה ׳רק׳ באה מן הכתוב הנרמז כאן, ובשיר כוונתה ׳אלא׳, ׳שהרי׳. / 20 **קרעי... אבלות**: והינחמי. / 21–22 **זמירך**: שירתך, שירת תהילה ותודה (ראה יש׳ כה:ה). **ברך... תכרע**: על־פי יש׳ מה:כג. **נשמת כל חי** (איוב יב:י): פתיחת התפילה שלה נועד הפיוט.

כ. לְשׁוֹבֵב נְוַת בַּיִת

רשות לסוכות. ארבעה טורים בחרוז מבריח, המופיע גם בדלת הראשונה, לתפארת הפתיחה. בטור א׳ בא חרוז פנימי לתפארת הפתיחה. החתימה: ׳ללוי׳; בטור 4 גם אפשר לצרף ׳בר יעקב׳ (ברית יעקב). המשקל: הארוך. מבחינת המשקל, החרוז והמבנה השווה את פיוטנו לשיר ׳למתי זרוע אל׳ (מס׳ יב).

שיר־אהבה אליגורי; דו־שיח בין הקב״ה לכנסת־ישראל (ראה מבוא, פרק שלישי, סוף סעיף א׳; וכן: *L'Amour de Dieu*, p. 99).

המקורות: כ״י אוכספורד 1970, חלק א, מס׳ רצא, דף 98ב [הנוסח המובא כאן]; כ״י אוכספורד 1971, חלק א, מס׳ לח (רק ברשימת התוכן; הטכסט חסר); כ״י שוקן 37, דף 185ב, מס׳ קנז [=ש]; חכמת המסכן, קרובץ ארגיל, ליוורנו 1772 (1792?), דף צה, ע״ב; קרובץ ארגיל, ליוורנו 1803 (במדור לסוכות: ׳רשות ליום שני׳); קרובץ ארגיל, ג׳רבה תרצ״ח, עמ׳ כה [=א]; סדר לשלש רגלים, אמשטרדאם 1759, דף קכח [=ק]; נוסח מקוצר. – פורסם: L. Dukes, *Literaturblatt des Orients*, IX (1848), p. 422 (מתוך קרובץ ארגיל, 1803) [=ל]; בראדי־רי״ה, ג, עמ׳ 117 [=ב]. – נזכר: עמודי העבודה, עמ׳ 156; לוח הפייטנים, עמ׳ 47; *LG*, עמ׳ 676 (מזכיר מנהג ארגיל, דפוס 1545); ידיעות, ד, עמ׳ רנו, מס׳ 34; אוצר, אות ל, מס׳ 1408.

לְשׁוֹבֵב נְוַת בַּיִת ׀ אֲשׁוֹבֵב פְּנֵי חֲסְדִי ׀ וְתָשׁוּב צְבִיַּת חֵן ׀ לְעַרְשִׂי וּמַרְבַדִּי.
לְמָתַי אֲדוֹן נַפְשִׁי ׀ וְכַמָּה אֲקַוֶּה לָךְ ׀ וְהִנֵּה בְּלֹא חֶמְדָּה ׀ יְסוּפוּן יְמֵי חֶלְדִּי.
וְשֻׁלְחָן הֲכִינוֹתִי ׀ וּמִנְחָה הֲשִׁיבוֹתִי ׀ הֲדַסִּי וְשׁוֹשַׁנִּי ׀ וּבְשָׂמַי עֲלֵי נִרְדִּי.
אֲהוּבָה כְּבָר נִרְצֵית ׀ וְאַהֲבַת נְעוּרַיִךְ ׀ אֲעוֹרֵר וְאֶזְכָּר־לָךְ ׀ בְּרִית יַעֲקֹב עַבְדִּי.

1 ק ׳אסובב פני חסדי׳; ש ׳נסובב פני הסדך׳. ק ׳ותשיב׳. ל ׳בערשי׳. / 2 ש ׳בלי חמדה׳. / 2–3 ק שתי השורות חסרות. / 4 אב ׳יחידה כבר נרצית׳. אב ׳ואהבת ישניך׳; ש ׳באהבת נעוריך׳.

1 **לשובב**: להשיב. **נות בית**: תה׳ סח:יג; פירוש ראב״ע לשם: ׳הקהלה שנשארת בירושלם׳ וכו׳; והשווה יר׳ ו:ב: ׳הנוה והמענגה דמיתי בת ציון׳. אולי רומז ׳נות בית׳ לארץ ולבית־המקדש (על־פי יר׳ נ:יט), והכוונה: כדי להשיב את המקדש אשוב ואראה לעמי פני חסד. **צבית חן**: ישראל. **לערשי ומרבדי**: לערש דודים (והשווה מש׳ ז:טז; שה״ש א:טז). / 2 דברי כנסת־ישראל. **למתי**: עד מתי. / 3 **ושלחן הכינותי ומנחה השיבותי**: מוכנה אני לשחר פניך. **הדסי... נרדי**: מקושטת ובשומה אני מחכה לך (השווה שה״ש ה:א; א:יב; ועוד). השווה: ׳לך אפרשה מטות זהב באולמי / אערך לך שלחן,

אערך לך לחמי / מזרק אמלא לך מאשכולות כרמי...׳ (אבן גבירול, ׳שחר עלה אלי׳, שורות 3–5, השירה העברית, א, עמ׳ 241). טורים 2 ו־3 חסרים בנוסח ק. / 4 תשובת הקב״ה. **ואהבת נעוריך**: ראה יר׳ ב:ב; נוסח אחר: ׳ואהבת ישניך אעורר׳ – אחדש בריתי עם מתיך, האבות. **ואזכר לך**: על־פי וי׳ כו:מב: ׳וזכרתי את בריתי יעקב... אזכר׳.

כא. יַשְּׁרָה מַעְגָּלַי

אהבה לפורים, בצורת שיר־איזור בעל מדריך. במדריך ובטורי האיזור שלוש צלעיות עם חרוזים פנימיים: א–א–ב // גגג / א–א–ב // דדד / –א–א–ב. טורי הסטרופות קצרים; משקלם כמשקל הצלעית הראשונה של טורי האיזור: –⏑–/– – – (בסטרופה); –⏑–/– – – –// –⏑–/– – – –//–⏑ – (באיזור). החתימה: ׳לוי חזק אמץ׳ (בראשי הסטרופות ובשורות 14 ו־18). בעקבות צונץ (*LG*, p. 217) מייחס דודזון את הפיוט לאבן אלתבאן, שלא כדרכו ביחס לשירים אחרים שבבראדי־רי״ה שחתימתם ׳לוי׳. הטכסט בכ״י אוכספורד (הוצאת בראדי) הוא פגום (שורה 9); כאן מובא נוסח תקין מכ״י מונטפיורי 203.

המקורות: כ״י מונטפיורי 203, חלק ג, מס׳ ח (אהבה לפרשת זכור) [=מ] [הנוסח המובא כאן]; כ״י אוכספורד 1971, חלק ב, מחלקה ב, מס׳ טז, דף 108ב–109א (׳ולה פי פורים׳) [=א]; כ״י ששון 590, עמ׳ 140; כ״י קופנהאגן 30, דף 26 [=ק]. – פורסם: בראדי־רי״ה, ד, עמ׳ 163 (מכ״י אוכספורד). – נזכר: אוצר, אות י, מס׳ 4251 והמילואים לשם; ידיעות, ד, עמ׳ רנו, מס׳ 12.

יַשְּׁרָה מַעְגָּלַי, ׀ צוּר, וְיִשְׁעֲךָ אֵלַי ׀ קָרְבָה.

לִי חֲסָדֶיךָ מַן,
אֵל, כְּיוֹם בּוֹ הָמָן
שָׁח בְּרֶשֶׁת טָמַן
לִי, וְעֵת מוֹט רַגְלַי ׀ אַהֲבָתְךָ עָלַי ׀ סוֹבְבָה.

וַעֲדֵה נָא גָאוֹן
יָהּ, רְאֵה כִּי אֵין אוֹן
לִי, וְאֶצְעַק מֵאוֹן
עוֹשְׁקַי גַּם גּוֹזְלַי ׀ עַד בְּלִי גוֹזָלַי ׀ אֵשְׁבָה.

3 א ׳שור ביום בא המן׳. / 4 א ׳אל, ברשת טמן׳. / 7 א ׳וחזה כי אין און׳. / 8 א ׳ואצעקה מאון׳. / 9 א ׳בוזזי גם שוללי... מנעלי...?׳

1 **ישרה מעגלי**: על־פי יש׳ כו:ז. / 2 **חסדיך מן**: הֵבֵא (על־פי תה׳ סא:ח). / 3–5 **אל... סובבה**: זכני בחסדיך כביום בו שח (נלכד) המן ברשת שטמן לי (על־פי תה׳ לה:ח: ׳ורשתו אשר טמן תלכדו׳), וסובבני באהבתך עת מוט רגלי. **אל**: פנייה. / 6 **ועדה וכו׳**: איוב מ:י. / 7 **אין און**: אין כוח. / 8 **ואצעק מאון**: מחמס שחומסים בי אויבי. / 9 **גוזלי**: מלשון גזל ועושק. **עד בלי גוזלי**: מלשון גוזל ואפרוח – בלי בני. שורה זו פגומה בכ״י אוכספורד, ובעקבותיו בבראדי־רי״ה; יש שם שריד מנוסח שונה. /

יָהּ רְאֵה כִּי נַעְתִּי
מִמְּרוֹר שָׂבַעְתִּי
כִּי מְאֹד הֵרַעְתִּי
אוֹמְרָה יָהּ אַחְלַי | מִי יְשׁוּעוֹת אֵלַי | אֶשְׁאֲבָה.

חַזְּקָה רוֹב בִּדְקִי
אֵל אֱלֹהִים חִזְקִי
חִישׁ לְהַשְׁלִים חָקִי
חוּס עֲלֵי עוֹלָלַי | שׁוּב, וְאֵלַי גּוֹלַי | שׁוֹבְבָה.

אַמְּצָה, צוּר, בִּרְכִּי
נָא וְהָאֵר חָשְׁכִּי
אֶעֱנֶה חוֹרְפִי, כִּי
שָׁב שְׁבוּת אָהֳלַי, | אֵל, וְדִגְלוֹ עָלַי | אַהֲבָה.

13 א ׳אומרה צור אחלי׳; ק ׳כה אחלי׳. א ׳מי ישועה׳. / 14 ק ׳את בדקי׳. / 16 ק ׳חיש להקים סוכי׳. / 17 א ׳... צור וישעך אלי שובבה׳. / 18 א ׳את ברכי׳.

10 **נעתי**: נדדתי בגלות. / 11 **ממרור שבעתי**: על־פי איוב ט:יח. / 12 **הרעתי**: סבלי בא כעונש על חטאי. / 13 **אחלי**: מי יתן; מלת ייחול ובקשה (מל״ב ה:ג; תה׳ קיט:ה). / 14 **חזקה רוב בדקי**: את בדק הבית (בית־המקדש). / 15 **אל אלהים חזקי**: פנייה (על־פי תה׳ יח:ב). / 16 **חיש להשלים חקי**: לשים קץ לימי הסבל (על־פי איוב כג:יד); בנוסח ק: ׳חיש להקים סוכי׳ (=ביתי; על־פי עמ׳ ט:יא; תה׳ עו:ג); אך כפי שמראה החרוז ׳קי־כי׳ אין נוסח זה נכון, והשפיע עליו חרוז הסטרופה הבאה. **חיש**: להשלים חוקי במהרה; ואולי צריך להיות ׳חוש׳ (חושה־נא להשלים). / 17 **שוב וכו׳**: שוב אלי והשב את גולי; בנוסח א חוזרות כאן המלים האחרונות שבשורת הפתיחה. / 20 **חורפי**: מחרפי (תה׳ קיט:מב). / 21 **ודגלו עלי אהבה**: שה״ש ב:ד; רמז לייעוד הפיוט.

כב. לִבְשִׁי בַּת נְדִיבִים

אהבה בצורת שיר־איזור בעל ארבע מחרוזות. בכל מחרוזת שלושה טורי סטרופה ושני טורי איזור. גם הצלעיות הראשונות שבטורי הסטרופות והאיזור חורזות זו עם זו: א–ב א–ב א–ב/ג–ד ג–ד//ה–ו ה–ו ה–ו/ג–ד ג–ד//וכו׳. המשקל: ———◡————/———◡——. החתימה: ׳לוי׳ (בראשי המחרוזות).

המקורות: כ״י אוכספורד 1971, חלק ב, מחלקה ב, מס׳ מג, דף 122ב (׳וממא ינסב אליה לחן גזרי הלבבות׳). — פורסם: בראדי־רי״ה, ד, עמ׳ 227; ילקוט הפיוטים, עמ׳ קצא. — נזכר: לוח דיואן, חלק ב, מחלקה ב, מס׳ 43; אוצר, אות ל, מס׳ 457; ידיעות, ד, עמ׳ רנו, מס׳ 23.

לִבְשִׁי בַּת נְדִיבִים בִּגְדֵי | תִּפְאַרְתֵּךְ וְעֶדְיֵךְ
וּצְאִי מֵאֲזִיקֵי מַכְבִּיד | מַאֲסָרֵךְ בְּשִׁבְיֵךְ
הוֹחִילִי וְחִישׁ אֶמְחֶה דֶּמַע מֵעַל לְחָיֵךְ
בְּרְבוֹת צַר וְצִיר וּתְלָאָה | בִּימִינִי תְּמַכְתִּיךְ
וּבְאַהֲבָה מְאֹד נִפְלָאָה | עַל לִבִּי חֲקַקְתִּיךְ.

וּמְקוֹם אָהֳלֵךְ הַרְחִיבִי | נִמְשָׁלָה כְּכַלָּה
וּבְכָבוֹד וְהָדָר שׁוּבִי | אֶל בֵּית הַתְּפִלָּה
שָׁם אֶשְׁכָּר וָשַׁי תַּקְרִיבִי | לָאֵל כַּתְּחִלָּה
אַל תִּירְאִי קְצוּצַת פֵּאָה | אִם חִנָּם מְכַרְתִּיךְ
כִּי קָרְבָה יְשׁוּעָה בָּאָה | וּבְלֹא הוֹן גְּאַלְתִּיךְ.

יוֹשֶׁבֶת בְּלֶב־יָם דּוּמָה | בַּת צִיּוֹן שְׁבוּיָה
עוֹד רַבּוּ בְּנֵי שׁוֹמֵמָה | שִׁמְעִי זֹאת, עֲנִיָּה,
אִם שָׁכַרְתְּ מִיֵּין חֵמָה | הֵן כּוֹסֵךְ רְוָיָה
וּפַלְגּוֹת דְּבַשׁ עִם חֶמְאָה | וּלְטוֹבָה זְכַרְתִּיךְ
אִם תִּשְׁכַּח יְמִינֵךְ אָנֹכִי לֹא שְׁכַחְתִּיךְ.

חָפְשִׁי תֵלְכִי־נָא וּדְרוֹר | לָךְ אֶקְרָא וְאֶקְנֵךְ
תָּשׁוּבִי כְּצִפּוֹר וּדְרוֹר | אֶל קִנֵּךְ מְעוֹנֵךְ

1 **לבשי... תפארתך**: על־פי יש׳ נב:א; מט:יח; סא:י; ועוד. **בת נדיבים**: ישראל; השווה תה׳ קיג:ח. / 2 **מאזיקי**: ראה יר׳ מ:ד. / 3 **אמחה דמע**: על־פי יש׳ כה:ח; איכה א:ב. **לחיך**: ניקוד זה בא למען החרוז והמשקל. / 4 **צר**: אויב. **וציר**: כאב ופורענות. **בימיני תמכתיך**: על־פי יש׳ מא:י. / 5 **ובאהבה... על לבי**: ראה שה״ש ח:ו. **חקקתיך**: השווה יש׳ מט:טז וכאן בהמשך; ועל־פי הכתוב: ׳חקתיך׳. / 6 **ומקום אהלך**: ירושלים. **נמשלה ככלה**: במקרא ובמדרש; השווה לכאן במיוחד יש׳ מט:יח, הנרמז גם בפתיחה, ופסוק סמוך לו – בשורה הקודמת. על הקשר בין ציור הכלה לבית־המקדש (כאן שורות 6–7) ראה, למשל, גם שמ״ר נ״ב, א. / 8 **כתחילה**: כבתחילה. / 9 **קצוצת פאה**: כנסת־ישראל, הדחויה לקצה הארץ (ראה יר׳ ט:כה; ועוד). **אם חנם מכרתיך**: על־פי יש׳ נב:ג; כאן משפט־ויתור (אל תיראי אף אם מכרתיך). / 10 **ובלא הון גאלתיך**: על־פי יש׳ נב:ג, הנרמז לעיל; ראה גם תה׳ מד:יג. / 11 **דומה**: דוממה ונדכאת; על־פי הקינה על צור: ׳מי כצור כדמה בתוך הים׳ (יח׳ כז:לב). **בת ציון שבויה**: על־פי יש׳ נב:ב. / 12 **רבו... שוממה**: בניך (על־פי יש׳ נד:א). **עניה**: על־פי יש׳ נד:יא. / 13 **מיין חמה**: אשר השקיתיך (יר׳ כה:טו). **כוסך רויה**: בטובות הצפויות לך (ראה תה׳ כג:ה). / 14 **ופלגות... חמאה**: על־פי איוב כ:יז. / 15 **אם... שכחתיך**: על־פי תה׳ קלז:ה; וכאן דברי האל. / 16 **ודרור**: חופש. / 17 **ודרור**: ציפור (תה׳

תָּפִיחִי כְּבֹשֶׂם וּדְרוֹר ׀ יוֹם אָקִים חֲזוֹנֵךְ
מֵרָחוֹק אֲדֹנָי נִרְאָה ׀ כִּי חֶסֶד מְשַׁכְתִּיךְ
וְאֵרַשְׂתִּיךְ בְּצֶדֶק כִּי אַהֲבַת עוֹלָם אֲהַבְתִּיךְ.

פד: ד). / 18 ודרור: בושם (שמ׳ ל: כג); צימודים שלמים (השווה יהודה הלוי, ׳זה רוחך צד מערב רקוח׳, שורה 3). תפיחי: תהיי בשומה. / 19 כי... משכתיך: יר׳ לא: ב. / 20 וארשתיך בצדק: על־פי הו׳ ב: כא. כי... אהבתיך: יר׳ לא: ב; רמז לייעוד הפיוט.

כג. לְחוּצָה בְּאֶרֶץ גָּלוּת

אהבה בצורת שיר־איזור בעל חמש מחרוזות. בכל אחת מהן שלושה טורי סטרופה ושני טורי־איזור. בכל טור שתי צלעיות. החריזה מורכבת: בסטרופה יש חרוז משותף לצלעיות הפנימיות וחרוז אחר לצלעיות האחרונות. באיזור יש חרוז משותף לשתי הצלעיות שבטור א׳ ולצלעית הראשונה שבטור ב׳. כל החרוזים הללו מתחלפים בכל מחרוזת. רק החרוז האחרון שבאיזור הוא קבוע: א–ב א–ב א–ב / ג–ג ג–ד / ה–ו ה–ו ה–ו / ז–ז ז–ד // וכו׳. החרוז הקבוע הוא ׳–בה׳; קובעת אותו המלה האחרונה, הרומזת גם לייעודו של הפיוט: ׳אהבה׳. המשקל בטורי הסטרופות: ארבע תנועות בצלעית הפנימית, וחמש – בצלעית האחרונה; באיזור: ארבע תנועות בכל צלעית (וכן בסטרופה ב׳). השוואים אינם במניין (אך לכאורה שכיחים העמודים ◡——— וכן ◡———). החתימה: ׳לוי חזק׳ (בראשי המחרוזות; האות זי״ן – במלה ׳זמני׳, שורה 16).

דו־שיח בין הקב״ה וכנסת־ישראל. בכל סטרופה מתחלפים המדברים: מחרוזות א׳, ג׳ וה׳ הן פנייה לכנסת־ישראל, ואילו מחרוזות ב׳ וד׳ הן תשובתה. דברי־הנחמה מיוסדים על לשונות מישעיה. כנסת־ישראל רומזת, כביכול על דרך הניגוד, שדברי הנחמה של האל עדיין אין עמם מעשה. למשל: ׳להיכל דבירך אשיבך לממשלת...׳ (שורה 3); ׳ועד אן ישועה אהיה מחכה, ואני פרועה מצל וסכה׳ (שורות 6–7); ׳יחידה, לבשי בגדי תפארת׳ (שורה 11); ׳...ומכל בני נותרתי ערמה...׳ (שורה 18). הפיוט מסתיים בהבטחה לגאולה: ׳ואשמיד רשעים... ועל כל פשעים תכסה אהבה׳.

ג׳ וידה (ראה להלן) מזכיר את פיוטנו ומביא מקבילות למוטיב האהבה בין האל (׳החושק׳) ובין עמו (׳החשוקה׳). השווה גם שירו של אבן גבירול ׳שזופה נזופה׳ (ביאליק־רבניצקי, ג, סי׳ י).

פורסם: טל אורות, עמ׳ 59 (ממחזור והראן) [=ט]; בראדי, קונטרס הפיוטים, עמ׳ 58, מס׳ 100 (מכ״י מחזור ויטרי, המוזיאון הבריטי) [=ו]; ביאור, שם, עמ׳ 84; שער השיר, עמ׳ 121, מס׳ 109; השירה העברית, עמ׳ 335. – נזכר: *LG*, עמ׳ 217; איגרות שד״ל, עמ׳ 978; לוח הפייטנים, עמ׳ 47; ידיעות, ד, עמ׳ רנו, מס׳ 25; אוצר, אות ל, מס׳ 626; *L'Amour de Dieu*, p. 99. – תרגומים: S. Heller, *Die echten hebräischen Melodieen*, p. 112; Millás Vallicrosa, p. 286

לְחוּצָה בְּאַרְצָךְ | גָּלוּת, מְשֻׁכֶּלֶת,
מְעֻנָּה בְּפֶרֶךְ | מֹרְאָה וְנִגְאֶלֶת,
לְהֵיכַל דְּבִירֵךְ | אֲשִׁיבֵךְ לְמֶמְשֶׁלֶת
וְאֶגְדֹּר פִּרְצֵךְ | וְאָשִׂים לְמַחֲצֵךְ
אֲרוּכָה, וְאֶרְצֵךְ | וְאֹהֲבֵךְ נְדָבָה.

וְעַד אָן יְשׁוּעָה | אֶהְיֶה מְחַכָּה –
וַאֲנִי פְרוּעָה | מִצֵּל וְסֻכָּה?
כַּשֶּׂה תוֹעָה, | כְּרָחֵל מְבַכָּה,
עָבַר קְצִירִי | וְכָלָה בְּצִירִי
וְנוֹסַף צִירִי – | וְצִירִי לֹא בָא!

יְחִידָה, לִבְשִׁי | בִּגְדֵי תִפְאֶרֶת
וְנֵזֶר חִבְשִׁי | לְכָבוֹד וַעֲטֶרֶת
כִּי עוֹד תִּנְשִׁי | בֹּשֶׁת, וּמַשְׂכֹּרֶת
תִּקְחִי, וְיֵחַת | זֶרַח וָנַחַת,
תִּשְׂמְחִי תַּחַת | הֱיוֹתֵךְ עֲזוּבָה.

חָלְפוּ זְמַנַּי | בְּיָגוֹן וּמְהוּמָה
וּפָנַי – עֲוֹנַי | כִּסּוּ בִכְלִמָּה,
וּמִכָּל בָּנַי | נוֹתַרְתִּי עֲרֻמָּה.
לָרִיק אֶעֱמֹל | אִם לֹא תִגְמֹל
בְּחַסְדְּךָ, וְתַחְמֹל | וְאָנָה אֲנִי בָא?

1 ו המלה ׳לחוצה׳ חסרה. / 4 ט ׳ואשלוו למחצך׳. / 8 ט ׳כשה גועה׳. / 17 ט ׳כסו כלימה׳.

1 דברי הקב״ה. **משכלת**: מבניה. / 2 **מראה ונגאלת**: מטונפת ומגואלת (צפ׳ ג:א). / 4 **ואגדר פרצך**: ׳אקים את סכת דויד הנופלת וגדרתי את פרציהן׳ (עמ׳ ט:יא) (הפסוק נרמז גם בשורה 7). **למחצך**: למכתך. / 5 **ואהבך נדבה**: ואוהבך בנדבת רוחי (הו׳ יד:ה). / 6 דברי כנסת־ישראל. / 7 **פרועה**: מחוסרת. **וסכה**: ראה ביאור לשורה 4. / 8 **כשה תועה**: על־פי תה׳ קיט:קעו. **כרחל מבכה**: על־פי יר׳ לא:יד–טו. / 9 **עבר קצירי**: על־פי יר׳ ח:כ (נרמז המשך הפסוק ׳ואנחנו לוא נושענו׳). **כלה בצירי**: על־פי יש׳ כד:יג; לב:י. / 10 **צירי**: כאבי. **וצירי**: שליחי (המשיח). / 11 דברי הקב״ה. **לבשי... תפארת**: על־פי יש׳ נב:א. / 13 **כי... בשת**: על־פי יש׳ נד:ד. / 14 **זרח ונחת**: ראשי שבטים של אדום (בר׳ לו:יג); רמז לנוצרים. / 15 **תחת היותך** וכו׳: יש׳ ס:טו. / 16 דברי כנסת־ישראל. / 17 **כסו בכלמה**: על־פי יר׳ נא:נא; תה׳ סט:ח. / 18 **בני... ערמה**: בני אבדו לי. / 20 **ואנה אני בא**: בר׳ לז:ל; לשון

קוֹמֵם אֲקוֹמֵם | דְּבִירֵךְ הַנֶּחֱרָב
וְקַרְנֵךְ אֲרוֹמֵם | בְּקִרְיַת מֶלֶךְ רָב
וּלְדַל מְשׁוֹמֵם | יְשׁוּעָתִי תִּקְרַב
וְאַשְׁמִיד רְשָׁעִים | זֶרַע מְרֵעִים –
וְעַל כָּל פְּשָׁעִים | תְּכַסֶּה אַהֲבָה.

ט שורות 22—23 באות בשינוי הסדר.

זכר בגלל הפסוק. / 22 ב׳טל אורות׳ באה שורה זו אחרי שורה 23; בראדי מעיר על כך (קונטרס הפיוטים, עמ׳ 84), ואף מצוי תיקון בכתב־ידו בטופס של ׳טל אורות׳ שבספרייה הלאומית. / 23 **משומם**: נדהם (עז׳ ט:ג). / 24 **זרע מרעים**: יש׳ א:ד. / 25 **ועל... אהבה**: מש׳ י:יב; רמז לייעוד הפיוט.

כד. לְחָיַיִךְ בַּתּוֹרִים

אופן לשבת הגדול. שיר־איזור שקול בעל מדריך. בראשו פסוק א:י משיר־השירים, המוסב כאן על כנסת־ישראל וקובע את חרוז האיזור ואת הנושא. בפיוט שלוש סטרופות בנות ארבע שורות. בסטרופה השנייה (שורות 10—12) רק שלוש שורות, אבל דומה, שעניינה אינו לוקה בחסר. החריזה מורכבת מאוד: **א** (פסוק) / ב—ב—**א** / ג—ג—**א** / ד—ד—**א** (המדריך) // ה—ה—ו / ז—ז—(מלה)—ו / ח—ח—(מלה)—ו / ט—ט—(מלה)—ו (הסטרופה) // י—י—**א** (האיזור). המשקל בסטרופות הוא המרנין, היינו, בכל צלע מלה קצרה או שתי מלים קצרות, המתאימות לעמוד אחד של ׳מפועלים׳. בטורי המדריך והאיזור מופיעים שני סוגי משקלים: בשתי הצלעיות הראשונות – המרנין (כמו בסטרופות), ואילו בצלעית הארוכה המסיימת – משקל של שש תנועות, שבו השוואים אינם במניין. צלעית זו קרובה בצלילה אל המרנין; באיזור: ⏑———⏑———/⏑——— ——— (בחלק השני השוואים אינם במניין); בסטרופות: ⏑———⏑———/⏑———⏑———. בנוסחנו יש סטיות קלות מן המתכונת הזאת: יש ששווא נשמט או מחליף את מקומו עם תנועה (כגון בשורות 11 ו־16). החתימה: ׳לוי׳ (בראשי המחרוזות).

המקורות: סדר תפלות השנה כמנהג רומנייא, ויניציה 1522, דף קב, ע״ב; מהדורת קושטאנטינה 1574, דפים עא, ע״ב–עב, ע״א. – נזכר: נחלת שד״ל, ג, עמ׳ 20, מס׳ 1; *LG*, עמ׳ 724, מס׳ 1; אוצר, אות ל, מס׳ 126; ידיעות, ד, עמ׳ רנו, מס׳ 14.

לְחָיַיִךְ בַּתּוֹרִים צַוָּארֵךְ בַּחֲרוּזִים:
לְאוֹם הוֹמָה | אֲשֶׁר דּוֹמָה | כְּרָחֵל לִפְנֵי גּוֹזִים
בְּבֹא עִתֵּךְ | וְתִפְאַרְתֵּךְ | רְדִי אֶל גִּנַּת אֱגוֹזִים
וְיִכָּלְמוּ | וְיֵאָלְמוּ | מְשַׂנְאַיִךְ בָּךְ חוֹזִים.

1 **לחייך... בחרוזים**: שה״ש א:י. / 2 **לאום**: במין נקבה, כרגיל בפיוטים. **הומה**: שוקקת כיונה בכיסופיה; נוסח אחר: ׳לאום חומה׳ (וכן צונץ ושד״ל); השווה איכה ב:יח: ׳חומת בת ציון׳; עיין שה״ש ח:ט–י (והשווה להושענא בסימן א״ב: ׳אום אני חומה, ברה כחמה׳). **לפני גוזים**: לפני האויבים (על־פי יש׳ נג:ז). / 3 **בבא עתך**: המשך לדימויי

וְעִרְכִי רֹן | בְּקוֹל גָּרוֹן | לְמַבִּיטֵךְ | וְלִמְצַפֵּךְ
צְמִידַיִךְ | בְּיָדַיִךְ | וְהוֹד נִזְמֵךְ | עֲלֵי אַפֵּךְ
בְּיוֹם אִוָּה | בְּעֵת צִוָּה | בְּיַבָּשָׁה | לְהִשָּׁפֵךְ
וּמֵי הַיְאוֹר | כְּשָׁח נָאוֹר | לְדָם יַחַד | לְהֵהָפֵךְ
לְבַל יֶשְׁבֵּית | מִהְיוֹת בֵּית | יַעֲקֹב מֵעַם לוֹעֲזִים.

יְצַו יִשְׁעֵךְ | בְּיַד רוֹעֵךְ | כְּמוֹ צִוָּה | בְּיַד מֹשֶׁה
לְיָרֵעַ | צְפַרְדֵּעַ | בְּכִנִּים וְעָרוֹב קָשֶׁה
וְרַב־דֶּבֶר | בְּכָל עֵבֶר | שְׁחִין מַלְהִיב | כְּמוֹ אִשֶּׁה
וְעֵת לִשְׁקוֹל | כְּבָרָד קוֹל | ה׳ שׁוֹבֵר אֲרָזִים.

בְּיוֹם אַרְבֶּה | לְהֵחָבֵא | יְבֹאוּן בִּמְחִלֵּיהֶם
הֲמוֹן צָרִים | מְסֻגָּרִים | בְּבֵית חֹשֶׁךְ | בְּחַיֵּיהֶם
דְּמוּת כָּל בְּכוֹר | כְּאָז לַעְקוֹר | בְּקוֹל זַעֲקַת | כֻּלָּהַם
בְּיוֹם שִׁמְעֵךְ | בְּעֵת נָסְעֵךְ | כָּל חֶפְצָם | וַעֲדִיהֶם
קְחוּ מִשְׁכוּ | וְאַל תֵּלְכוּ | אֲנָשִׁים רֵיקִים וּפוֹחֲזִים.

האהבה ורמז לגאולה (השווה יח׳ טז: ח; שה״ש ב: יב). **רדי... אגוזים:** על־פי שה״ש ו: יא. / 4 **ויכלמו וכו׳:** ראה יש׳ מא: יא. / 5 **בקול גרון:** בקול רם מתוך שמחה. **למביטך ולמצפך:** לאל המביט בך וצופה בך; ׳מביט׳ כפועל יוצא מצוי בבמ׳ כג: כא; ׳מצפה׳ במובן צופה — ביש׳ כא: ו. / 7 **אוה:** הקב״ה. **ביבשה להשפך:** האות שנתן משה לישראל (שמ׳ ד: ט); הפייטן כורך עניין זה במכת הדם; וראה פירוש אבן עזרא שם. / 8 התחלת התיאור של מכות מצרים: דם. **להֵהפך:** שמ׳ ז: כ (והשווה תה׳ קה: כט). / 9 **לבל ישבית מהיות:** לבל יכלו ישראל היושבים במצרים; או: לבל תושבת יציאת מצרים (מהיות יוצא מעם לועז). **בית יעקב וכו׳:** על־פי תה׳ קיד: א. **ישבית:** צורה זו באה לצורך החרוז הפנימי. / 10 **רועך:** משיחך. / 11 המשך תיאור המכות: צפרדע, כנים וערוב. **לירע:** להרעיד, להפיל אימה (יש׳ טו: ד). **וערוב:** סטייה מן המשקל, אלא־אם־כן הניקוד הוא כבסמיכות. / 12–13 דבר, שחין וברד. **כמו אשה:** כמו אש (שמ׳ ט: י). **ועת לשקול:** בתור גמול. **כברד קול:** ראה שמ׳ ט: כג (השווה תה׳ קה: לג); המלה ׳קול׳ מצטרפת להמשך: ׳קול ה׳׳ וכו׳ (על־פי תה׳ כט: ה). / 14–15 **ארבה והושך.** / 16 מכת בכורות. **כאז:** בקשה לנקמה מחודשת (וראה שורה 10). **כלהם:** חסר שווא; החרוז דחוק, וייתכן, שהנוסח לקוי. אולי צריך להיות: ׳בקול צעקה כֻּלָּהֶם׳, כלומר, עשה לאויבינו כמו להם, למצרים. / 17 **כל חפצם ועדיהם:** על־פי המסופר בשמ׳ יא: ב ועוד; נמשך לשורה הבאה: ׳ועדיהם קחו משכו׳. **כל:** חסר שווא. / 18 **אנשים ריקים ופוחזים:** שופ׳ ט: ד; וכאן בשינוי הוראה: אל תלכו, בני ישראל, כשאתם ריקים מרכוש ונחפזים לדרככם (משפט־מצב, כדוגמת הערבית), אלא קחו עמכם מרכושה של מצרים, על־פי הכתוב: ׳והיה כי תלכון לא תלכו ריקם... ונצלתם את מצרים׳ (שמ׳ ג: כא—כב). השווה אבן ג׳נאח ב׳ספר הרקמה׳ (מהדורת וילנסקי, עמ׳ עב): ׳ויוסיפו המ״ם באחרונה ללמד על הענין, שנקרא ״אלחאל״ בערבי, בכמו ״והיה כי תלכון לא תלכו ריקם״, כלומר ריקים... רוצה לומר, ריקים מהממון.׳

גלות וגאולה

כה. לְכוּדָה כְּתֹא מִכְמָר

מאורה בצורת שיר־איזור. חמש סטרופות בנות שלושה טורים. בטורי הסטרופות ובטורי האיזור שתי צלעיות; גם הצלעיות הראשונות נחרזות. בכל סטרופה מתחלף החרוז: א–ב א–ב א–ב / ג–ד // ה–ו ה–ו ה–ו / ג–ד // וכו׳. המשקל: בכל צלעית בדרך־כלל חמש תנועות; השוואים והחטפים אינם במניין. בראשי המחרוזות חתום ׳לוי בר׳, וזו גם הכתובת בכ״י אחד, אבל במחרוזת האחרונה מצטרף שם האב: ׳יה עמ׳ (שורה 17), קבוצים׳ (שורה 18).

המקורות: כ״י אוכספורד 1971, חלק ב, מחלקה ב, מס׳ טו, דף 108ב [=ד]; כ״י אוכספורד MS Heb. e 93, דף 86א (רק שורות 1–11: ׳למר לוי בר׳ – כן!). – פורסם: ידיעות, ד, עמ׳ רסד, מס׳ יב (מן המקורות הנ״ל). – נזכר: לוח דיואן, חלק ב, מחלקה ב, מס׳ 15; אוצר, אות ל, מס׳ 958.

לְכוּדָה כְּתֹא מִכְמָר | בְּשִׁבְיֵךְ וּמְגוּרֵךְ
מְבַשֵּׂר לָךְ יֹאמַר | צְאִי מִמַּאֲסָרֵךְ
וְיוֹדוּ כִּי גָמַר | קִצֵּךְ וּבָא אוֹרֵךְ
וּמַכָּה נִרְפְּתָה | וְהַחֹשֶׁךְ יָמֵשׁ.

וְהָלְכוּ הַגּוֹיִם | לְאוֹרֵךְ וּלְזַרְחֵךְ
וְאָז בַּעֲדִי עֲדָיִים | תָּשׁוּבִי לִמְנוּחֵךְ
וְיֹאמְרוּ בָאִיִּים | בְּיוֹם בּוֹ אֲרִיחֵךְ
הַאַתְּ שֶׁהָיְתָה | מֻשְׁפָּלָה אֶמֶשׁ?

יְרִיבֵךְ אָרִיב | בְּיוֹם אַף וַעֲבָרוֹת
בְּגַעֲרָתִי אַחֲרִיב | יְאוֹרִים וּנְהָרוֹת
וְטִירָתָם אַחֲרִיב | וְאֶהְיֶה בְּצָרוֹת
לְעַמִּי יְשׁוּעָתָה | וּבָם אֶשְׁלַח חֶרְמֵשׁ.

ד 3 ׳וקצך יגמר שמשך ובא אורך׳. / 5 ׳גוים׳. / 6 ׳לנוחך׳. / 7 ׳ויאמרו כגוים בעת בו ארויחך׳. / 8 ׳הזאת היתה מושפלה׳. / 9 ׳יריביך... במכות ועברות׳. / 11 ׳ולך אהיה בצרות׳. / 12 ׳וגם אשלח׳.

1 **כתא מכמר**: כחיה במלכודת גלותך (יש׳ נא: כ). / 2 **ממאסרך**: מן הגלות. / 3 **גמר קצך**: באה הגאולה; בא קץ הפלאות. **ובא אורך**: זרח אורך (על־פי יש׳ ס: א). / 4 **ימש**: יסור (שמ׳ י: כא, בשינוי הוראה). / 5 **והלכו**: על־פי יש׳ ס: ג. / 6 **בעדי עדיים**: דברי האל לירושלים, לפי יח׳ טז: ז. **תשובי וכו׳**: ראה תה׳ קטז: ז. / 7 **ויאמרו באיים**: על־פי יר׳ לא: ט. **ארויחך**: אביא לך רווחה. / 8 **אמש**: בן־לילה זרח אורך ורוממתיך. / 9 **יריבך אריב**: על־פי יש׳ מט: כה. **ביום... עברות**: ביום הדין (ראה צפ׳ א: טו; יש׳ יג: יג; ועוד). / 10 **בגערתי... ונהרות**: על־פי יש׳ נ: ב. **אחריב**: אוביש. צימוד שלם בשורה הבאה: ׳אחריב–אהרוס׳. / 11 **בצרות**: נמשך לשורה הבאה.

בְּקָרוֹב עֵת עִתָּהּ ׀ לְמַרְאֵה עֵינַיִם
וּ׳מִי זֹאת׳ – כְּמוֹ עַתָּה ׀ לְשֵׁמַע אָזְנַיִם
וְאַצִּיל מִמְּחִתָּה ׀ יְהוּדָה וְאֶפְרַיִם
וְעֵדָה הָגְלָתָה ׀ וְאוֹר בָּהּ יִשְׁתַּמֵּשׁ.

רְעֵה, יָהּ, עַם חֶבְלְךָ ׀ בְּמַטְּךָ כַּתְּחִלָּה,
קְבוּצִים לִגְבוּלְךָ ׀ אֶל בֵּית הַתְּפִלָּה,
וְיוֹדוּ כֹל כִּי לְךָ ׀ יוֹם אַף־לְךָ לָיְלָה
אַתָּה הֲכִינוֹתָ ׀ מָאוֹר וָשָׁמֶשׁ.

12 **ובם**: ואילו באויבים. / 13–16 מחרוזות זו, שלדעת שירמן (ידיעות, שם) נפלו בה שיבושים, עניינה בשורת הגאולה. / 13–14 **עת עתה**: מועד ישועתה, עת קץ (השווה לשון יש׳ יג:כב, בכוונה שונה). **ומי זאת**: כינוי לכנסת־ישראל (על־פי שה״ש ג:ו: ׳מי זאת עלה מן המדבר׳). **למראה עינים... כמו עתה לשמע אזנים**: הישועה, שעתה היא בשמועה בלבד, תתגלה בקרוב לעיני כול (השווה לשון איוב מב:ה), **ואציל את יהודה ואפרים מכליון**. / 16 **ואור בה ישתמש**: יזרח בתוכה. אולי נרמז כאן האור הגנוז לצדיקים; השווה ב״ר ג, ו; יא, ב (׳התחילה האורה והיתה משמשת׳); וכן רש״י לבר׳ א:ד. / 17 **רעה... במטך**: על־פי מי׳ ז:יד. / 19–20 תה׳ עד:טז.

כו. גֹּלָה וְסוּרָה

מאורה המיוסדת ברובה על דברי־ניחומים מספר ישעיה; במחרוזת האחרונה משובצים בעיקר פסוקים מפרק ס׳. ציורי האור שבפיוטנו מורים גם על ייעודו. המאורה בנויה על ניגודים: סבלה של כנסת־ישראל בגלות, לעומת הישועה העתידה לבוא. שיר־איזור בעל מדריך בן שתי שורות, שצלעיותיהן הראשונות נחרזות, כמוהן כשאר הצלעיות של טורי האיזור. שלוש סטרופות בנות שלוש שורות: א–ב א–ב // גגג // ד–ב ד–ב // ההה... המשקל: – – ⏑ – – / – – ⏑ – –. החתימה: ׳לוי׳.

המקורות: כ״י אוכספורד 1190, דף 90א (במדור לסוכות: ׳מאורה׳) [=א]; הואיל משה באר, ג, עמ׳ קמב (רק חמש השורות הראשונות) [=ה]. – פורסם: ידיעות, ד, עמ׳ רסג, מס׳ יא (מכ״י אוכספורד). – נזכר: לוח הפייטנים, עמ׳ 47, מס׳ 15; אוצר, אות ג, מס׳ 118.

גֹּלָה וְסוּרָה ׀ חַכִּי לְצוּרֵךְ
כִּי חִישׁ מְהֵרָה ׀ יָבֹא דְרוֹרֵךְ.

1 **גלה וסורה**: כנסת־ישראל (על־פי יש׳ מט:כא). / 2 **יבא דרורך**: הנוסח של ה הוא: ׳יקרא דרורך׳, על־פי יש׳ סא:א: ׳לקרא לשבוים דרור ולאסורים פקח

גלות וגאולה

לָמָּה עֲנִיָּה | תִּבְכִּי וְתֶהֱמִי
אַךְ לֵאלֹהִים | צַפִּי וְדֹמִּי
הִתְנַעֲרִי מֵעָפָר וְקוּמִי!
דַּלָּה נְכֵאָה | אִם רַב מְזוֹרֵךְ
בָּאָה רְפוּאָה | קָרַב מְזוֹרֵךְ.

וּבְשׁוּב אֱלֹהַי | עוֹלָם שְׁבוּתֵךְ
יַעֲלֶה וְיָסִיר | כָּל־דַּאֲגָתֵךְ,
תַּעֲנִי בְרִנָּה | כִּימֵי עֲלוֹתֵךְ
מִבֵּית אֲסוּרִים | שׁוּבִי לְעִירֵךְ
כַּלַּת נְעוּרִים | וּבְנִי דְבִירֵךְ.

יַרְחֵךְ יְכַסֵּךְ | נִשָּׂא וְשָׁפֵל
קוּמִי וְאוֹרִי | כִּי הֵן עֲרָפֶל
עַל־כָּל לְאֻמִּים | כִּסָּה וְאֹפֶל
שָׁלְטוּ וּמָלְכוּ | [אותם] בְּאַרְצֵךְ
גָּלוּת, וְהָלְכוּ | גּוֹיִם לְאוֹרֵךְ.

4 ה ׳כי עוד לאלהים קוי ודומי׳. / ה שורות 6—7 חסרות.

קוה׳; פסוק זה נרמז אולי גם בשורה 11. / 3 **עניה**: פנייה לישראל. / 4 **אך... ודמי**: על־פי תה׳ סב:ו. / 5 **התנערי... וקומי**: על־פי יש׳ נב:ב. / 6 **מזורך**: מכתך (הו׳ ה:יג). / 7 **מזורך**: תרופתך (יר׳ ל:יג). / 8 **ובשוב... שבותך**: ראה דב׳ ל:ג; יש׳ נב:ח; ועוד. / 10—11 **ברנה**: ראה יש׳ נא:יא; נב:ח; ועוד. **תעני... אסורים**: כבימי יציאת מצרים; ראה הו׳ ב:יז. / 12 תיקון של שירמן; בכ״י: ׳ובנה׳. / 13 **ירחך... ושפל**: הדברים קשים. שירמן מתקן: ׳יַרְחֵךְ יְכַסֶּה׳, והוא מפרש: ׳יְרֵחֵךְ יֵאָסֵף הן בעליתו הן בשקיעתו׳, על־פי יש׳ ס:יט (׳ולנגה הירח לא יאיר לך והיה לך ה׳ לאור עולם׳). שתי המלים ברורות בכתב־היד; אולי אפשר לפרש את הנוסח ככתבו על־פי יש׳ סו:כג (׳והיה מדי חֹדש בחדשו... יבוא כל בשר להשתחות לפני׳), ואם כן, פירוש דברי השיר הוא: כשתבני את דבירך (כנאמר בשורה הקודמת), חודשך (חגך, ׳יַרְחֵךְ׳) יכסה אותך ׳נשא ושפל׳, כלומר, כל הלאומים שיעלו אליך לרגל; ראה יש׳ ב:ג, יב (׳והלכו עמים רבים ואמרו לכו ונעלה אל הר ה׳ אל בית אלהי יעקב... כי יום לה׳ צבאות על כל גאה ורם ועל כל נשא ושפל׳). השווה גם יש׳ ס:ו (׳שפעת גמלים תכסך׳). פסוקים סמוכים לזה (יש׳ ס:א—ד) משובצים בהמשך המחרוזת; וראה להלן. / 14 **קומי ואורי**: על־פי יש׳ ס:א. / 14—15 **כי... ואפל**: על־פי יש׳ ס:ב: ׳כי הנה החשך יכסה ארץ וערפל לאמים ועליך יזרח ה׳.׳ / 16 **אותם**: שירמן מעיר (ידיעות, שם), שלפי העניין צריך להיות ׳ומלכו עליך׳ או ׳בך׳, אולם מלים אלה אינן מתאימות למשקל. / 17 **והלכו גוים לאורך**: יש׳ ס:ג.

כז. רַבְּתָּ מְיָרִיבַי

פזמון בצורת שיר־איזור בעל מדריך. שלוש מחרוזות בנות שלושה טורים, ובאיזור שני טורים: אא // בבב / אא // גגג / אא / וכו׳. המשקל: – – – – ⌣ – – – – – – / ⌣ – – (בשורות 2 ו־17 – בשינוי קל). החתימה: ׳לוי׳.

המקור: כ״י אוכספורד 1971, מס׳ 85א, חלק ג, אחרי שיר מס׳ פה, דף 196ב (׳פזמן׳; הפיוט אינו מסומן שם במספר, ועל־כן פוסח עליו שד״ל בלוח דיואן). – פורסם: בראדי־רי״ה, ד, עמ׳ 164; ילקוט הפיוטים, עמ׳ קצב. – נזכר: ידיעות, ד, עמ׳ רנז, מס׳ 39; אוצר, אות ר, מס׳ 659.

רַבְּתָּ מְיָרִיבַי מַכֵּה ׀ לְחָיַי
רִיבֵי נַפְשִׁי גָּאַלְתָּ ׀ חַיַּי.

לֹא נֶגֶד מְלָכִים חַסְדְּךָ ׀ אֲכַחֵשׁ
כִּי מוֹדֶה אֲנִי צוּר נֶגְדְּךָ ׀ אֲרַחֵשׁ
הִנְנִי בֶּן אֲמָתְךָ עַבְדְּךָ ׀ אֲלַחֵשׁ
עוֹטֵף לָךְ כְּעָנִי לִרְפּוֹא ׀ חֳלָיַי
יָדַעְתִּי אֲשֶׁר תִּתֵּן מַאֲוַיַּי.

וָאוֹחֵל בְּךָ שֵׂבֶר לֹא ׀ יְכַזֵּב
תָּשִׁיב שָׁב וּמוֹדֶה מַעְלוֹ ׀ וְעוֹזֵב
וּמְשַׂנְאוֹ יְהִי סָר צִלּוֹ ׀ וְכוֹזֵב
יוֹם תֶּאֱסֹף לְחֻפַּת צִלְּךָ ׀ עֲנָיַי
תָּסִיר עֹל וְתָשִׁיב תַּחְתָּיו ׀ עֲדָיַי.

יִזַּל טַל לְשׁוֹכְנֵי עָפָר ׀ יְקוּמוּן
יוֹם אוֹבְדֵי בְּתֵקַע שׁוֹפָר ׀ יְרוּמוּן

2–1 **רבת:** את ׳ריבי נפשי׳, נקמת באויבי. **ריבי... חיי:** איכה ג:נח. / 3 **לא... אכחש:** גם לפני מלכים לא אכחש חסדך (מירסקי); ראה תה׳ מ:יא. / 6 **עוטף... כעני:** על־פי תה׳ קב:א. / 7 **תתן מאויי:** על־פי תה׳ קמ:ט, בשינוי הוראה. / 8 **שבר:** תקווה (ראה תה׳ קיט:קטז). **לא יכזב:** הקב״ה (על־פי חב׳ ב:ג). / 9 **תשיב... ועוזב:** תשיב את החוזר בתשובה (ראה מש׳ כח:יג). / 10 **וכוזב:** מוסב על ׳צלו׳. **סר צלו:** על־פי הנאמר על עם הארץ (במ׳ יד:ט). / 12 **תחתיו:** במקום העול. **עדיי:** על־פי יש׳ מט:יח; ועוד. / 13 **טל... יקומון:** על־פי יש׳ כו:יט; על הטל המחייה מתים עיין בביאור לאופן ׳לב ולשון אכונן׳ (שיר מס׳ מא), שורות 9–10. / 14 **בתקע שופר:** ראה יש׳ כז:יג; כנראה הכוונה לתחיית־המתים. עיין, למשל: א״ב דר׳ עקיבא, אות ט״ת: ׳כיצד הקב״ה מחייה המתים מלמד שנוטל הקב״ה שופר גדול בידו׳ וכו׳. השווה סיום פיוטו של משה אבן עזרא ׳אם חסדך שכחנו׳ (שירי קודש, עמ׳ ג, מס׳ נ): ׳חזון קדם

דּוֹבְרֵי רָע עֲצָתָם תּוּפַר | וְיִדָּמוּן
וּכְלִי־שִׁיר תְּשׁוֹבֵב אֵלָיו | לְוִיָּי
יוֹם הַחֲיוֹת רוּחִי וְאֶסֹף | זְרוּיָי.

סַפֵּר / ויתקע בשופר / הקיצו ורננו שֹׁכְנֵי עפר׳; וכן קינתו ׳נטפי דמעות׳ (שירי החול, עמ׳ קסו ואילך, מס׳ קסח): ׳יעמד לגורלו ביום ימשכו / בו שופרות ישע ויתקעו׳ (שורה 65); וראה ביאורו של בראדי, שם. / 15 **עצתם תופר:** על־פי יש׳ ח:י. / 16 **לויי:** את הלוויים תשיב אל כלי־השיר בבית־המקדש. / 17 **זרויי:** פזורות הגלות.

כח. שִׁירוֹת בְּיוֹם כָּזֶה

רשות לפרשת זכור. חרוז מבריח, המופיע גם בדלת הראשונה, לתפארת הפתיחה. המשקל: המהיר (מקוצר בסופו). החתימה: ׳לוי׳ (בשורות 3–4: ׳לא׳, ׳וישאבו׳).
המקור: כ״י גינצבורג 197, דף 273ב.

שִׁירוֹת בְּיוֹם כָּזֶה יְחֻדָּשׁוּ | בּוֹ אוֹיְבִים כָּשְׁלוּ וְנוֹקָשׁוּ
דִּמּוּ שְׁלוֹחַ יָד בְּנַחֲלַת אֵל | אַךְ נָתְנוּ עֹרֶף וְנֶחֱלָשׁוּ
לֹא עָמְדוּ רֶגַע עֲדֵי נָשַׁף | בָּהֶם חֲרוֹן הָאֵל וְיִבָשׁוּ
וַיִּשְׁאֲבוּ מַיִם בְּנֵי בָנִים | לֹא מָעֲדָה רַגְלָם וְלֹא מָשׁוּ
וַיִּצְעֲקוּ [לָאֵל] וְנִמְלָטוּ | בּוֹ בָּטְחוּ יַחַד וְלֹא בוֹשׁוּ.

1 **ביום כזה:** חג הפורים (לפי ייעוד השיר בכ״י). **אויבים:** לעמלק. **כשלו ונוקשו:** על־פי יש׳ כח:יג (׳וכשלו... ונוקשו ונלכדו׳; וראה תה׳ ט:יז). / 2 **ונחלשו:** ראה שמ׳ יז:יג: ׳ויחלש יהושע את עמלק׳. / 3 **נשף... ויבשו:** על־פי יש׳ מ:כד (׳וגם נשף בהם ויבשו׳); ראה גם תה׳ ו:יא (׳יבשו ויבהלו מאד כל אויבי ישבו יבשו׳); הפסוק האחרון השפיע על המעתיק, שכתב ׳ויבושו׳; אבל פועל זה מופיע בסיום (׳בושו׳), ואילו כאן יש לנקד ׳ויבשו׳ בקמץ, לפי ישעיה; ו׳־ההיפוך באה כאן בשווא לצורך המשקל. / 4 **וישאבו מים:** התפללו; ראה שמ״א ז:ו. **בני בנים:** מרדכי ואסתר. **לא... משו:** לא הרפו מתפילתם / 5 **ויצעקו... ולא בושו:** על־פי תה׳ כב:ה–ו (׳אבתינו... אליך זעקו ונמלטו בך בטחו ולא בושו׳). המלה השנייה שבטור זה מטושטשת בכתב־היד; לפי העניין והמשקל אני משלים ׳לאל׳ (ואולי צריך להיות ׳אליו׳, ובמקום ׳ויצעקו׳ – ׳ויזעקו׳, לפי הפסוק הנ״ל ולפי אסתר ד:א).

כט. לְאֵל חַי נִכְחִי

פיוט ל׳שים שלום׳. שיר־איזור בעל מדריך. שתי המלים הראשונות שבטורי הסטרופות חורזות על־פי־רוב בחרוז פנימי. טורי האיזור וסיום המדריך הם פסוקים כלשונם. בסוף סטרופה א׳ בא הפסוק בשתי שורות (6–7), שלכל אחת חרוז משלה. חלקו השני של המדריך

חוזר כפזמון. המשקל: שמונה עד עשר תנועות (בדרך־כלל שמונה); השוואים אינם במניין. עם זאת מופיע תכופות העמוד ⏑– –, בפרט במלים החורזות בחרוז פנימי. החתימה: ׳לוי׳ (׳לאל׳, ׳ויבן׳; או: ׳לאל׳, ׳והיתה׳, ׳ירומם׳).
המקור: כ״י גינצבורג 197, דף 265ב (׳שלום׳).

לְאֵל חַי נִכְחִי שְׂאוּ כַּף עֲרוּכָה ׀ וְלָתֵת עֲלֵיכֶם הַיּוֹם בְּרָכָה

וַיִּבֶן מִבֵּין חוֹחִים קְרָסָיו
לְלַקֵּט לְהַלְקֵט בֶּטַח כְּנוּסָיו
לְמַלֵּא לְהַפְלֵא חֲסָדָיו לַחוֹסָיו
[פְּלָאָיו יֵרָאָיו] לְצַמֵּחַ לְשַׂמֵּחַ בְּחִירָיו בְּמַעֲשָׂיו
בְּהַר צִיּוֹן לִשְׁפֹּט אֶת הַר עֵשָׂו
וְהָיְתָה לַה׳ הַמְּלוּכָה (ולתת...)

יְרוֹמֵם יְקוֹמֵם הֵיכָל נֶחֱרָב
וְכֹהֵן מְכַהֵן יַעֲלֶה וְיִקְרַב
כְּתֵפָיו לְמִזְרָח וּפָנָיו לְמַעֲרָב
לְבָרֵךְ בְּעֵרֶךְ הֲמוֹן קָהָל רָב
לְאַהֲרֹן כֵּן וּלְבָנָיו כָּכָה (ולתת...)

1 **שאו כף ערוכה**: רמז לברכת הכוהנים. **ולתת... ברכה**: שמ׳ לב: כט. / 2 **ויבן**: האל יבנה מחדש. **מבין חוחים**: בין האומות; ישראל בין האומות כשושנה בין החוחים (שה״ש ב: ב; וראה שהש״ר לפסוק זה). **קרסיו**: רמז למשכן (שמ׳ כו: יא; ועוד). / 3 **ללקט**: על־פי יש׳ כז: יב (׳ואתם תלקטו לאחד אחד בני ישראל׳). **בטח**: על־פי דב׳ יב: י; יר׳ לב: לז. **כנוסיו**: יח׳ לט: כח; ועוד. / 4 **להפלא...**: תה׳ יז: ז. / 5 **פלאיו יראיו**: מלים אלו עודפות בתבנית השיר, והן נראות כנוסח שנוסף לצירוף הסמוך. **לצמח לשמח**: צימוד שונה־אות. / 6 **בהר ציון... עשו**: עו׳ כא. / 7–8 **והיתה... המלוכה**: שם, שם. **ולתת**: הפזמון החוזר (בכ״י מסומן בקיצור). **יקומם... נחרב**: על־פי יש׳ מד: כו. / 9 **ויקרב**: לעבודתו במקדש. / 10 **כתפיו**: גבו. **ופניו למערב**: לצד קודש הקודשים, כמתואר במשנה, יומא ג: ח. / 12 **לאהרן... ככה**: שמ׳ כט: לה, בשינוי קל.

ל. אַל תִּשְׁכַּח לָנֶצַח

הפיוט ידוע רק מכ״י °8 421 שבספרייה הלאומית, דף 264ב, מס׳ צה. כתב־היד, שמוצאו מתורכיה (שנת 1555), תואר על־ידי שירמן בקרית ספר, יב, עמ׳ 395 (על השיר – ראה שם, מס׳ 21). דודזון מזכיר את הפיוט בתוספת חדשה לאוצר, *HUCA*, יב–יג, עמ׳ 745, מס׳ 256. שירמן משער, שבראשי המחרוזות היה חתום ׳אני לוי אלתבאן׳, ומחמת השמטת שורות

אחדות בשעת העתקה יצאה החתימה פגומה: ׳אנ[י לוי א]לתבא[ן]׳. עד כמה שידוע, אין עוד פיוט שבו חותם המשורר את שם משפחתו. אף ניתן לצרף את השם ׳אלתבאן׳ בשלמות, אך ללא תוספת השם הפרטי: ׳אל תשכח׳ (שורה 1), ׳בבקר׳ (שורה 18), ׳אמרתי נגרזתי׳ (שורה 22). חתימות מאונכות ומאוזנות כאחת הנן שכיחות (ראה, למשל, השירים ׳ישראל עם קדוש׳ ו׳לאיש כמוני׳). הלחן מצוין בכתב־היד: ׳אחרת לחן דיגו מיש טיראש או וומי אילא ג׳יא.׳

בנוסח יחיד זה בנוי הפיוט חמש סטרופות. בראש הסטרופות שורה המורכבת משני פסוקים מן המקרא, החוזרת כפזמון בסיום כל סטרופה (בכתב־היד צוינו החזרות בקיצור). הצלעיות הראשונות נחרזות זו עם זו; בכל סטרופה מתחלף חרוזן. בסופי השורות בא חרוז מבריח, שהוא על־פי־רוב דל (חרוז ׳עובר׳), בהיותו מיוסד על סיומת־הקניין בלבד. דבר זה אין לו אח ודוגמה בפיוטים המיוחסים לאבן אלתבאן, ועל־כן ספק, לדעתי, אם הפיוט שלו. בסטרופה האחרונה אין חרוז בצלעיות הראשונות. המשקל בדרך־כלל חמש או שש תנועות בכל צלעית; השוואים הנעים אינם במניין. השורה הפותחת ארוכה יותר.

אַל תִּשְׁכַּח לָנֶצַח עַם נַחֲלָתֶךָ | וְצֹאן מַרְעִיתֶךָ

אֱלֹהֵי יִשְׁעֵנוּ | אַל תַּסְתֵּר פָּנֶיךָ
מִיַּד לוֹחֲצֵינוּ | הַצִּילָה בָנֶיךָ
וְעַל רֹאשׁ אוֹיְבֵינוּ | נְקֹם נִקְמָתֶךָ
וּשְׁפֹךְ אֶת זַעְמֶךָ.

נִשָּׂא וָרָם עוּרָה | קֵץ יְשׁוּעוֹתֶיךָ
וּפְתַח פִּתְחֵי אוֹרָה | לִבְנֵי בְרִיתֶךָ
הַשְׁקִיפָה הַנּוֹרָא | מִמְּעוֹן קָדְשֶׁךָ
וְתֵן מֵהוֹדֶךָ.

לְרָצוֹן אֵל עֶלְיוֹן | יִהְיוּ אֵלֶיךָ
אִמְרֵי פִי וְהֶגְיוֹן | לִבִּי לְפָנֶיךָ
וְחוּסָה עַם אֶבְיוֹן | כְּגֹדֶל חַסְדֶּךָ
וּבְנֵה הֵיכָלֶךָ.

1 **אל תשכח לנצח**: תה׳ עד:יט. **עם... מרעיתך**: על־פי תה׳ עט:יג; מי׳ ז:יד. / 2–3 **אלהי ישענו... הצילה בניך**: על־פי תה׳ עט:ט. / 3 **מיד לוחצינו**: על־פי שופ׳ ו:ט. / 4 **בכ״י**: ׳איביך׳. / 5 **ושפך**: על־פי תה׳ סט:כה. / 6 **נשא ורם**: האל. **קץ ישועותיך**: השווה דנ׳ יב:ו; אולי צריך להיות ׳אל קץ ישועותיך׳. / 8 **השקיפה... קדשך**: על־פי דב׳ כו:טו. / 9 על־פי במ׳ כז:כ. / 10–11 **לרצון... לפניך**: על־פי תה׳ יט:טו. / 12 **וחוסה**: על־פי נחמ׳ יג:כב; והשווה במ׳ יד:יט. / 12 **עם**: על עם.

תִּהְיֶינָה ה׳ | קַשּׁוּבוֹת אָזְנֶ[י]ךָ
לְקוֹל תַּחֲנוּנַי | וּזְכֹר רַחֲמֶיךָ
וּתְחַדֵּשׁ אַרְמוֹנַי | לַעֲלוֹז קוֹוֶיךָ
עֲדַת אֱמוּנֶיךָ.

בַּבֹּקֶר יַעַרְכוּ | רְנָנוֹת נֶגְדֶּךָ
וְשִׂיחָם שָׁפְכוּ | יִבְטְחוּ בָךְ
וּבְדָתְךָ מָשְׁכוּ | כָּל יוֹדְעֵי שְׁמֶךָ
לוֹמְדֵי תוֹרָתֶךָ.

אָמַרְתִּי נִגְרַזְתִּי | מִנֶּגֶד עֵינֶיךָ
אַךְ אוֹסִיף לְהַבִּיט | אֶל הֵיכַל קָדְשֶׁךָ
וְיִרְאוּ עֵינֵינוּ | בְּשׁוּבְךָ עַמֶּךָ
אֵלִי בְּגָדְלֶךָ.

14–15 תה׳ קל: ב (בשינוי הסדר); בכ״י: ׳אזנך׳. / 16 **לעלוז**: למען יעלזו. / 18 **נגדך**: אליך, לקראתך. / 20 **ובדתך משכו כל יודעי שמך**: על־פי תה׳ לו: יא / 21 בכה״י ׳תורתיך׳. / 22–23 **אמרתי נגרזתי וכו׳**: תה׳ לא: כג; ייתכן, שצריך להיות כאן ׳אמרתי נגרשתי מנגד עיניך׳ (יונה ב: ה), שכן המשכו של פסוק זה מופיע בשורה הבאה: ׳אך אוסיף להביט אל היכל קדשך׳. / 24 **בשובך**: בהשיבך, בהוראת הפעיל (השווה יר׳ לא: כב; הו׳ ו: יא; צפ׳ ג: כ). / 25 **בגדלך**: השווה דב׳ ט: כו: ׳...עמך... אשר פדית בגדלך׳.

לא. אֵלִי לִפְנֵי בוֹא יוֹם ה׳

פיוט להבדלה בצורת שיר־איזור בעל מדריך. במדריך שתי שורות חורזות; השורה הראשונה היא חלק מפסוק ממלאכי (ג: כג), הקשור לנושא ההבדלה ומסתיים כאן בתיבה ׳ה׳׳. השורה השנייה מיוסדת על לשון אותו הפסוק עצמו, בקצת שינויים. גם טורי האיזור של מחרוזות ב׳, ג׳ וד׳ הם חלקי־פסוקים המובאים כלשונם ומסתיימים בתיבה ה׳, כמו הטור הראשון. המשקל: ארבע תנועות בכל צלעית (השוואים אינם במניין): **אא** // בבבב / **א** / גגגג / **א** //... החתימה: ׳לוי׳ (בראשי המחרוזות).

כרגיל בהבדלות, פותח הפיוט באליהו הנביא, מבשר הגאולה.

המקורות: כ״י טיילור־שכטר 17/17 8H (׳הבדלה לה׳ – והכוונה למשוררנו: הפיוט הקודם לזה בכתב־היד הוא ׳מתי אחלם׳, ובראשו הכתובת ׳מר׳ לוי אבן אלתבאן׳); כ״י טיילור־שכטר H15, מס׳ 108 (׳אליה לר׳ יהודה הלוי׳). נוסח זה [=ב] מתחיל ׳אלהי לפני בוא יום׳. – פורסם: הנוסח הראשון (והוא המובא כאן) נדפס על־ידי ח׳ שירמן בין שירי אבן אלתבאן, ידיעות, ד, עמ׳ רעד, מס׳ כ; הנוסח השני – על־ידו, בין שירי הלוי (על־פי הייחוס בכ״י ב), ׳שירים חדשים מן הגניזה׳, עמ׳ 242, מס׳ 107, ונראה יותר

גלות וגאולה

הייחוס שבידיעות המכון. –נזכר: לוח הפייטנים, עמ׳ 47, מס׳ 17 (שד״ל מייחס את הפיוט לאבן אלתבאן, ומביא את השורה הראשונה בשינוי קל: ׳...אליהו יראו עיני׳); אוצר, כרך ד (תוספות), מס׳ 1312.

אֵלִי לִפְנֵי בוֹא יוֹם ה׳
אֶת אֵלִיָּה יִרְאוּ עֵינַי.

לָבֵשׁ גֵּאוּת | וְעֹז הִתְאַזָּר
הוֹשַׁע נוֹשָׁע | בְּשִׁמְךָ נֶעֱזָר
וּשְׁלַח פִּינְחָס | בֶּן אֶלְעָזָר
לְנַחֵם לְבַשֵּׂר | מְפֹרָד מְפֻזָּר
עַתָּה אָקוּם, יֹאמַר ה׳.

וְעַמְּךָ יְשׁוּבוּן | אֶל בֵּית נְוֵהֶם,
בְּשֵׂיבָה יְנוּבוּן | וְכָל אוֹיְבֵיהֶם
שַׁי יַקְרִיבוּן | יְחַלּוּ פְּנֵיהֶם
אָז יַכִּירוּם | כָּל רֹאֵיהֶם
כִּי הֵם זֶרַע בֵּרַךְ ה׳.

יָשׁוּב כֹּהֵן | לַעֲבוֹדוֹתָיו
וְלֵוִי יְשׁוֹרֵר | עַל־מִשְׁמְרוֹתָיו
בְּשׁוּב עַמְּךָ זֶה | לְאֶרֶץ אֲבוֹתָיו
אִישׁ עַל דִּגְלוֹ | וּבְאוֹתוֹתָיו
וְיֹאמְרוּ תָמִיד | יִגְדַּל ה׳.

ב 1 ׳אלהי לפני׳. / 3 ׳עוז׳. / 7 ׳את אליה׳ (שורה 2 חוזרת כפזמון). / 9 ׳בשמחה ינובון׳. / 13 ׳ישוב כהן׳. (השורה נרשמה שלא במקומה ונמחקה ע״י המעתיק; השאר חסר.)

2–1 **אלי... את אליה**: מל׳ ג:כג (׳הנה אנכי שלח לכם את אליה הנביא לפני בוא יום ה׳׳). / 3 **לבש וכו׳**: אתה, הלובש וכו׳ (על־פי תה׳ צג:א). / 4 **נושע בשמך נעזר**: ישראל; על־פי דב׳ לג:כט. בשמך: בכה״י כתוב ׳שמך׳. / 5 **פינחס בן אלעזר**: ראה שהש״ר ב: ׳פינחס זה אליהו (הנביא)׳ (וכן בילקוט שמעוני, רמז תשעא). / 6 **מפרד מפזר**: על־פי אסתר ג:ח (גם שם מוסב על ישראל). / 7 **עתה... ה׳**: יש׳ לג:י; תה׳ יב:ו. / 8 **ישובון... נוהם**: על־פי יר׳ כג:ג. / 9 **בשיבה ינובון**: על־פי תה׳ צב:טו. / 10 **יחלו פניהם**: השווה תה׳ מה:יג. / 11 **יכירום... ראיהם**: על־פי יש׳ סא:ט. / 12 **כי... ה׳**: יש׳ סא:ט. / 14–13 **כהן... משמרותיו**: ראה דה״ב ח:יד. / 16 **איש... ובאותותיו**: על־פי במ׳ ב:ב. / 17 **ויאמרו... ה׳**: תה׳ לה:כז.

לב. מָתַי אֶחֱלֹם

שיר־איזור בעל מדריך וחמש מחרוזות בנות שלושה טורים ואיזור. הצלעיות הראשונות שבכל טור חורזות זו עם זו. חרוז היציאה חוזר גם בצלעית הראשונה שבטור האיזור: א–ב א–ב // ג–ד ג–ד ג–ד ד–ב // ה–ו ה–ו ה–ו ו–ב // וכו׳. המדריך וכמה מן האזורים מסתיימים בשברי מקראות. המשקל: ארבע תנועות בכל צלעית; השוואים הנעים והחטפים אינם במניין. החתימה: ׳לוי חזק׳.

המקורות: כ״י טיילור־שכטר H 17/17 (׳לר׳ לוי אבן אלתבאן׳); כ״י אוכספורד 1971, חלק ב, מחלקה ב, מס׳ יב, דף 107ב (׳וקאל לחן יסד הדומי׳; נוסח הפתיחה: ׳מתי תחלם׳ [=א].– פורסם: בראדי־רי״ה, ד, עמ׳ 268 [הנוסח המובא כאן]. – נזכר: לוח דיואן, חלק ב, מחלקה ב, מס׳ 12; ידיעות, ד, עמ׳ רנז, מס׳ 36. התחלת הפיוט מצויה בשני נסחים, ועל־כן מזכיר דודזון את הפיוט פעמיים: אוצר, אות מ, מס׳ 2703; שם, מס׳ 2766. אבל בתיקונים לאוצר (כרך ד, עמ׳ 330) הוא מצרף את שני הנסחים, ומייחס את הפיוט לאבן אלתבאן, על־סמך הכתובת שמצא שירמן בכ״י טיילור־שכטר (וראה לעיל).

מָתַי אֶחֱלֹם | נוֹתְבֵי נְתִיבִי
וְשַׁבְתִּי בְשָׁלוֹם | אֶל בֵּית אָבִי.

לְשַׂדַּי נֶהְפַּךְ | לְחֹרֶב וְשָׁרָב
כְּבֵדִי נִשְׁפַּךְ | מִיּוֹם חָרַב
דְּבִירִי, וְאַפָּךְ | נִמְשַׁךְ וְרוֹב רָב
וְאַרְיֵה בְמַאֲרָב | יָגוּד עֲקֵבִי.

וְהִנְנִי זוֹחֵל | וְנַפְשִׁי דָוָה
מִבַּכָּה כְרָחֵל | וּמֵי רֹאשׁ רָוָה
וַאֲנִי מְיַחֵל | וַאֲסִיר תִּקְוָה
כִּי אֱלֹהַי וַאדֹנָי לְרִיבִי.

1 א ׳מתי תחלם נותרי נתיבי׳.

1 **מתי אחלם וכו׳**: מתי אראה בחזון את ההולכים עמי בדרך. / 2 **ושבתי... אבי**: דברי יעקב (בר׳ כח:כא). / 3 **לשדי... ושרב**: אפס כוחי (על־פי תה׳ לב:ד). / 4 **כבדי נשפך**: על־פי איכה ב:יא; גם שם על ׳שבר בת עמי׳. **מיום חרב**: נמשך לשורה הבאה. / 5 **דבירי**: בית־המקדש. / 6 **ואריה במארב**: אויבי (על־פי תה׳ י:ט). **יגוד עקבי**: על־פי בר׳ מט:יט. / 7 **ונפשי דוה**: על החורבן (על־פי איכה ה:יז). / 8 **מבכה כרחל**: על־פי יר׳ לא:טו; גם כאן צריך להיות בנקבה (מוסב על ׳נפשי׳; וכן להלן ׳רוה׳); בראדי מנקד: מִבַּכָּה (סגול). **ומי ראש**: מים מרים. / 9 **ואסיר תקוה**: על־פי זכ׳ ט:יב: ׳שובו לבצרון אסירי התקוה׳. / 10 **אלהי... לריבי**: תה׳ לה:כג.

יְשֻׁרוּן יְשֻׁרוּן | בִּקְרוֹב יְשׁוּעָה
יְשֵׁנִים יֵעוֹרוּן | לְקוֹל הַתְּרוּעָה
וְרוֹזְנִים יֹאמְרוּן | לְגוֹלָה וְתוֹעָה:
שׁוּבִי אֶל עָרַיִךְ שׁוּבִי.

חֲנִיתֵךְ הָרֵק | וּנְקֹם שְׁכוּלָה
מִצַּר חוֹרֵק | שֵׁן עַל מְשׁוּלָה
כְּגֶפֶן שֹׂרֵק | וְתִהְיֶה בְעוּלָה
הָאוֹמֵר לַצּוּלָה חֳרָבִי.

זְמִירוֹת מְתַנִּים | עַל מִשְׁמְרוֹתָם
לְוִיִּים וְכֹהֲנִים | בַּעֲבוֹדָתָם.
קוֹל בִּרְנָנִים | בְּבוֹאָם וְצֵאתָם
זֹאת מִשְׁאַלְתָּם | תְּמַלֵּא וְתָבִיא.

11 דברי הקב״ה. / 12 **ישנים יעורון:** מוסב על תחיית־המתים (על־פי דנ׳ יב:ב). **לקול תרועה:** ביום הגאולה, כמתואר בזכ׳ ט:יד. / 14 **שובי:** בתולת ישראל (על־פי יר׳ לא:כ). / 15 דברי הפייטן. / 16–17 **על משולה כגפן שרק** (פסיחה מן השורה הקודמת): על ישראל שנמשלו לגפן (הו׳ י:א; תה׳ פ:ט, טו; כאן מיוסדים הדברים על יר׳ ב:כא). **ותהיה בעולה:** על־פי יש׳ סב:ד. / 18 **האומר... חרבי:** יש׳ מד:כז. / 22 **זאת משאלתם:** את משאלתם זאת, שתתחדש העבודה בבית־המקדש, תמלא ותגאלם.

לג. לָבֵשׁ הוֹד וָעֹז

מאורה בצורת שיר־איזור. חמש סטרופות בנות שלושה טורים ושני טורי איזור. גם הצלעיות הראשונות שבכל טור חורזות זו עם זו: א–ב א–ב א–ב / ג–ד ג–ד ג–ד // ה–ו ה–ו ה–ו / ג–ד ג–ד // וכו׳. הצלעיות המסיימות את הטורים קצרות יותר. המשקל קבוע: — — — ◡ — — — — / — — — ◡ — —. החתימה: ׳לוי חזק׳.

המקור: כ״י אוכספורד 1971, חלק ב, מחלקה ב, מס׳ מד, דף 122א–ב. – פורסם: בראדי־רי״ה, ד, עמ׳ 219 [=ב]. – נזכר: לוח דיואן, חלק ב, מחלקה ב, מס׳ 44; אוצר, אות ל, מס׳ 452; ידיעות, ד, רנו, מס׳ 22.

לָבֵשׁ הוֹד וָעֹז הִתְאַזָּר | עוֹטֶה אוֹר כַּשַּׂלְמָה
הַשָּׂם לוֹ בְגַלְגַּל מִנְזָר | וַחֲיָלָיו בְּחָכְמָה

1 **לבש... התאזר:** האל (על־פי תה׳ צג:א); וראה שיר מס׳ לא (׳אלי לפני בוא יום ה׳׳), שורה 3. **עוטה... כשלמה:** תה׳ קד:ב. / 2 **בגלגל:** בגלגלי השמים. **מנזר** (נח׳ ג:יז): שר עטור־נזר ל׳חייליו׳, הכוכבים. **בחכמה:** השווה איוב לח:לז; גם שם על פלאי

צוּר מוֹצִיא בְעִתּוֹת מַזָּר ׀ עָשׁ וּכְסִיל וְכִימָה
אֵל נֶעְלָם וְשׁוָה גָּלְמִי, ׀ לוֹ קוֹמָה וּבֶרֶךְ
אַשְׁפִּילָה, וְאֶקַּח עִמִּי ׀ לוֹ בָּרֵךְ וּבֵרֵךְ.

וּלְאוֹרוֹ בְּחֹשֶׁךְ אֵלֵךְ ׀ עַל רֹאשִׁי בְּהִלּוֹ
עָלָיו אֶת יְהָבִי אַשְׁלֵךְ ׀ אֶסָּתֵר בְּצִלּוֹ
אֶתְחַנֵּן בְּעַד עַם חֵלֶךְ ׀ הַנִּכְשָׁל בְּמַעְלוֹ
זֶה כַּמֶּה בְּיַד אִישׁ חֶרְמִי ׀ גְּדוֹל כָּנָף וְאֶרֶךְ־
הָאֵבֶר, וְיַד הָאַדְמִי ׀ גַּם אַכַּד וְאֶרֶךְ.

יָהּ בַּשֵּׂר אֲסִירַת תִּקְוָה ׀ נוֹתְרָה כַּמְּלוּנָה
כָּל הַיּוֹם מְעֻנָּה דָוָה ׀ כִּי נִכְרַת מְעוֹנָהּ
שִׁמְעִי בַּת שְׁחוֹרָה נָאוָה ׀ יָפָה כַּלְּבָנָה
תַּמְרוּרִים וְצִיּוּן שִׂימִי ׀ לָךְ חַכִּי לְצוּרֵךְ
כִּי יֵצֶר לְבֵית הַלַּחְמִי ׀ צֳרִי אֶשְׁלַח לְצִירֵךְ.

חֶרְפָּתֵךְ מְהֵרָה אָסִיר ׀ אַעֲלֶה לָךְ אֲרוּכָה
עָלַיִךְ מְשִׁיחֵךְ אָשִׁיר ׀ וּמַסֵּכָה נְסוּכָה

16—17 ב ׳חרפתך מהרה אסיר / ומסכה נסוכה / עליך משיח אשיר / אעלה לך ארוכה׳ (סיומי השורות נתחלפו).

הבריאה; פרק זה נרמז גם להלן. / 3 **צור... מזר**: על־פי דברי האל באיוב לח:לב. **עש וכסיל וכימה**: איוב ט:ט; הרמזים מתקשרים גם על־ידי המלה ׳ועיש׳ שבהמשך הפסוק הקודם. עיש, כסיל וכימה קבועים בגלגל השמיני, אבל כאן הכוונה למערכת־הגלגלים כולה. / 4 **ושוה גלמי**: נתן לי צורתי. / 5 **ואקח... וברך**: אברכו בכל לבי (על־פי דברי בלעם אל בלק, במ׳ כג:כ: ׳הנה בָּרֵךְ לקחתי וּבֵרֵךְ ולא אשיבנה׳). פירוש ראב״ע לפסוק: ״בָּרֵךְ״ – שם הפועל כמו שם.׳ וּבֵרֵךְ – הקב״ה את ישראל. / 6 **ולאורו... בהלו**: על־פי איוב כט:ג, בשינוי הסדר. / 7 **יהבי אשלך**: אבטח בו (על־פי תה׳ נה:כג). / 9 **זה כמה**: הנתון זה שנים ביד איש חרמו, אויבו (ראה זכ׳ ז:ג). / 9—10 **גדול כנף... האבר**: האויבים (במשל שביח׳ יז:ג הנשר הוא בבל). **האדמי**: הנוצרים. **אכד וארך**: כנראה המוסלמים, על־פי בר׳ י:י (שם הכוונה לבבל); והשווה ׳המון אכד וארך׳ (שיר מס׳ יט), שורות 1 ו־10. / 11 **אסירת תקוה**: על־פי דברי־הנחמה של זכריה (ט:יב). **נותרה**: אשר נותרה. **כמלונה**: יש׳ א:ח. / 12 **כל היום... דוה**: איכה א:יג. / 13 דברי הקב״ה. **שחורה נאוה**: על־פי שה״ש א:ה. **יפה כלבנה**: שם, ו:י (ובהמשך: ׳ברה כחמה׳); תארים לכנסת־ישראל. / 14 **תמרורים וציון וכו׳**: על־פי דברי ירמיה (לא:כ) אל בתולת ישראל, שתשוב לעריה. / 15 **לצירך**: לכאבך ופגעיך. צורך, נצר, צרי, צירך: צימודים גזריים. / 16—17 שורות אלו מיוסדות על יר׳ ל:יז (׳אעלה ארכה לך׳) ועל יש׳ כה:ז–ח (׳ובלע בהר הזה פני הלוט הלוט על כל העמים והמסכה הנסוכה על כל הגוים... וחרפת עמו יסיר׳). לפיכך דומה, שהמלים ׳ומסכה נסוכה׳ (שורה 17) מוסבות על ׳אסיר׳ שבשורה הקודמת; וכוונת הדברים: אסיר את חרפתך ואת המסכה

אוֹצִיא מִכְּבָלִים אַסִּיר ׀ לָאוֹר מֵחֲשֵׁכָה
עַל צוֹרֵר אֲעוֹרֵר זַעְמִי ׀ אָז תִּרְאִי בְּצָרֵךְ
עֵת יִגְדַּל כְּבוֹדִי וּשְׁמִי ׀ בִּהְיוֹתִי בְּצָרֵךְ.

זֶה חֶלְקֵךְ מְנָת גּוֹרָלֵךְ ׀ אֵשֶׁת הַנְּעוּרִים
קִצֵּךְ בָּא לְהַתִּיר רַגְלֵךְ ׀ מִבֵּית הָאֲסוּרִים
כִּי שָׁלְמוּ יְמֵי אֶבְלֵךְ ׀ וּכְאֶחָד חֲבֵרִים
אָבִיאָה כְּרֶגַע עִמִּי ׀ הַקָּצִים בְּאָרֶךְ־
גָּלוּתָם, וְאֹמַר: קוּמִי ׀ אוֹרִי כִּי בָא אוֹרֵךְ.

הנסוכה על הגויים (פירוש רד״ק: ׳ההסתר והכסוי שנסתרו בו... ולא יהיה להם מכסה ומחסה׳); אך קרוב יותר לשער, שהפייטן מתכוון למחסה לישראל. השווה השיר ׳לך ה׳ הצדקה לך העֹז׳ (מס׳ נז), שורה 6: ׳יה שים צלך סתר ומסכה הנסוכה׳. בבראדי־רי״ה באות הצלעיות האחרונות בשורות 16 ו־17 בסדר הפוך (ראה בחילופי־הנוסח). **משיחך**: בראדי־רי״ה מדפיס ׳משיח׳, וכדי לקיים את המשקל הוא מנקד בצורת סמיכות (׳מְשִׁיח אשיר׳). **אשיר**: אמליך. / 18 **אוציא... מחשכה**: על־פי יש׳ מב: ז. אסיר, אשיר, אסיר: צימודים (שלם ושונה־כתיב). / 19 **אז תראי**: יש׳ ס: ה. **בצרך**: אז תתעלי על אויביך. / 20 **בצרך**: מבצרך (או אוצרך) היקר השמור לך (ראה איוב כב: כה). / 22 **קצך**: הקץ לסבלותיך, גאולתך. **מבית האסורים**: מן הגלות (ראה תה׳ קמו: ז). / 23 **שלמו ימי אבלך**: על־פי יש׳ ס: כ; ובאותו פסוק: ׳כי ה׳ יהיה לך לאור עולם.׳ **אבלך**: חסרה תנועה. / 24 **עמי**: עמדי, לפי ניקודו של בראדי; ואולי צריך להיות ׳עַמִּי׳. / 25 **קומי...**: ככתוב ביש׳ ס: א; תנועה (׳בא׳) נחשבת כשווא.

לד. יָהּ מִי יַעֲמֹד בְּסוֹדֶךָ

לפי הרשום ב׳ספר חזונים׳ פיוט זה הוא מסוג ׳כל עצמותי׳, כלומר, הוא מיוסד על הפסוק ׳כל עצמתי תאמרנה ה׳ מי כמוך׳ (תה׳ לה: י), המובא בתפילת נשמת (על סוג זה ראה: השירה העברית, ב, עמ׳ 707; אלבוגן, עמ׳ 211). פיוטנו אינו רומז לפסוק זה, אלא לפסוקים שבסמוך לו בתפילת נשמת, המוסבים אף הם על ייחודו של האל.

בשיר שלוש מחרוזות בנות שלושה טורים. לכל מחרוזת חרוז מיוחד (גם בצלעיות הפנימיות); בצלעית האחרונה חרוז משותף (ופעמיים אותה מלה): א–א / א–א / א–ב // ג–ג / ב // ד–ד / ב //.

המשקל: שש או שבע תנועות בכל צלעית; השוואים אינם במניין. החתימה: ׳יול׳ (׳לוי׳ — בסדר הפוך).

המקור: ספר חזונים, דף 242ב (במדור ׳שבת החודש׳: ׳כל עצמותי ל׳ לוי׳); שם, דף 124א (במדור ׳חזון יום שני של שבועות׳). — פורסם: ידיעות, ד, עמ׳ רס, מס׳ ז (מתוך ספר חזונים); ילקוט הפיוטים, עמ׳ קפט. — נזכר: אוצר, אות י, מס׳ 970.

יָהּ מִי יַעֲמֹד בְּסוֹדֶךָ | אוֹ אֵיךְ עַיִן תְּעִידֶךָ
כִּי הָרוּחוֹת בְּיָדֶיךָ | לָכֵן יוֹדוּ עֲבָדֶיךָ
וִיבָרְכוּ שֵׁם כְּבֹדֶךָ | מְרֹמָם עַל־כָּל־בְּרָכָה.

וְשָׁתָה שַׁחֲקֵי מְעוֹנָי | גַּם כָּל מַלְאֲכֵי עֶלְיוֹנָי
לֹא רָאוּךָ וְלֹא סִינָי | כִּי מִי יַעֲרֹךְ לַה׳
אֱלֹהַי אֵין עֲרֹךְ אֵלֶיךָ.

לְמָתַי צִיּוֹן הֱיוֹת דָּוָה | הַמְעֻנָּגָה וְהַנָּוָה
הָרֵם בְּעֻזְּךָ יַד גַּאֲוָה | לָשׁוּב לָהּ כִּי שָׁם צִוָּה
ה׳ אֶת הַבְּרָכָה.

1 **יעמד בסודך**: ראה יר׳ כג: כב. **איך... תעידך**: מי יראה אותך, שאתה נעלם מכל נעלם (ראה איוב כט: יא). / 2 **הרוחות**: של בני־האדם. **הרוחות... יודו**: השווה תפילת נשמת: ׳ורוח ונשמה... הן הם יודו.׳ / 3 **ויברכו... ברכה**: נחמ׳ ט: ה (ושם: ׳ומרומם׳). / 4 **ושתה שחקי מעוני**: כמו ׳מעונים׳ – שמת מעונך בשחקים; ראה תה׳ צא: ט. / 5–4 **כל מלאכי... סיני**: אפילו המלאכים לא ראוך ולא סיני שירדת עליו. **מי יערך**: מי ידמה לך (על־פי תה׳ פט: ז; השווה תפילת נשמת: ׳מי ידמה לך ומי ישוה לך ומי יערך לך׳). / 6 **אין ערך אליך**: תה׳ מ: ו. / 7 **למתי**: עד מתי. **המענגה והנוה**: ציון (על־פי יר׳ ו: ג). / 8 **לשוב לה**: לשוב אליה. / 9–8 **כי שם... הברכה**: תה׳ קלג: ג. **שם**: על הררי ציון, כדברי הכתוב.

בורא עולם ותורתו

לה. לְבוֹרֵא כֹל

אופן בצורת שיר־איזור בעל מדריך בן ארבע שורות ושתי סטרופות בנות חמש ושש שורות. מרובע, היינו, בכל טור ארבע צלעיות. בשתי הצלעיות הראשונות יש חרוז פנימי, הצלעית השלישית היא נטולת־חרוז, ואילו בצלעית הרביעית בא חרוז הסטרופה או האיזור. שורה 4 היא שבר־פסוק, ולכן אין בה חלוקה. א־א־ב ג־ג־ב ד־ד־ב / ב // ה־ה־ו ז־ז־ו ח־ח־ו ט־ט־ו / י־י־ב //... המשקל: שלוש תנועות בכל צלעית; השוואים אינם במניין. החתימה: ׳לוי׳ (בראשי המחרוזות).

עניינו של הפיוט תיאור הבריאה ותהילת הבורא. ריבוי החרוזים וחילופי הצלילים הם גורם ריתמי בולט, האופייני לפיוטי אופן. השווה חריזה פנימית דומה באופן ׳שנאנים / שאננים / כניצוצים / ילהבו׳ (אבן גבירול, השירה העברית, א, עמ׳ 252); ׳מלאכים ממליכים׳ (משה אבן עזרא, שם, שם, עמ׳ 410); ׳יחו לשון / חזות אישון׳ (יהודה הלוי, שם, שם, עמ׳ 528); האחרון קרוב לפיוטנו בנושאו (עולם הבריאה) ובפרטים אחדים.

המקורות: כ״י אדלר 2923: ׳אופן ללוי בן־אלתבאן׳; ספר חזונים, דף 6א (מסומן בטעות דף ׳ז׳): ׳אופן לרבי לוי ז״ל׳ (במדור שבת בראשית). — פורסם: ידיעות, ד, עמ׳ רסא־רסב, מס׳ ט (על־פי המקורות הנ״ל); ילקוט הפיוטים, עמ׳ קצ. — נזכר: אוצר, אות ל, מס׳ 317, והמילואים לשם.

לְבוֹרֵא כֹל | וְכֹל יָכֹל | עֹשֵׂה עָשׁ | כְּסִיל וְכִימָה
בְּחָכְמָתוֹ | לְבַדּוֹ תֹּולֶה אֶרֶץ | עַל בְּלִימָה
כָּל חֲיָלָיו | בְּמַהֲלָלָיו | יְהַלְלוּהוּ | כֹּל נְשָׁמָה
מָה רַבּוּ מַעֲשֶׂיךָ ה׳ כֻּלָּם בְּחָכְמָה.

וּמִי יְמַלֵּל | בְּיוֹם וָלֵיל | וְאֵין לָשׁוֹן | מַגַּעַת
מְעַט מִזְעָר | וְהֵן נִבְעַר | כָּל־אָדָם | מִדַּעַת
יְסוֹדוֹתָיו | וְסוֹדוֹתָיו | בִּיסוֹדוֹת | אַרְבַּעַת
וּמִפְעָלָיו | וְגַלְגַּלָּיו | הָעֲגֻלִּים | כְּטַבַּעַת
וְלוֹ פְּלָאוֹת | בַּתְּבוּאוֹת | וּבְאָדָם | וּבַבְּהֵמָה.

1 **עש... וכימה:** מזלות (איוב ט:ט). / 2 **תלה... בלימה:** איוב כו:ז; ראה שיר מס׳ לז (׳אתה נורא בצבאות׳), שורה 8; ופיוטו הנזכר של יהודה הלוי. / 3 **חיליו:** ברואיו, ובמיוחד צבא השמים. בכה״י כתוב: ׳כל חילו במהללו יהללו׳; נוסחנו הוא תיקון של שירמן (ידיעות, שם). / 4 **מה רבו... בחכמה:** תה׳ קד:כד (׳בחכמה עשית׳; וכן בתפילת יוצר). / 5 **ומי ימלל:** תהילתו (על־פי תה׳ קו:ב). / 5–6 **ואין לשון מגעת... מזער:** כדי להללו. **נבער... מדעת:** יר׳ י:יד. / 7 **יסודותיו וכו׳:** מושא ל׳דעת׳ שלעיל. **יסודותיו וסודותיו:** אולי החומר והצורה. המלה ׳סוד׳ (ליד ׳יסוד׳) באה תכופות במשמעות הרגילה של רזים וסודות, אך בפיוטנו נזכרים ארבעת היסודות בנפרד. השווה ׳כתר מלכות׳, א: ׳לך חביון העז (רצון) הסוד (צורה) והיסוד (החומר)׳. **ביסודות ארבעת:** עפר, מים, רוח ואש, המצויים בצירופים שונים בכל היצורים. ארבעת היסודות נזכרים הרבה בפיוטים שעניינם הבריאה. / 8 **וגלגליו...:** הספירות, שהן עגולות.

יִתְבּוֹנְנוּ ׀ וְיָבִינוּ ׀ מְתֵי־שֶׂכֶל ׀ פְּעֻלָּתוֹ
כּוֹכָבִים ׀ נִצָּבִים ׀ בְּגַלְגַּלָּם ׀ בְּאִמְרָתוֹ
וְהַהוֹלְכִים ׀ עַל־פְּלָכִים ׀ כָּל־אִישׁ עַל־מְסִלָּתוֹ
וְהַשֶּׁמֶשׁ ׀ בְּלִי תָמֵשׁ ׀ מִקְצוֹתָם ׀ תְּקוּפָתוֹ
וּבֵינוֹתָן ׀ הוּא כְּחָתָן ׀ יוֹצֵא מֵחֻפָּתוֹ
וּבִתְבוּנָה ׀ בְּרֹב בִּינָה ׀ שָׁת שִׁבְעָה ׀ בְּנֵי כִימָה.

11 כוכבים נצבים בגלגלם: כוכבי־שבת. / 12 פלכים: גלגלים (בהשפעת הערבית: פלך), שהם משענתם (עיין מילון בן־יהודה). וההולכים על פלכים: כוכבי־לכת. כל איש: כל אחד מהם, כל כוכב. / 13 בלי תמש: בלי שתסטה ממסילתה. מקצותם תקופתו: לשון קיצור, על־סמך הנאמר על השמש בתה׳ יט:ז. / 14 ובינותן: בינות השמים או הכוכבים. הוא כחתן... מחפתו: על־פי הפסוק הנרמז בשורה הקודמת. / 15 שת: הקב״ה. שבעה בני כימה: במקום בני עיש (איוב לח:לב). משוררי ספרד החליפו לפעמים את השמות ביודעין (שירמן, ידיעות, שם). והשווה יהודה הלוי, בפיוטו הנזכר, שורה 15: ׳ובחכמה / בני כימה / שבעה עולים בקנה׳.

לו. גְּדוֹל עֵצוֹת

פיוט ל׳מלכויות זכרונות ושופרות׳. במחרוזות ב׳, ג׳ וד׳, המכוונות כסדרן לתפילות אלו, מצויים רמזים רבים ללשון התפילה ולכתובים המופיעים בה.
שיר־איזור בעל מדריך (שורות 1–4). כל צלעית ראשונה חורזת עם חברותיה בסטרופה ובאיזור: א–ב א–ב א–ב א–ב // ג–ד ג–ד ג–ד ג–ב // ה–ו ה–ו ה–ו / ה–ב // וכו׳. המלה ׳מלכויות׳ קובעת את החרוז הפנימי במדריך, ואילו המלה ׳שופרות׳ – את החרוז הסופי. המשקל: בדרך־כלל שבע תנועות בכל צלעית; השוואים אינם במניין. החתימה: ׳לוי׳ (בראשי המחרוזות, אחרי המדריך).
המקור: כ״י אוכספורד MS Heb. e 93, דף 22ב (׳ל[חן] יונה זמיריך׳). – פורסם: ידיעות, ד, עמ׳ רעה, מס׳ כא (על־פי המקור הנ״ל).

גְּדוֹל עֵצוֹת רַב עֲלִילִיּוֹת ׀ יֶשׁ לְךָ תְּבוּנוֹת וּגְבוּרוֹת
מְקָרֶה בַמַּיִם עֲלִיּוֹת ׀ בִּתְבוּנוֹת לֹא נֶחְקָרוֹת
קַבֵּל נַפְשׁוֹת הוֹמִיּוֹת ׀ הוֹגוֹת כִּיּוֹנוֹת בְּמַאֲמָרוֹת
מַלְכֻיּוֹת ׀ זִכְרוֹנוֹת וְשׁוֹפָרוֹת.

1 גדול... עליליות: על־פי יר׳ לב:יט. / 2 מקרה... עליות: על־פי תה׳ קד:ג. בתבונות וכו׳: על־פי יש׳ מ:כח: ׳אין חקר לתבונתו׳. / 3 נפשות... כיונות: על־פי יש׳ נט:יא: ׳וכיונים הגה נהגה׳. / 4 מלכיות זכרונות ושופרות: התפילות במוסף

לוּ חָכְמוּ בַּעֲלֵי דִמְיוֹן | אוֹ הִשְׂכִּילוּ זֹאת עוֹרְכִים
עֶרְךָ, רָאוּ כִּי עֶלְיוֹן | אַתָּה מֶלֶךְ הַמְּלָכִים
כָּל־מֶלֶךְ יֹאחֵז רִפְיוֹן | וְיָמָיו אֵינָם נִמְשָׁכִים
לְבַד מַלְכוּתְךָ דָּר חֶבְיוֹן | מַלְכוּת תַּעֲמֹד לְדוֹרוֹת.

וּזְכֹר בִּרְצוֹן עַמֶּךָ | מְשַׁוֵּעַ זוֹכֵר וּפוֹקֵד
וְשַׁכֵּךְ אֶת חֲרוֹן זַעְמֶךָ | בִּגְלַל זְכוּת נֶעֱקָד וְעוֹקֵד
וּפְקֹד בְּמִדַּת רַחֲמֶיךָ | דָּל עַל־דַּל חַסְדְּךָ שׁוֹקֵד.
אֵין שִׁכְחָה בִמְרוֹמֶיךָ | וְאֵין מֵעֵינֶיךָ נִסְתָּרוֹת.

יָרִים כַּשּׁוֹפָר קוֹלוֹ | מְבַשֵּׂר מַשְׁמִיעַ יְשׁוּעָה
שִׁיר חָדָשׁ לְאֵל שִׁירוּ לוֹ | הֵיטִיבוּ נַגֵּן בִּתְרוּעָה
כִּי גָאַל יַעֲקֹב חֶבְלוֹ | וַיַּחְשְׂכֵהוּ מֵרָעָה
וּכְאָז יִסַּע לְאָהֳלוֹ – | וּתְקַעְתֶּם בַּחֲצֹצְרוֹת.

לראש־השנה. / 5 **חכמו... השכילו זאת**: על־פי דב׳ לב:כט. / 7 **יאחז רפיון**: השווה להתחלת תפילת מלכויות. / 8 **דר חביון**: ראה חב׳ ג:ד. / 9 **וזכר...עמך**: על־פי תה׳ קו:ד. **משוע**: מוסב על ׳עמך׳. **זוכר ופוקד** (ראה הפסוק הנזכר וכן הו׳ ט:ט): מלשון תפילת ׳זכרונות׳: ׳אתה זוכר מעשה עולם ופוקד כל יצורי קדם׳. / 10 **נעקד ועוקד**: יצחק ואברהם; עקדת יצחק נזכרת גם בתפילה, שם. / 11 **במדת רחמיך**: לשון התפילה: ׳יכבשו רחמיך את כעסך... ויגולו רחמיך על מדותיך׳ (לפי תפילת ישמעאל כוהן גדול, ברכות ז, ע״א). **על דל**: על דלת (על־פי תה׳ קמא:ג). **שוקד**: ראה מש׳ ח:לד: ׳לשקד על דלתתי׳. / 12 **אין שכחה... נסתרות**: מלשון התפילה: ׳אין שכחה לפני כסא כבודך ואין נסתר מנגד עיניך׳; וראה דב׳ כט:כח. / 13 **ירים כשופר**: על־פי יש׳ נח:א. **מבשר... ישועה**: על־פי יש׳ נב:ז. / 14 **שיר חדש... בתרועה**: על־פי תה׳ לג:ג. / 15 **כי גאל יעקב**: על־פי יש׳ מד:כג. **חבלו**: על־פי דב׳ לב:ט: ׳יעקב חבל נחלתו׳. **ויחשכהו**: על־פי שמ״א כה:לט. / 16 **יסע לאהלו**: במקור: ׳לאהליו׳, אך צריך להיות ׳לאהלו׳, בהתאם לחרוז. **ותקעתם בחצצרות**: במ׳ י:י. והשווה סיום תפילת ׳שופרות׳.

לז. אַתָּה נוֹרָא בִּצְבָאוֹת

שיר סטרופי בחריזה מיוחדת. כל צלעית ראשונה חורזת עם חברותיה לסטרופה; בשורה האחרונה של כל סטרופה עובר החרוז הפנימי לסיום: א–ב א–ב א–א// ג–ד ג–ד ג–ג// ה–ו ה–ו ה–ה// וכו׳. מלבד זה יש אַליטראציות וחרוזים פנימיים נוספים. המשקל: שש עד שמונה תנועות בכל צלעית; השוואים אינם במניין. החתימה: ׳אני לוי׳ (בראשי המחרוזות). הסיום מעיד, שהפיוט הוא רשות לקדיש (ראה: ידיעות, ד, עמ׳ רס).

המקורות: כ״י אוכספורד 1139, דף 70א (׳פיוט׳) [**א**=הנוסח המובא כאן]; כ״י 3312 °8

שירי לוי אבן אלתבאן

בספרייה הלאומית, דפים 222ב–224א (׳פיוט נאה׳) [=ס]. – פורסם: ידיעות, ד, עמ׳ רס (מכ״י אוכספורד). – נזכר: *LG*, עמ׳ 217 (מייחסו לאבן אלתבאן); אוצר, אות א, מס׳ 8832.

אַתָּה נוֹרָא בִצְבָאוֹת | רוֹכֵב בִּרְקִיעַ שָׁמַיִם
גַּם עָשִׂיתָ נִפְלָאוֹת | שָׁמַיִם בְּאֵשׁ וּמַיִם
שָׁם חַיּוֹת כִּסֵּא נוֹשְׂאוֹת | אוֹדְךָ עַל־כִּי נוֹרָאוֹת

נִפְלֵאתִי לְמוֹדַעַת | סוֹדוֹתֶיךָ הַנּוֹרָאִים
לָכֵן כָּל יוֹדְעֵי דַעַת | יוֹדְעִים כִּי הֵמָּה נִפְלָאִים
וּבָאָרֶץ מוֹדַעַת | גַּם נַפְשִׁי יוֹדַעַת.

יָהּ צוּר עוֹלָמִים רָמָה | יָדְךָ כִּי אַתָּה עָשִׂיתָ
כָּל חֵי צוּר דְּמוּת חָכְמָה | אֶרֶץ כְּאֶשְׁכּוֹל תָּלִיתָ
גַּלְגַּל סוֹבֵב כְּחַמָּה | עַל כָּל יוֹשְׁבֵי הָאֲדָמָה.

לָאֵל קַדְמוֹן וּמְיֻחָד | יַקְדִּישׁוּ כָּל־דָּרֵי מָעְלָה
גַּם עַתָּה מֵרַב־פַּחַד | כִּי כֻלָּם הֵם לוֹ לִסְגֻלָּה
לַעֲרָךְ־לוֹ שִׁיר בְּיַחַד | וּלְעָבְדוֹ שְׁכֶם אֶחָד.

ס בסיום כל מחרוזת בא רמז לפזמון (׳אתה׳). / 2 ׳מאש ומים׳. / 3 ׳על כסא נשאות׳. / 4 ׳נפלאתי למאד דעת... הנוראים׳. / 5 ׳אכן כל... כי הם׳. / 6 ׳זה גם נפשי׳. / 7 ׳כי עשית׳. / 8 ׳כל היצורים חכמה כאשכול תלית׳. / 9 ׳גלגל סובב לבלימה... האדמה׳. / 10 ׳כל הודי מעלה׳. / 11 ׳גם מטה מרב פחד... הם לסגולה׳. / 12 ׳לערוך לו שיר יחד׳.

1 **בצבאות**: על־פי תואר האל בדברי המלאכים (יש׳ ו:ג). **רוכב... שמים**: על־פי דב׳ לג:כו. / 2 **שמים וכו׳**: ראה בראשית רבה, סוף פרשה ד. / 3 **חיות כסא נושאות**: ראה יח׳ א:כו ועוד. **אודך... נפלתי** (פסיחה לשורה 4): תה׳ קלט:יד: ׳אודך על כי נוראות נפליתי נפלאים מעשיך׳; פסוק זה נרמז גם בהמשך. / 4 **למודעת**: לדעת; והכוונה: לא יכולתי לדעת (השווה איוב מב:ג). / 5 **יודעי דעת**: דנ׳ א:ד. **כי המה נפלאים**: מוסב על ׳סודותיך׳. / 6 **ובארץ מודעת**: על־פי יש׳ יב:ה. **גם נפשי וכו׳**: על־פי תה׳ קלט:יד (לעיל, שורה 3). / 7 **רמה ידך**: על־פי תה׳ פט:יד. / 8 **ארץ כאשכול תלית**: ציור המצוי הרבה בשירה. השווה, למשל, אבן גבירול: ׳הכל כמו אשכול תלית׳ (׳שוכן עד׳); ׳נתלה עולם בידו כאשכול בידיך׳ (׳לך שדי׳); ׳צור... תולה עולם כמו אשכול׳ (׳שאל להודות׳); משה אבן עזרא: ׳האל התולה על בלימה תבל, וכאשכול דולה אותה בלי חבל׳; ועוד הרבה. ׳על בלימה׳ (והשווה אצלנו השיר ׳לבורא כל׳, שורה 2) – על־פי איוב כו:ז; לפי צונץ (*SP*, עמ׳ 220) מיוסד ציור האשכול על תיאור העולם התלוי כקמיע בזרוע האל, וכבר פייטנים קדומים מביאים ציור זה (עיין: צונץ, שם, נספח 26, עמ׳ 509–511). / 11 **גם עתה**: נכון יותר נראה נוסח ס: ׳גם מטה מרב פחד׳. / 12 **שיר ביחד**: את המלה ׳ביחד׳ הוסיף שירמן בנוסח **א** לתיקון החרוז; ואכן מצאתי בנוסח ס: ׳לערוך לו שירה יחד׳; והשווה תפילת יוצר: ׳משמיעים ביראה יחד׳ וכו׳. **ולעבדו וכו׳**: צפ׳ ג:ט. בתפילה נרמז חלק אחר של הפסוק (׳בשפה ברורה...׳).

וּמִי הוּא דּוֹבֵר צַחוֹת | כִּי יַגִּיד אֶת רֹב מַהֲלָלָיו
בְּרֹב שִׁירִים וְשִׁבָחוֹת | כִּי הוּא אֵל אֵין עֲרֹךְ אֵלָיו
הַשָּׁת חָכְמָה בַּטֻּחוֹת | עֹשֶׂה מַלְאָכָיו רוּחוֹת.

יָשִׁירוּ לוֹ שִׁיר חָדָשׁ | אוֹפַנֵּי רוּם וּמַלְאָכִים
לֵוִי יָשִׁיר בְּמִקְדָּשׁ | גַּם כָּל שִׁיר וְשִׁיר עוֹרְכִים
כִּי הוּא קָדוֹשׁ וּמְקֻדָּשׁ | יִתְגַּדַּל וְיִתְקַדָּשׁ.

14 ׳בדבר שירים ותושבחות כי אין ערוך אליו׳. / 17 ׳לו שיר במקדש גם כל שיר עורכים׳.

13 **ומי... צחות**: ראה יש׳ לב:ד. / 14 **אל אין ערך**: תיקון של שירמן. נוסח א: ׳הוא אל אל ערוך׳; נוסח ס: ׳כי אין ערך אליו׳ (על־פי תה׳ מ:ו). / 15 **השת... בטחות**: על־פי איוב לח:לו. **עשה מלאכיו רוחות**: תה׳ קד:ד. / 16 **שיר חדש**: על־פי יש׳ מב:י ועוד. / 18 **קדוש... יתקדש**: רמז לייעודו של הפיוט.

לח. בְּזָכְרְךָ יִנָּפֵשׁ כָּל־אֱנוֹשׁ

מוחרך (פתיחה לתפילת ׳נשמת׳); מעין שיר־איזור בעל מדריך בן שני טורים ושלוש מחרוזות בנות שלושה טורים ומעין טור איזור. המדריך וטורי האיזור הם חלקי פסוקים, המובאים כלשונם ומסתיימים כולם במלה ׳רוח׳. הפתיחה והטור האחרון רומזים לרוח־חיים, בהתאם לייעוד הפיוט. החריזה: א–רוח א–רוח / ב–ב ב–ב ב–ב ב–רוח /... חריזה דומה מצויה גם בפיוטי מוחרך של מחברים אחרים, כגון יצחק אבן גיאת (׳נגדך אשים מגמתי׳, השירה העברית, א, עמ׳ 309) ואבון (׳עז אל מעידים׳, שם, עמ׳ 341). בכל צלעית ארבע עד שש תנועות (על־פי־רוב חמש); השוואים אינם במניין. התחימה: ׳לוי׳ (בראשי המחרוזות).

המקור: כ״י אוכספורד 1190, דף 83א (במדור לסוכות: ׳מהרך׳). – פורסם: ידיעות, ד, עמ׳ רנט, מס׳ ו (על־פי המקור הנ״ל). – נזכר: לוח הפייטנים, עמ׳ 47, מס׳ 14; אוצר, אות א, מס׳ 297.

בְּזָכְרְךָ יִנָּפֵשׁ | כָּל־אֱנוֹשׁ בּוֹ רוּחַ
אֲשֶׁר בְּיָדוֹ נֶפֶשׁ | כָּל חַי וְרוּחַ.

לְבּוֹת נִמְהָרִים | יִהְיוּ־נָא טְהֹרִים
זְקֵנִים וּנְעָרִים | לִהְיוֹת מַזְכִּירִים
שֵׁם יוֹצֵר יְצוּרִים | אַדִּיר בָּאַדִּירִים
אֵלִי יוֹצֵר הָרִים | וּבֹרֵא רוּחַ.

1 **כל... רוח**: על־פי בר׳ ו:יז. / 2 **אשר... כל חי ורוח**: איוב יב:י. **אשר בידו**: אתה, אשר בידך. / 3 **לבות נמהרים**: ראה יש׳ לב:ד; ובפיוט הכוונה: יהיו נא הלבבות טהורים, כדי שיוכלו להזכיר את שמו של הקב״ה (שירמן). / 5 **אדיר באדירים**: על־פי

וְאֵיךְ יוּכַל חֵלֶךְ | מַחְזִיק בְּפֶלֶךְ
וְנֶחְשָׁב כְּהֵלֶךְ | אֲשֶׁר דַּרְכּוֹ יֵלֶךְ
לַעֲמֹד לִפְנֵי מֶלֶךְ | מַעֲמִיד רֶגֶל וּפֶלֶךְ
אֲדָמָה, וּמְהַלֵּךְ | עַל כַּנְפֵי רוּחַ.

יָהּ בְּשֵׁשׁ בּוֹנֶה | מַעֲלוֹתָיו וּמוֹנֶה
כּוֹכָבִים וְחוֹנֶה | עַל כְּרוּבִים, וּפוֹנֶה
מַלְאָכָיו לְכָל פּוֹנֶה, | אֶל כָּל אֲשֶׁר יִפְנֶה
שָׁמָּה הָרוּחַ.

תה׳ ח:ב; שמ״א ד:ח. / 6 **יוצר... רוח**: עמ׳ ד:יג. / 7–8 **חלך**: עני מכול, האדם. **פלך... הלך**: המחזיק במקל־נדודים והוא אך עובר־אורח ודינו לחלוף. **מחזיק בפלך**: שמ״ב ג:כט. / 9 **לעמד לפני**: בכ״י ׳יעמד׳. **מעמיד רגל**: ראה תה׳ לא:ט: ׳העמדת במרחב רגלי׳. **ופלך אדמה** (מעבר לשורה 10): את גלילות הארץ, ואולי: את הגלגלים הסובבים אותה. / 10 **ומהלך... רוח**: על־פי תה׳ קד:ג. / 11 **בשש**: ראה מל״א י:יט; דה״ב ט:יח: ׳שש מעלות לכסא׳ (של שלמה); השווה שמות רבה, טו: ׳הקב״ה עשה ששה רקיעים ובשביעי יושב. ובכסאו של שלמה כתיב שש מעלות לכסא ויושב במעלה השביעית.׳ השווה גם תיאור שבעת הרקיעים בחגיגה יב–יג. / 12 **וחונה על כרובים**: השווה חגיגה יב, ע״ב, תיאור הרקיע השביעי: ׳...ומלאכי השרת... ומלך אל חי... שוכן עליהם.׳ **ופונה**: מַפנה; פועל יוצא, דוגמת ׳פנה ערף׳. / 13 **לכל פונה**: לכל איש אשר פונה אליו הוא מפנה את מלאכיו (על־פי מש׳ יז:ח); ואולי התיבה ׳פונה׳ באה כאן בהוראת פינה, כמו בכ״י של יומא טו, ע״ב (הערת ש׳ אברמסון; ראה גם ידיעות, ו, עמ׳ שלב), כלומר, שולח מלאכיו לכל עבר. **אל כל אשר יפנה**: השווה יח׳ א:כ, שבחלקו מובא להלן. / 14 **שמה הרוח**: יח׳ א:כ; הכוונה כאן גם לרוח־חיים, לפי המשך הפסוק (׳כי רוח החיה באופנים׳), ובכך רמז לייעודו של הפיוט: ׳נשמת כל חי תברך... ורוח כל בשר תפאר...׳

לט. לַהֲבוֹת כְּבוֹד אֵלִי

אופן ליום א׳ של שבועות, בצורת שיר־איזור בן שלוש מחרוזות: בראשונה ובאחרונה שני טורים, ואילו באמצעית – שלושה. במחרוזת האמצעית חורזות גם הצלעיות הראשונות זו עם זו. בסיום הפיוט חוזר החרוז הפותח: א/א//ב–ג ב–ג ב–ג//א/א//. המשקל: בדרך־כלל חמש תנועות בכל צלעית; השוואים הנעים והחטפים אינם במניין.

מבחינת ייחוסו פיוט זה הוא בין המסופקים. צונץ הדפיס אותו במאמרו על מנהג אביניון: *AZJ*, ג (1839), עמ׳ 79. בספרו *LG*, עמ׳ 217, הוא מייחס אותו לאבן אלתבאן. דודזון (אוצר, אות ל, מס׳ 496) רושם ייחוס זה בסימן־שאלה, ושירמן מעיר (ידיעות, ד, עמ׳ רנז, בסוף הרשימה), שאין לגלות את החתימה ׳לוי׳ בנוסח שהדפיס צונץ.

בורא עולם ותורתו

לַהֲבוֹת כְּבוֹד אֵלִי | חָצְבוּ בְּרַעְיוֹנַי
עַד פָּעֳלוֹ הִשִּׂיק | מַהֲלָל בְּהֶגְיוֹנַי.

כֻּלָּם בְּקוֹל נֹעַם | מַהֲלָלוֹ יְחַדְּשׁוּ
יוֹם יוֹם בְּטוּב טַעַם | נָעֳמוּ וְקִדְּשׁוּ
קָדוֹשׁ בְּכָל פַּעַם | יַעֲנוּ וִישַׁלְּשׁוּ.

כָּהֶם בְּהֵיכָלוֹ | יַעֲנוּ בְּתוֹךְ מַחֲנַי
שָׂפָה בְרוּרָה לִקְרֹא | כֻּלָּם בְּשֵׁם ה׳.

1 **להבות... חצבו**: השווה תה׳ כט: ז. / 2 **פעלו השיק**: פועלו העלה בי את תהילתו. **מהלל**: על־פי מש׳ כז: כא. / 3 **כלם**: כל המלאכים משרתיו. / 5 **קדוש... וישלשו**: כנאמר בקדושת כתר. / 6 **כהם**: כמו המלאכים. / 7 **שפה... ה׳**: צפ׳ ג: ט; והשווה בתפילת יוצר: ׳להקדיש ליוצרם בנחת רוח בשפה ברורה ובנעימה קדושה.׳ **כלם**: מוסב על ׳מחני׳; ראה קדושה לש״ץ: ׳נקדש את שמך בעולם כשם שמקדישים אותו בשמי מרום.׳

מ. מִי כָמוֹךָ אֵל אַדִּיר

מי כמוך לשבת חנוכה. השורה האחרונה בכל מחרוזות היא פסוק או שבר־פסוק, המסתיים במלה ׳אור׳ – רמז לחנוכה. מחרוזות א–ה הן בנות שלוש שורות (החורזות א–א–אור), ואילו הנותרות – בנות ארבע שורות (ב–ב–ב–אור). המשקל כמעט חופשי: שש עד אחת־עשרה תנועות בשורה.

זהו הפיוט הארוך ביותר של אבן אלתבאן שהגיע לידנו. בנוסחנו 115 שורות (30 מחרוזות), אך אין ספק, שנשתרבבו בו מחרוזות אחדות (ו–ח, שורות 16–27) ממקום אחר, כפי שמעידים אורך שורותיהן והשוני שבמבנה ובסגנון (ראה: שירמן, בשם מ׳ זולאי, ידיעות, ו, עמ׳ שלב). גם תוכנן מעיד, שהן שייכות לפיוט אחר (שנועד אף הוא לחנוכה): הן מספרות על הגאולה משעבוד היוונים, שלא לפי סדר העניינים בשאר חלקי הפיוט. ואכן, הן חסרות בנוסח כ״י גינצבורג, שבו שורה 28 שבנוסחנו באה מיד אחרי שורה 15. מסתבר אפוא, שהפיוט מחזיק 103 שורות, אך גם כך הוא ארוך בהרבה מכל שאר שירי אבן אלתבאן.

מחרוזות א–ה הן תהילה לבורא כול ויודע כול. ממחרוזות ט ועד הסיום (שורות 28–115) מפויטים המעשים העיקריים מיום בריאת העולם ועד קריעת ים־סוף. דבר זה רגיל בפיוטי ׳מי כמוך׳, ששולבו בברכת גאולה לפני הפסוק משירת־הים ׳מי כמכה באלים ה׳ מי כמכה נאדר בקדש׳ (שמ׳ טו: יא) או בתפילת נשמת, בפסוק ׳כל עצמתי תאמרנה ה׳ מי כמוך׳ (תה׳ לה: י; וראה: ילין, תורת השירה הספרדית, עמ׳ 121; השירה העברית, ב, עמ׳ 709). נושאי הפיוט שלפנינו הם: מעשה־בראשית (מחרוזות ט–יא), אדם וחוה (יב–יד), קין והבל (טו–טז), המבול (יז), מגדל בבל (יח), אברהם (יט), יצחק והעקידה (כ), יעקב ובניו (כא), הרעב בכנען (כב), השעבוד במצרים (כג), משה (כד), עשר המכות

(כה–כו), יציאת מצרים (כז), רדיפת מצרים אחרי ישראל (כח), טיבוע האויבים בים־סוף (כט) ושירת־הים (ל).

האקרוסטיכון הוא הארוך ביותר מכל פיוטי אבן אלתבאן הידועים לנו: ׳לוי (או: ׳ללוי׳)... אני לוי הקטן בר יעקב חזק אמן׳ (בראשי מחרוזות ג–ד, ט–ל). אגב, האות יו״ד של השם יעקב בחתימה פותחת גם את המלה ׳יעקב׳ שבאותה שורה. מחרוזות ו–ח, השייכות, כאמור, לפיוט אחר, אינן כלולות בחתימה (האותיות שבראשן מצטרפות ל׳...ניה׳, ונראות כסיום שמו של המחבר). דודזון (אות מ, מס׳ 1151) אמנם מציין, שהן שייכות כאילו לחתימת משוררנו, אך במקום אחר (אות מ, מס׳ 1181) הוא הולך בעקבות צונץ ופוסח עליהן.

בשיר מופיעים לשונות מחז״ל וכינויים מן המדרש ומן הפיוט הקדום, כגון: ׳בה׳ דבקים׳, ׳נגזרה הגזרה׳, ׳שושן׳, ׳אזרח׳ (אברהם), ׳אצילים׳ (השבטים), ׳אכזרים׳ (המצרים), ׳ציר׳ (משה) ו׳מרום׳ (הקב״ה). רווח גם השימוש העקיב בעבר רגיל, כמו, למשל: ׳קם מלך חדש׳ (שורה 84), במקום ׳ויקם׳ בפסוק שהשורה מיוסדת עליו. פרט לפסוק אחד, המסיים מחרוזות, משתמש הפייטן רק בשני מקומות בו״ו־ההיפוך (שורות 37 ו־65).

המקורות: כ״י גינצבורג 197, דף 254ב (׳לר׳ לוי בר יעקב ז״ל׳) [=ג]; ספר חזונים, דף 13ב (במדור ׳שבת וחנוכה׳: ׳מי כמוך לר׳ לוי׳) [הנוסח המובא כאן; כמה מקומות סתומים מתבארים מתוך השוואה עם כ״י גינצבורג]. – פורסם: ידיעות, ד, עמ׳ רסה–רסט, מס׳ יג (על־פי ספר חזונים). – נזכר: *LG*, עמ׳ 218. צונץ מציין את שורה 7 שבנוסחנו בתור התחלת הפיוט, ועל־כן מזכיר דודזון את הפיוט פעמיים (וראה לעיל).

[א]
מִי כָמוֹךָ אֵל אַדִּיר וְנָאוֹר
עֹטֶה כַּשַּׂלְמָה אוֹר
וַיֹּאמֶר אֱלֹהִים יְהִי אוֹר.

[ב]
לְשׁוֹנִי שִׁיר מְחַוָּה בְּאַהֲבָה וְחִבַּת
לְעַמּוֹ צוּר צִוָּה לְשָׁמְרוֹ כְּבָבַת [וְלִשְׂמֹחַ בְּחֶדְוַת]
כִּי נֵר מִצְוָה וְתוֹרָה אוֹר.

[ג]
מִי כָמוֹךָ לוֹבֵשׁ כַּשִּׁרְיָן צְדָקוֹת
חוֹקֵר לְכָל תַּכְלִית מְגַלֶּה עֲמֻקוֹת
מִנִּי חֹשֶׁךְ וַיֵּצֵא אוֹר.

ג שתי מחרוזות הפתיחה חסרות. הפיוט מתחיל: ׳מי כמוך לובש כשרין׳ (אצלנו שורה 7). / 8 ׳לכל תכלית עמוקות׳.

1 **מי כמוך**: על־פי שמ׳ טו:יא; וראה בהערות לעיל. **אדיר ונאור**: על־פי תה׳ עו:ה. / 2 **עוטה... אור**: על־פי תה׳ קד:ב. / 3 בר׳ א:ג. / 4 **וחבת**: צורת נפרד (וכן ׳כבבת׳, ׳בחדות׳ בשורה הבאה), דוגמת ׳עזרת׳ (תה׳ ס:יג). / 5 **לפי אורך השורה והחרוז הדל חבת – חדות** אפשר לשער, ששתי המלים האחרונות הן תוספת. כנראה, הסתיימה השורה במלה ׳כבבת׳. **לעמו... צוה**: אשר צור ציווה וכו׳. **לשמרו כבבת**: השווה זכ׳ ב:יב: ׳כי הנגע בכם נגע בבבת עינו׳. **בחדות**: אולי על־פי נחמ׳ ח:י. / 6 מש׳ ו:כג; בשיר זהו רמז לנר חנוכה. / 7 **לובש... צדקות**: על־פי יש׳ נט:יז. / 8–9 **חוקר לכל תכלית**: על־פי איוב כח:ג. **מגלה... אור**: איוב יב:כב (בהשמטה, לצורך העניין).

[ד] מִי כָמוֹךָ וְשָׁמַיִם בַּזֶּרֶת תִּכֵּן בְּחָכְמָתוֹ
וּמִי זֶה יֵדַע וְיָבִין זוּלָתוֹ
אֵי־זֶה הַדֶּרֶךְ יִשְׁכָּן־אוֹר.

[ה] מִי כָמוֹךָ ׀ יוֹדֵעַ וָעֵד מְהֻלָּל בָּאִיִּים
כִּי עִמְּךָ מְקוֹר חַיִּים
בְּאוֹרְךָ נִרְאֶה־אוֹר.

[ו] [נְאֻם כָּל לָשׁוֹן שֶׁבַח מֶלֶךְ מְלָכִים
אֲשֶׁר חַסְדּוֹ נֶצַח מְסוֹבֵב עִם פְּרוּכִים
וְיוֹם הֶרֶג וָרֶצַח בְּאֶבְרָתוֹ מְסַכְּכִים
הָעָם הַהֹלְכִים בַּחֹשֶׁךְ רָאוּ אוֹר.

[ז] יָעֲצוּ עַל חֶבְלְךָ מַלְכֵי יְוָנִים
לְגַדֵּעַ חֶלְקְךָ אָסְפוּ הֲמוֹנִים
עַד מְרוֹם זְבוּלְךָ הִשְׁקַפְתָּ וְשׁוֹטְנִים
נָהַג וַיֹּלַךְ חֹשֶׁךְ וְלֹא־אוֹר.

[ח] הֲמוֹן יָוָן זֵרָה וְהוֹשִׁיעַ נַהֲלָאָה
מִיּוֹם שֹׁד וְצָרָה וְשׁוֹאָה וּמְשׁוֹאָה
וְכֹהֲנֵי עַם נִבְרָא בְּהַלֵּל וּבְהוֹדָאָה
וּלְכָל־בְּנֵי יִשְׂרָאֵל הָיָה אוֹר.]

10 ׳ושמים תכן׳. / 11 ׳ומי זה יבין וידע׳. / 12 ׳איזה הדרך יחלק אור׳ (על־פי איוב לח:כד). / 13 ׳מהללים באיים׳. / שורות 16—27 (מחרוזות ו—ח) חסרות.

10 **ושמים בזרת תכן:** יש׳ מ:יב. / 12 **אי־זה הדרך ישכן אור:** איוב לח:יט; בנוסחנו חוזר הפסוק בשורה 47, ועל־כן מתקבל יותר נוסח גינצבורג: ׳אי־זה הדרך יחלק אור׳ (איוב לח:כד). / 13 **יודע ועד:** יר׳ כט:כג. **מהלל באיים:** עד קצווי ארץ (על־פי יש׳ מב:יב). / 14—15 **כי עמך... אור:** תה׳ לו:י. / 16 שלוש המחרוזות הבאות (שורות 16—27) שייכות לפיוט אחר, שנועד אף הוא לחנוכה; וראה לעיל. **נאם:** דיבר. **לשון:** בזכר (תה׳ קכ:ד). / 17 **פרוכים:** משועבדים בפרך. / 18 **ויום הרג:** על־פי יש׳ ל:כה. **ויום:** וביום שבו. **מסככים:** תיקון של שירמן (בספר חזונים: ׳מסובב׳). / 19 **העם... אור:** יש׳ ט:א. / 20 **יעצו... יונים:** קשרו קשר בזמן המקבים. / 21 **חלקך:** את עמך. / 22 **עד מרום:** עד אשר השקפת ממרום זבולך והושעת את ישראל בקרב. / 23 **נהג... אור:** איכה ג:ב; כאן מוסבים הדברים על האויבים. המעבר לגוף שלישי הוא בגלל לשון הפסוק; גם ההמשך בגוף שלישי. / 24 **נהלאה:** ישראל (על־פי מי׳ ד:ז). / 25 **מיום... ומשואה:** על־פי צפ׳ א:טו. / 26 **וכהני:** ושבו לטהר את המקדש. **עם נברא:** תה׳ קב:יט. / 27 **ולכל... אור:** על־פי שמ׳ י:כג: ׳אור

[ט] אֱלֹהִים בָּרָא שְׁחָקִים
כִּרְאִי מוּצָק חֲזָקִים
וְתָלָה בְּתוֹכָם אֲרָקִים
וַיֹּאמֶר אֱלֹהִים יְהִי אוֹר וַיְהִי־אוֹר.

[י] נִקְווּ הַמַּיִם אֶל מָקוֹם אֶחָד
וְשֶׁרֶץ וְנֶפֶשׁ חַיָּה וְעוֹף יַחַד
וּשְׁנֵי הַמְּאוֹרוֹת כְּאֶחָד
לִמְשֹׁל בַּיּוֹם וּבַלַּיְלָה וּלְהַבְדִּיל בֵּין הָאוֹר.

[יא] יְצוּרִים בָּרָא בְּיָמִים שִׁשָּׁה
וַיִּצֶר מִן־הָאֲדָמָה אִישׁ וְאִשָּׁה
וְיוֹם הַשְּׁבִיעִי קָרָא קְדֻשָּׁה
עַד־תַּכְלִית אוֹר.

[יב] לְגַן־עֵדֶן הֱבִיאוֹ בְּשׁוּבָה וָנַחַת
וְהִזְהִירוֹ מֵעֵץ הַדַּעַת לָקַחַת
לְהָשִׁיב נַפְשׁוֹ מִנֵּי־שָׁחַת
לֵאוֹר בְּאוֹר.

[יג] וְהַנָּחָשׁ הִשִּׁיאָם וְלָקְחוּ
מִפְּרִי עֵץ הַדַּעַת וּמִצְוָה שָׁכְחוּ

33 ׳ישור וחיה ועוף יחד׳. / 34 ׳ושני המאורות נבראו יחד׳. / 36 ׳יצוריו חתם׳. / 40 ׳לגן עדן הובאו׳. / 41 ׳והוזהרו׳.

במושבתם׳. / מכאן ואילך נזכרים המעשים מבריאת העולם ועד קריעת ים־סוף. / 28–29 יום ראשון ויום שני של הבריאה. **שחקים... חזקים**: על־פי איוב לז:יח. / 30 **בתוכם**: בספר חזונים כתוב: ׳בתוכה׳. **ארקים**: ארץ (השווה יר׳ י:יא); השווה: ׳שחקים רקע ארקים תקע׳ (אבן גבירול). **ותלה**: דימוי זה קרוב ל׳ארץ כאשכול תלית׳; ראה השיר ׳אתה נורא בצבאות׳ (מס׳ לז), שורה 8. / 31 **ויאמר... אור**: בר׳ א:ג. / 32 **נקוו המים... אחד**: על־פי בר׳ א:ט (יום שלישי). / 33 **ושרץ... יחד**: בר׳ א:כ (יום חמישי). / 34 **ושני המאורות**: על־פי בר׳ א:טז (יום רביעי). / 35 **למשל... האור**: בר׳ א:יח. בתיאור הבריאה קודם כאן יום חמישי ליום רביעי, כנראה בגלל הפסוק המסתיים במלה ׳האור׳. / 36–38 יום שישי ושבת; ראה בר׳ א:כח; ב:ג. / 39 **עד תכלית אור**: איוב כו:י; כאן הכוונה: קדושה עד צאת השבת, עד חשכה. / 40–41 **לגן־עדן... לקחת**: על־פי בר׳ ב:ח ואילך. / 42–43 **להשיב נפשו... באור**: כדי להשיב נפשו (איוב לג:ל); מוסב כאן על האיסור לאכול מעץ־הדעת (בר׳ ב:יז). / 44–46 **והנחש**: ראה בר׳ ג:א ואילך. / 47 **אי־זה הדרך ישכן־אור**: איוב לח:יט;

וְאָכְלוּ שְׁנֵיהֶם וְשָׁחוּ
אֵי־זֶה הַדֶּרֶךְ יִשְׁכָּן־אוֹר.

[יד] יָצְאוּ מִן הַגַּן בְּאַף וְחֵמָה
גֹּרְשׁוּ לַעֲבֹד אֲדָמָה
וְקָרְאוּ אֶל יָהּ קוֹל דְּמָמָה
מִי־יַרְאֵנוּ טוֹב נְסָה־עָלֵינוּ אוֹר.

[טו] הֶבֶל הֵבִיא מִבְּכוֹרוֹת צֹאנוֹ
וְקַיִן הָיָה כַּעַס עִנְיָנוֹ
זֶה שָׁקַט וְזֶה שָׁכַן בִּמְכוֹנוֹ
כְּחֹם צַח עֲלֵי־אוֹר.

[טז] קָם זֶה עָלָיו כְּלָבִיא
וּבְנֵי אַשְׁפָּתוֹ בְּכִלְיוֹתָיו הֵבִיא.
עָנָהוּ הִנֵּה אֵל יָרִיב רִיבִי
וְעָשָׂה מִשְׁפָּטִי יוֹצִיאֵנִי לָאוֹר.

[יז] טוֹעִים מָחָה בְּמַבּוּל וְגָרַע
חֻקָּם וּסְגוֹר לִבָּם קָרַע
אוֹי הָאֹמְרִים לָרַע טוֹב וְלַטּוֹב רָע
שָׂמִים חֹשֶׁךְ לְאוֹר.

46 'אכלו'. / 48 'מן הגן ובחמה'. / 49 'את האדמה'. / 50 'קראו... בקול דממה'. / 53 'היה רע ענינו'. / 54 'זה נמאס וזה שקט במכונו'. / 56 'קם על זה כלביא'. / 58 'עתה הנה אשר יריב ריבי'.

כאן מושמים הדברים בפי אדם וחוה, שנדברו ('ושחו') לדרוש במופלא מהם כאשר אכלו מפרי עץ־הדעת, כפי שהבטיח הנחש לחוה ('ונפקחו עיניכם' וגו'). / 48–49 **יצאו... לעבד אדמה**: כמסופר שם, פסוקים יז–כד. / 50 **אל יה**: בספר חזונים כתוב: 'אליה'. / 51 **מי... אור**: תה' ד:ז. / 52 **הבל... צאנו**: על־פי בר' ד:ד ואילך. / 53 **כעס ענינו**: על־פי קה' ב:כג. / 54 **זה שקט וזה שכן במכונו** (על־פי יש' יח:ד): תחילה שקטו האחים ועסקו כל אחד בשלו; והשווה תנח' בראשית: 'והתנו ביניהם (קין והבל) שלא יהא לזה על זה כלום'; ובכ"י גינצבורג: 'זה נמאס וזה שקט' וכו'. / 55 **כחם... אור**: שקטים, כמו אוויר יבש, העומד בחום של צהריים (יש' יח:ד). / 57 **ובני אשפתו... הביא**: שילח בו חיציו והרגו (על־פי איכה ג:יג). / 58 **ענהו**: דמו של הבל, כנאמר בבר' ד:י; והשווה ב"ר כב: 'קול דמי אחיך צועקים אלי וגו' – לשני אתלטין... נתחזק אחד על חברו והרגו. והיה (זה) מצווח ואומר: מאן יבעי דיני קדם מלכא.' / 58–59 **יריב ריבי... לאור**: מי' ז:ט. / 60 **מחה במבול**: לפי המסופר בבר' ו:ז ואילך. / 60–61 **וגרע חקם** (על־פי יח' טז:כז) **וסגור לבם קרע**: השמידם (על־פי

[יח] נִבְלָה שְׂפַת בּוֹנִים בְּנַפְשׁוֹתָם
מִגְדָּל פָּרַץ וַיָּפֶץ ה׳ אֹתָם
יִסְּרָם כְּשֵׁמַע לַעֲדָתָם
יוֹם ה׳ הוּא־חֹשֶׁךְ וְלֹא־אוֹר.

[יט] בֵּין חוֹחִים שׁוֹשַׁן פָּרַח
וְהָאֵל הֵעִיר אוֹתוֹ מִמִּזְרָח
וּבְקוּם אֶזְרָח מִתְעָרֶה כְּאֶזְרָח
זָרַח בַּחֹשֶׁךְ אוֹר.

[כ] רְצוֹן יוֹצְרוֹ בִּבְנוֹ הֵקִים
וְלָהָר הָלְכוּ בַּה׳ דְּבֵקִים
מָלְאוּ וְקָרְאוּ אֹרַח צַדִּיקִים
כְּאוֹר נֹגַהּ הֹלֵךְ וָאוֹר.

[כא] יַעֲקֹב אִישׁ תָּם יֹשֵׁב אֹהָלִים
עָבַר בְּמַקְלוֹ נְחָלִים
וְשָׁב בִּשְׁנֵים עָשָׂר אֲצִילִים
כִּי נֵר מִצְוָה וְתוֹרָה אוֹר.

[כב] עַל הָאָרֶץ רָעָב קָרָא
כִּי נִגְזְרָה גְזֵרָה

64 ׳נבללה׳. / 65 ׳מגדל ויפץ אותם׳. / 67 ׳הלא חשך יום ה׳ ולא אור׳ (עמ׳ ה:כ). / 69 ׳ואל׳. / 73 ׳ובהר׳. / 74 ׳מלאך קראו׳.

הו׳ יג:ח). / 62–63 **אוי... אור**: יש׳ ה:כ (לשון הכתוב: ׳הוי׳). / 64 **בונים**: את מגדל בבל (בר׳ יא:ד ואילך). **נבלה... בנפשותם**: על־פי בר׳ יא:ז. / 65 **ויפץ ה׳ אתם**: על־פי בר׳ יא:ח. / 66 **יסרם... לעדתם**: על־פי הו׳ ז:יב (שם בא הפועל בבניין הפעיל: ׳איסירם׳). / 67 **יום... ולא אור**: עמ׳ ה:יח; בכ״י גינצברג מובא עמ׳ ה:כ. / 68 **בין חוחים שושן**: אברהם בין אנשי דורו (על־פי שה״ש ב:ב). / 69 **העיר... ממזרח**: על־פי יש׳ מא:ב; ונדרש על אברהם, שנאמר לו: ׳לך לך מארצך׳. / 70 **אזרח**: כינוי לאברהם. **מתערה כאזרח**: תה׳ לז:לה. / 71 **זרח... אור**: תה׳ קיב:ד. / 72–73 **רצון... דבקים**: מוסב על עקידת יצחק (בר׳ כב). / 74 **מלאו וקראו**: שניהם כאחד, ולכאורה ׳מלאו׳ כאן לשון אסיפה (אולי על־פי יר׳ ד:ה; יב:ו); הדברים מסתברים על־פי נוסח ג: ׳מלאך קראו׳! / 74–75 **ארח... ואור**: מש׳ ד:יח. / 76 **איש תם... אהלים**: על־פי בר׳ כה:כז. / 77 **עבר במקלו**: ראה בר׳ לב:יא (שם: ׳את הירדן׳). / 78 **אצילים**: שנים־עשר השבטים. / 79 מש׳ ו:כג. / 80 **קרא**: הקב״ה. **רעב**: במצרים ובכנען (בר׳ מא–מב). / 81–82 **כי נגזרה גזרה**: לענות את ישראל

לְעַנּוֹתָם בְּאֶרֶץ שַׁעֲרוּרָה
וְהָיָה לְעֵת־עֶרֶב יִהְיֶה־אוֹר.

[כג] קָם מֶלֶךְ חָדָשׁ וַיְעַנֶּה
נַפְשָׁם, וּפְנֵיהֶם הָיָה מְשַׁנֶּה
וְנִבַּט לָאָרֶץ וְהִנֵּה
צַר וָאוֹר.

[כד] בְּקָרְאָם אֶל־אֵל מִמֵּצַר
עָנָה יָדִי לֹא תִקְצַר
וְלַצִּיר אָמַר אֶפְדֶּנּוּ מִיַּד צָר
אָשִׂים מַחְשָׁךְ לִפְנֵיהֶם לָאוֹר.

[כה] חִלָּם בְּדָם וּצְפַרְדֵּעַ וְכִנִּים וְעָרֹב
דֶּבֶר וּשְׁחִין וּבָרָד וְאַרְבֶּה לָרֹב
וְחֹשֶׁךְ וַאֲפֵלָה לָרָחוֹק וְלַקָּרוֹב
וּלְכָל־בְּנֵי יִשְׂרָאֵל הָיָה אוֹר.

[כו] זֵרָה אַכְזָרִים בְּרִשְׁעָם
עַד כִּי הִכָּה בְכוֹרֵיהֶם בְּפִשְׁעָם
וּבְיוֹם אֲשֶׁר אוֹיְבָיו זָעַם
עַל־כַּפַּיִם כִּסָּה־אוֹר.

[כז] קָם הַמֶּלֶךְ וַיִּקְרָא
צְאוּ מִתּוֹךְ עַמִּי בְּצָרָה

87 ׳חשך צר ואור׳. / 88 ׳בקראם אל ממצר׳. / 89—90 בסדר הפוך: ׳וצור אמר אפדם מיד צר / ענם ידי לא תקצר׳. / 92 ׳כנים׳. / 93 ׳שחין ברד ארבה׳. / 94 ׳אפלה... וקרוב׳. / 96 ׳זורו׳. / 98 ׳אויביהם׳. / 101 ׳מתוך עמי מהרה׳.

בשעבוד מצרים, ׳בארץ שערורה׳ (על־פי יר׳ ה:ל). / 83 **והיה... אור**: זכ׳ יד:ז. / 84 **קם מלך חדש**: על־פי שמ׳ א:ח. / 85 **נפשם**: של ישראל. **ופניהם**: בספר חזונים כתוב: ׳ופיהם׳. **משנה**: את מראה פניהם בעינויים; ראה איוב יד:כ. / 86—87 **ונבט... ואור**: יש׳ ה:ל, במקוטע ובהשמטת המלה ׳חשך׳. / 88 **ממצר**: על־פי תה׳ קיח:ה. / 89 **ידי וכו׳**: ראה במ׳ יא:כג. / 90 **ולציר**: ולמשה. **צר**: מצרים. / 91 **אשים... לאור**: יש׳ מב:טז. / 92—94 מכות מצרים. / 95 **ולכל... היה אור**: כשהיה חושך על מצרים (שמ׳ י:כג). / 96 **אכזרים**: המצרים. **ברשעם**: מחמת רשעם. / 97 מכת בכורות (שמ׳ יב:כט). / 98 **אויביו זעם**: ביום שזעם ה׳ על אויבי ישראל (על־פי יש׳ סו:יד). / 99 **על... אור**: איוב לו:לב. / 100—101 **קם המלך... בצרה**: ראה

נְאֻם צִיר לְשֶׂה פְזוּרָה
בֵּית יַעֲקֹב לְכוּ וְנֵלְכָה בְּאוֹר.

[כח]
אַחֲרֵי כֵן רָדַף אַחֲרֵיהֶם
כִּי אָמַר סָגַר הַמִּדְבָּר עֲלֵיהֶם
אֶרְדֹּף אַשִּׂיג אֲחַלֵּק שָׁלָל וְחֵילֵיהֶם
וְהָיָה בַּיּוֹם הַהוּא לֹא־יִהְיֶה אוֹר.

[כט]
מָרוֹם הִפְלִיא גְּבוּרוֹתָיו
וּבַיָּם נִעֵר פַּרְעֹה וּמַרְכְּבוֹתָיו
תָּבֹא עַד־דּוֹר אֲבוֹתָיו
עַד־נֵצַח לֹא יִרְאוּ־אוֹר.

[ל]
נָאֲמוּ שִׁירָה בְּמִלֵּיהֶם
לְמַשְׁבִּיחַ שְׁאוֹן קָמִים עֲלֵיהֶם
יֹשְׁבֵי בְּאֶרֶץ צַלְמָוֶת אוֹר נָגַהּ עֲלֵיהֶם
הָעָם הַהֹלְכִים בַּחֹשֶׁךְ רָאוּ אוֹר.

102 ׳צור׳. / 113 ׳למשביח שאון ימים וגליהם׳. / 114 ׳אור יגה׳.

שמ׳ יב:ל; בספר חזונים כתוב: ׳וצרה׳. / 102 **נאם ציר**: דיבר משה. **לשה פזורה**: לישראל (על־פי יר׳ נ:יז). / 103 **בית יעקב... באור**: יש׳ ב:ה. / 104 **רדף**: פרעה (ראה שמ׳ יד:ד). / 105 **סגר המדבר עליהם**: על־פי שמ׳ יד:ג; מכאן ועד סוף המחרוזת דיבור ישיר של פרעה. / 106 **ארדף... שלל**: שמ׳ טו:ט. / 107 **והיה... לא יהיה אור**: זכ׳ יד:ו; כאן מושם בפי פרעה. / 108 **מרום**: הקב״ה. / 109 **ובים נער**: על־פי שמ׳ יד:כז, וראה תה׳ קלו:טו. / 110–111 **תבא... לא יראו אור**: תה׳ מט:כ; כאן מוסב על מצרים, מידה כנגד מידה על דבריהם לעיל (שורה 107). / 113 **למשביח שאון קמים**: על־פי תה׳ סה:ח; ובשיר – מוסב על קריעת ים־סוף לישראל ועל טיבוע מצרים. בנוסח ג אין המלה ׳עליהם׳ חוזרת, ובמקומה בא חרוז: ׳למשביח שאון ימים וגליהם׳. / 114–115 יש׳ ט:א, בשינוי הסדר. המחרוזת הזאת רומזת למקומו של הפיוט בברכת גאולה, אחרי ׳משה ובני ישראל לך ענו שירה בשמחה רבה ואמרו כלם׳ ולפני ׳מי כמכה באלים ה׳׳.

מא. לֵב וְלָשׁוֹן אֲכוֹנֵן

אופן לשבועות (*LG*: ׳אולי להוצאת ספר־תורה׳), בצורת שיר־איזור בעל חמש מחרוזות בנות שלושה טורים וטור איזור. באיזור הראשון שני טורים. גם הצלעיות הראשונות חורזות זו עם זו: א–ב א–ב א–ב/ג–ג ג–ג ג–ג//ד–ה ד–ה ד–ה/ג–ג//ו–ז ו–ז ו–ז/ג–ג//וכו׳. המשקל

בכל צלעית: —◡—/—◡—— (בסוף שורות 4ו־13: ◡——/—◡——; **בשורה 15 חסר שווא;** ואולי צריך להיות ׳על ידי׳).

שיר־תהילה לאל נותן התורה, ובו רמזים למעמד הר סיני ולמדרשים שונים על מתן תורה.

המקורות: כ״י שוקן 22 (מחזור קורפו מן המאה הט״ו), דף 165ב, מס׳ קצה [=ק]; כ״י אדלר 3109 (׳ליהודה הלוי זצ״ל׳); ספר חזונים, דף 112א (במדור יום ראשון של שבועות: ׳אופן לרבי לוי ז״ל׳) [הנוסח המובא כאן]. – **פורסם:** ידיעות, ד, עמ׳ רסב, מס׳ י (מתוך ספר חזונים); ׳ספר היובל לכבוד... ישראל אלפנביין׳, ירושלים תשכ״ג, עמ׳ 70, על־ידי ש. ברנשטיין (על־פי שני כתבי־יד של מחזור קורפו; נוסח זה משובש מאוד וברנשטיין מביא שם חילופי־גירסאות שבספר חזונים ובידיעות). – **נזכר:** *LG*, עמ׳ 217 (מציין את שורה 13 שבנוסחנו כסיום הפיוט); נחלת שד״ל, ג, עמ׳ 20 (על־פי מחזור קורפו); אוצר, אות ל, מס׳ 243. צונץ ושד״ל מייחסים את הפיוט לאבן אלתבאן; דודזון מעיר על הכתובת שבכ״י אדלר.

לֵב וְלָשׁוֹן אֲכוֹנֵן ׀ שֵׁם ה׳ לְפָאֵר
מַעֲנֶה לִי יְחֹנַּן ׀ מִפְּעֲלוֹתָיו לְבָאֵר
יוֹם בְּגִילַת וְרַנֵּן ׀ בָּא בְּאֵשׁ דָּת לְהָאֵר
הִשְׁמִיעָם מְזִמָּה ׀ וּבִין דַּעַת וְחָכְמָה
עַם בְּתוֹרָה תְמִימָה ׀ בַּת כְּבוּדָה פְּנִימָה.

וֵאלֹהִים ה׳ ׀ שָׁת עֲרָפֶל סְבִיבוֹ
אָז כְּנִגְלָה בְסִינַי ׀ עַל כְּרוּב שָׁם רְכוּבוֹ
חָרְדוּ כָל־הֲמוֹנַי ׀ מִפְּנֵי אֵשׁ לְהָבוֹ
נָפְלוּ לַאֲדָמָה ׀ וּפָרְחָה כָל־נְשָׁמָה.

יָהּ בְּטַל הֶחֱיָמוֹ ׀ וֶהֱבִיאָם חֲדָרָיו
פֵּאֲרָמוֹ וְלָמוֹ ׀ נָעֲמוּ כָל־אֲמָרָיו

ק 3 ׳יום וגילה ורנן בו באש דת...׳. / שורה 4 חסרה. / 5 שורה זו מצוינת כפזמון חוזר אחרי כל מחרוזת. / 7 ׳אז נגלה... שת רכובו׳ (על־פי תה׳ יח: יא; ס׳ חזונים: ׳שם כרובו׳). / 8 ׳אש דת להבו׳. 11 ׳נאמו ונמו נעמו כל אמריו׳.

3 **יום בגילת ורנן:** על־פי יש׳ לה: ב. **בא באש דת להאר:** על־פי דב׳ לג: ב. / 4 **מזמה... וחכמה:** על־פי מש׳ ח: יב; קה׳ ב: כו. / 5 **בתורה תמימה:** על־פי תה׳ יט: ח. **בת כבודה פנימה:** התורה (על־פי תה׳ מה: יד). / 6 **ערפל סביבו:** על־פי תה׳ צז: ב. / 7 **כנגלה:** כאשר נגלה. **על כרוב שם רכובו:** על־פי תה׳ יח: יא. / 9 **פרחה כל נשמה:** ראה שמ״ר כט, ג: ׳באו לסיני פרחה נשמתם׳; בבלי, שבת ח, ע״ב: ׳כל דיבור ודיבור שיצא מפי הקב״ה יצתה נשמתן של ישראל, שנאמר נפשי יצאה בדברו (שה״ש ה: ו); ומאחר שמדיבור ראשון יצתה נשמתן, דיבור שני היאך קיבלו? הוריד טל שעתיד להחיות בו מתים והחיה אותם, שנאמר גשם נדבות תניף אלהים נחלתך ונלאה אתה כוננתה (תה׳ סח: י).׳ וראה להלן, שורה 10: ׳יה בטל החימו׳. השווה גם חגיגה יב, ע״ב. הקשר בין תחיית־המתים

יוֹם הִנְחִילָמוֹ | אֶת עֲשֶׂרֶת דְּבָרָיו
הוֹצִיא אוֹר תַּעֲלוּמָה | בְּטַבַּעַת חֲתוּמָה.

חַי מְחַפֵּשׂ סְתָרַי | עִטְּרַנִי עֲטָרוֹת
עַל־יַד אָב לְצִירַי | חֹק וּמִשְׁפָּט לְהוֹרוֹת
שָׁם כְּנֶגֶד אֵבָרַי | מִצְוֹת ׳עֲשֵׂה׳ סְפוּרוֹת
גַּם ׳לֹא תַעֲשֶׂה׳ בְּחָכְמָה | הֵמָּה כִּימֵי הַחַמָּה.

זַמְּרוּ יָהּ צְבָאוֹת | כָּל לְשׁוֹנוֹת וּפִיּוֹת
קָדוֹשׁ מַפְלִיא פְּלָאוֹת | הַמְקָרֶה עֲלִיּוֹת
לַאֲלָפִים וּמֵאוֹת | עִם שְׂרָפִים וְחַיּוֹת
לוֹ קְדֻשָּׁה נְעִימָה | כֻּלָּם יַעֲנוּ בְאֵימָה.

12 ׳עת כסיני נלחמו׳ (ס׳ חזונים: ׳יום בסיני נלחמו׳). / 13 ׳ובטבעת׳. / 15—16 שורות אלה באות בשינוי הסדר ובנוסח שונה (הנראה משובש): ׳שת כנגד אברי מצוות עשה ספורות / קבלו מאמרי מצוות לא תעשה ספורות׳. / 17 ׳גם המה ירי [=ימי] חמה׳. / 21 שינוי סדר הצלעיות: ׳כולם יענו באימה / לו קדושה נעימה׳.

וצמיחת הזרע, שטל ומטר יורדים עליו, נמצא כבר ביש׳ כו: יט; עיין: ילין, ׳תורת השירה הספרדית׳, עמ׳ 31, המביא מקבילות רבות לשורה שלפנינו בשירת הנגיד, משה אבן עזרא ויהודה הלוי. והשווה לפזמון ׳רבת מיריבי׳ (שיר מס׳ כז), שורה 13. / 12 **יום הנחילמו**: תיקון של שירמן. / 13 **הוציא אור** וכו׳: על־פי איוב כח: יא. **בטבעת חתומה**: הכוונה לתורה שהיתה גנוזה עד שניתנה; ראה סנהדרין צז, ע״א. / 14 **חי**: הקב״ה. **עטרני עטרות**: מעבר לגוף ראשון יחיד; רמז למדרש שהש״ר (לשה״ש ג: יא: ׳בעטרה שעטרה לו אמו׳): ׳ביום חתונתו, זה סיני כחתנים היו; וביום שמחת לבו, אלו דברי תורה׳. / 15 **על יד**: על־ידי. **אב לצירי**: משה. / 16—17 **שם כנגד אברי מצות עשה ספורות גם לא תעשה... כימי החמה**: השווה בבלי, מכות כג, ע״ב: ׳תרי״ג מצוות נאמרו לו למשה, שלוש מאות ושישים וחמש לאוין כמנין ימות החמה (שס״ה), ומאתיים וארבעים ושמונה עשה כנגד איבריו של אדם (רמ״ח).׳ נוסח ק שומר על הסדר שבגמרא; וראה בחילופי־הנוסח. / 19 **המקרה עליות**: שמים (על־פי תה׳ קד: ג). / 20—21 **עם שרפים וחיות לו קדשה נעימה כלם יענו באימה**: רמז לייעוד הפיוט ומעבר לקדושת יוצר: ׳ובנעימה קדושה כלם כאחד עונים׳ וכו׳.

מב. לְזֶרַע אָב אֵיתָן

פיוט לשבועות, כפי שנאמר במפורש בשורה 4. רבים בו הרמזים למדרש והכינויים לאבות, לתורה, למשה, להקב״ה ולישראל (השווה שיר מס׳ מ, שורות 68—77).

שיר־איזור בעל מדריך ושלוש מחרוזות. בסוף כל מחרוזת בא פזמון (שורה 3), שהוא פסוק מתהילים, וכן טור־איזור החורז עמו (בסוף הוא חסר): אאאאא // בבב אא // גגגג אא // דדדד א//. המשקל: ברוב הצלעיות שש או שבע תנועות. בראש הבתים חתום בסירוס ׳לוי בר יעקב׳:

1. ׳לזרע׳; ׳וצאצא׳; 2. ׳יליד׳; 4. ׳ביום׳; 6. ׳ראה׳; 9. ׳יום׳; 10. ׳עטרת׳; 9. ׳קדושים׳; 10. ׳במכתב׳. עם זאת ניתן לצרף גם ׳לוי בר יצחק׳: 1. ׳לזרע׳; ׳וצאצא׳; 2. ׳יליד׳; 4. ׳ביום׳; 6. ׳ראה׳; 9. ׳יום צוו חפים...קדושים׳ (הערת שירמן, ידיעות, ו, עמ׳ שלב). גם החתימה ׳לוי חזק׳ מצטרפת כאן בנקל: 1. ׳לזרע׳; ׳וצאצא׳; 2. ׳יליד׳; ׳חקוקה׳; 3. ׳זה׳; 9. ׳קדושים׳. בעלותו של אבן אלתבאן מוטלת בספק.

המקור: כ״י אדלר 2225 (׳לעצרת׳). – פורסם: ידיעות, ו, עמ׳ שלב (הוספות ותיקונים לכרך ד).

לְזֶרַע אָב אֵיתָן אֲהוּבוֹ | וְצֶאֱצָא נֶעֱקַד בְּנִיבוֹ
יְלִיד אִישׁ תָּם עַם קְרוֹבוֹ | חֲקוּקָה דְמוּתוֹ בְּכֵס רְכוּבוֹ
זֶה הַיּוֹם עָשָׂה נָגִילָה וְנִשְׂמְחָה בוֹ.

בְּיוֹם שִׁשִּׁי בְּחֹדֶשׁ שְׁלִישִׁי | עֲטֶרֶת פָּז ה׳ שָׂם לְרֹאשִׁי
עַל יַד צִיר נֶאֱמָן לְדָרְשִׁי | וְעָנָן וַעֲרָפֶל סְבָבוֹ.

רָאָה לְהַנְחִיל דָּר מְעוֹנָה | בְּחִירָיו אַלְפַּיִם צְפוּנָה
אֲשֶׁר הֵכִין אוֹמֵן אֱמוּנָה | בְּפָארָן שִׁמַּע אֹם נְכוֹנָה.
אֱלוֹהַּ מִתֵּימָן יָבוֹא.

יוֹם צִוּוּ חַפִּים נְכוֹנִים | קְדוֹשִׁים נֶאֱמָנִים נְבוֹנִים
עֲטֶרֶת יְקָרָה מִפְּנִינִים | בְּמִכְתָּב עַל לוּחוֹת אֲבָנִים
(זֶה הַיּוֹם עָשָׂה נָגִילָה וְנִשְׂמְחָה בוֹ).

1 **אב איתן:** אברהם. **וצאצא נעקד:** יצחק. **בניבו:** בדבר האל. / 2 **איש תם:** יעקב (בר׳ כה: כז). **חקוקה דמותו:** ראה ב״ר ב, ב: ׳יעקב שאיקונין שלו קבועה בכסאי׳ וכו׳. שם, סח: ׳ישראל... את הוא שאיקונין שלך חקוקה למעלה׳; וראה תרגום יונתן לבר׳ כח: יב. העניין שכיח בפיוטים, למשל: ׳תבנית תם... חקוקה בכסא׳ (הקדושה ׳כף רגל׳ ליום ב׳ של ראש־השנה); עיין גם אבן גבירול, מהדורת ביאליק־רבניצקי, ג, מס׳ צה, שורה 16. / 3 **זה היום... בו:** תה׳ קיח: כד, בהשמטת מלה. / 4 **ביום ששי... שלישי:** חג השבועות, והוא לפי המסורת מועד מתן תורה (שמ׳ יט: א). **עטרת פז:** התורה, שנמשלה לעטרת, על־פי הכינוי לחכמה במש׳ ד: ט, ועוד (השווה להלן, שורה 10, וכן השיר ׳השכל והדת׳, מס׳ מח, שורה 11). / 5 **ציר נאמן:** משה. **וענן... סבבו:** על־פי תה׳ צז: ב, בשינויים; הפועל בא ביחיד, למען החרוז. / 6 **האל הנחיל לעמו את התורה. צפונה:** התורה, שנבראה קודם בריאת העולם (ב״ר א), והיתה צפונה במשך אלפיים שנה עד שניתנה; ראה סנהדרין צז, ע״א (בסוף): ׳תנא דבי אליהו, ששת אלפים הוי עלמא, שני אלפים תוהו, שני אלפים תורה, שני אלפים ימות המשיח.׳ וראה בפירוש שם: ׳ב׳ אלפים וכו׳ – תחת שלא ניתנה עדיין תורה והיה העולם כתהו, ומאדם הראשון ועד שהיה אברהם בן נ״ב שנה איכא אלפיים שנה׳ (שאז התחיל אברהם לעסוק בתורה, על־פי דרש לבר׳ יב: ה; וראה ב״ר לט; פסיקתא רבתי מד; ע״ז ט, ע״א). / 7 **אומן אמונה:** התורה; וראה ב״ר א: ׳אמון (מש׳ ח: ל) אומן; התורה אומרת אני הייתי כלי אומנתו של הקב״ה.׳ **בפארן:** דב׳ לג: ב; חב׳ ג: ג (בכה״י בטעות: ׳בפאראן׳). **אם:** אומה; בפארן השמיע לעמו את מצוותיו. / 8 **אלוה... יבוא:** חב׳ ג: ג. / 9 **חפים... נבונים:** ישראל. / 10 **עטרת:** התורה; ראה לעיל, שורה 4. **יקרה מפנינים:** מש׳ ג: טו (ושם – על החכמה). **במכתב... אבנים:** עשרת הדברות (על־פי שמ׳ לב: טז). / 11 **זה וכו׳:** הפזמון (שורה 3).

מג. נִשְׁמַת לַהֲקַת עַם אֵל

נשמת לשמחת תורה. חמש מחרוזות; כל אחת מהן פותחת במלה ׳נשמת׳; הפיוט מסתיים במלות התפילה ׳ואלו פינו מלא שירה כים׳ (ברכות נט, ע״ב), כרגיל בסוג זה. בפיוטנו מסתיימת כל מחרוזת (פרט לאחרונה) בפסוק מברכת משה (דב׳ לג), והוא־הוא הקובע את חרוז המחרוזת. בשורה השנייה של כל מחרוזת מופיע הפזמון ׳ביום שמחת דתי׳ (רמז לשמחת תורה).

פיוט זה מצוי בגירסאות שונות מאוד זו מזו, וקשה לדעת, איזו גירסה היא הקרובה ביותר למקור. אורך השורות אינו קבוע, ובנסחים אחדים ההבדלים גדולים מאוד. בנוסח ׳איילת השחר׳ (ובו שש מחרוזות) חסרה המלה החוזרת ׳נשמת׳. כן חסר בו הסיום האופייני. השינויים גדולים במיוחד במחרוזת האחרונה, שצורותיה השונות נראות כמתכונות קבועות, הנהוגות בסיומם של פיוטי נשמת ומופיעות כמעט מלה במלה אצל פייטנים אחרים (וראה להלן). מתכונות קבועות אלו, שאולי אפשר היה להחליפן, הן שגרמו, כנראה, לשינויים הרבים שחלו גם בפיוטי נשמת של פייטנים אחרים, ובפרט במחרוזת האחרונה (ראה למשל: רמב״ע, שירי קודש, מהדורת ברנשטיין, עמ׳ שפב, ביאור למס׳ קלו). על הסוג ׳נשמת׳ ו׳אלו פינו׳ – ראה לעיל, פרק שלישי, הסעיף הכללי על הסוגים. כאן ניתן בשלמותו נוסח ׳חכמת המסכן׳, שמבנהו אחיד יותר מזה של שאר הנסחים, אף־על־פי שאלה לפעמים ברורים יותר. החתימה: ׳לוי׳ (בראשי המחרוזות הראשונות, בכל הנסחים). לפי האוצר היא כאילו ׳לוי אלתבאן׳, אך זוהי שגיאת־דפוס (שם־המשפחה צריך לבוא שם בסוגריים).

המקורות: כ״י גינצבורג 197, דף 220ב [=ג]; כ״י לונדון 699, דף 121ב [=ל]; כ״י ששון 453, סי׳ צט (בסוף) [=ו]; כ״י ששון 455, עמ׳ 50 [=נ]; איילת השחר, מאנטובה 1612, דף קמה, ע״א [=א]; ספר שלוש רגלים כמנהג קרפינטרץ, ליל ואביניון, אמשטרדאם 1756, דף רה, ע״ב [=ק]; ספר חכמת המסכן, כמנהג ארגיל, ליוורנו 1772(?), עמ׳ קיט [ארגיל=הנוסח המובא כאן]; שירות של ימים טובים ושבתות, מנהג קוג׳ין, בומביי 1853, עמ׳ לג [=ב]; שירי רננות, מנהג קוג׳ין, בומביי 1874, דף נה, ע״ב [=ש], זהה עם הנ״ל; קרובץ לפי מנהג ק״ק ארגיל ובעקבותם ק״ק גרדאיא, ג׳רבה 1939, דף ל, ע״ב [=ת], זהה עם נוסח ארגיל. הנסחים ג, ל, ק, הם לפי מנהג ספרד או פרובאנס; א–איטליה; ארגיל, ת–אלג׳יר; ב, ש, ו, נ–קוג׳ין. בחילופי־הנוסח ניכרות ארבע הקבוצות הללו, אך לא תמיד זהים המקורות השייכים למנהג אחד, וכנגד זה קשורים זה לזה מקורות ממנהגים שונים. – נזכר: עמודי העבודה, עמ׳ 156, מס׳ 16 (׳נשמת להקת עם ישראל מיחדים׳); ידיעות, ד, עמ׳ רנז, מס׳ 37; דודזון, רשימת ספר חזונים (תרפ״ז), מס׳ 320; אוצר, אות נ, מס׳ 771.

נסחים מקבילים לנוסחי המחרוזת האחרונה של ׳נשמת להקת עם׳
אצל פייטנים אחרים

נוסח ארגיל, ובמיוחד גבש – השווה עם סיומי פיוטים אלה: ׳נשמת חוגגי חג המצות׳; ׳נשמת ישרון החוגג׳; ׳נשמת ידידים גמלתם׳; ׳נשמת ידידים מקוי כוס תנחומות׳ (כולם לאביתור; מקורות שונים בכ״י ובדפוס, שנמסרו לי על־ידי מר עזרא י׳ גולה); ׳נשמת יחידה חשוקה׳ (בראדי־רי״ה, ג, עמ׳ 147); ׳נשמת יעלת חן מתפארת בחתן׳ (כ״י גינצבורג 197, דף 246ב). נוסח ק – השווה: ׳נשמת יושבים כואבים׳ (אביתור); ׳נשמת חוגגי חג המצות׳ (אבן גבירול, מהדורת ביאליק־רבניצקי, ב, מס׳ צא; נוסח אחר של פיוט אביתור הנזכר ראשון ברשימה

זאת); ׳נשמת שאר יעקב׳ (שם, מס׳ קב); ׳נשמת אסירי עוונות׳ (משה אבן עזרא, שירי קודש, מהדורת ברנשטיין, מס׳ קלו); ׳נשמת משמעין׳ (שם, מס׳ כא); ׳נשמת ידידים פליטת זרע איתני׳ (בראדי־רי״ה, ג, עמ׳ 118); ׳נשמת ישראל עמך לביתך משכימים׳ (חכמת המסכן, ארגיל, דף ג, ע״ב); ׳נשמת זרע קודש נקובי שם נקוב׳ (כ״י גינצבורג 197, דף 247ב); ׳נשמת להקת איתניך׳ (שירי רננות, דף כג, ע״א). נוסח ל (מסתיים ב׳שירה׳) – השווה: ׳נשמת מתענה ביום עונג׳ (משה אבן עזרא, שם, מס׳ קלז). נוסח א (בלי הסיום ׳אלו פינו׳, ואולי מקוטע) – השווה: ׳נשמת יפת עלמות׳ (בראדי־רי״ה, ג, עמ׳ 43); ׳נשמת ידידי עליון גזע תמימים׳ (כ״י גינצבורג 197, דף 247ב); ׳נשמת ידידים יהללוך בשירה ומהללם׳ (שם, שם).

[א] נִשְׁמַת לַהֲקַת עַם אֵל מְיַחֲדִים | אַדִּיר מֵעוֹלָם מַחֲשֶׁה
בְּיוֹם שִׂמְחַת דָּתִי | אֲזַמֵּר לְזוֹכֵר כֹּל וְלֹא יִנָּשֶׁה
וְזֹאת הַבְּרָכָה אֲשֶׁר בֵּרַךְ מֹשֶׁה.

[ב] נִשְׁמַת וְרוּחַ כֹּל מְיַחֲדִים | נַעֲרָץ בְּסוֹד קְדֹשִׁים רַבָּה
בְּיוֹם שִׂמְחַת דָּתִי | אֲזַמְּרֶנּוּ בְּאַהֲבָה וּבְחִבָּה
וַיֹּאמַר ה׳ מִסִּינַי בָּא.

[ג] נִשְׁמַת יְדִידִים מְיַחֲדִים | אֵל נַעֲרָץ בִּמְרוֹמוֹ
בְּיוֹם שִׂמְחַת דָּתִי | שְׂמֵחִים וּמְסַפְּרִים עֻזּוֹ וְתַעֲצוּמוֹ
וְזָרַח מִשֵּׂעִיר לָמוֹ.

[ד] נִשְׁמַת יְשֻׁרוּן יָשִׂישׂוּ | וְיָשְׁרוּ כָּל הַדּוֹר וְעָקֹב
בְּיוֹם שִׂמְחַת דָּתִי | כֻּלָּם שָׂשִׂים בְּלִי לֵב עָקֹב
תּוֹרָה צִוָּה לָנוּ מֹשֶׁה, מוֹרָשָׁה קְהִלַּת יַעֲקֹב.

1 א המלה ׳נשמת׳ חסרה בראשי המחרוזות. ובש ׳אדיר מעולם מחסה׳ (חורז עם ׳נושא׳). / 2 גלק ׳אזמר זוכר כל׳. לאק ׳ולא נושה׳. לנבש ׳אומר כל ולו נושא׳. / 4 ק מחרוזת ב׳ חסרה; תחילתה של שורה 4 עוברת למחרוזת הבאה. ל ׳ורוח מיחדים׳; א ׳ורוח כל היצורים מיחדים׳. וגלבש ׳אל נערץ׳. / 5 א ׳אזמר באהבה וחיבה׳; וגנבש ׳אזמר לאל באהבה וחיבה׳; ל ׳אשורר ואזמר׳. / 7 גאנ מחרוזת ג׳ היא הרביעית, בניגוד לסדר הפסוקים. גאבשונ ׳נשמת יחידים מיחדים׳. ק ׳אל נערץ ממקומו׳. / 8 גאלבשונ ׳עז תעצומו׳. / 10 גאנ מחרוזת ד׳ היא השלישית. קגאלבשונ ׳נשמת ישרים ישרו היום עקוב׳. / 11 גלא ׳כלם ישישו בלי לב עקוב׳. בשונ ׳יורשי תורת משה ולו שם טוב יקוב׳.

1 **נשמת**: ראה לעיל. **מיחדים**: מלה זו, המסיימת את הצלעית הראשונה בכל מחרוזת, נחרזת עם דברי התפילה ׳לך לבדך אנו מודים׳, שהפיוט נועד להיאמר מיד אחריהם. **אדיר**: האל. **מעולם מחשה**: על־פי יש׳ מב: יד (׳החשיתי מעולם אחריש׳); נז: יא (׳הלא אני מחשה ומעלם׳). / 2 **ביום שמחת דתי** (על־פי דב׳ טז: טו): שמחת תורה; וראה לעיל. / 3 **וזאת... משה**: דב׳ לג: א; פסוקים אחרים מברכת משה באים כסדרם בסיומי שאר המחרוזות. / 4 **נערץ בסוד... רבה**: תה׳ פט: ח. / 6 **ויאמר... בא**: דב׳ לג: ב (ראה שורה 3). / 7 **ידידים**: כינוי לישראל. / 8 **ומספרים עזו ותעצומו**: על־פי לשון תפילת נשמת: ׳האל בתעצומות עזך׳ (וראה תה׳ סח: לו). / 9 **וזרח... למו**: דב׳ לג: ב (וראה שורה 3). / 10 **וישרו... ועקב** (ראה יש׳ מ: ד): ישראל הסירו כל מכשול מפניהם. ׳ישרון׳ – ׳וישרו׳: צימוד גזרי. / 11 **בלי לב עקב**: בטהרה (על־פי

שירי לוי אבן אלתבאן

[ה] נִשְׁמַת יִשְׂרָאֵל עַמְּךָ | יָרֹנּוּ בְּאֶרֶץ שְׁבִיִם
בְּיוֹם שִׂמְחַת דָּתִי | אוֹמְרִים כִּי שִׁבְחֲךָ לֹא יְסַיֵּם
וְאִלּוּ פִינוּ מָלֵא שִׁירָה כַּיָּם.

13–15 (מחרוזת ה׳) גבשונ ׳נשמת ישראל עמך בארצות שבים / ביום שמחת דתי זמרתך יזמרו קדוש המשביח שאון ימים ודכים / האומרים ואלו פינו מלא שירה כים׳; ק ׳נשמת יוחלי חסדיך אל חי וקיים / יודוך היום הם ובניהם גזעם ופרים / אומרים ואלו פינו מלא שירה כים׳; ל ׳נשמת הלומים יחילו בארץ לא מטוהרה / ביום שמחת דתי הודות והלל ישמיעו ברוח נשברה / אומרים ואלו פינו מלא שירה׳; א (בתוספת מחרוזת שישית; מחרוזות ה–ו מסתיימות כאן בפסוק מברכת משה, כמו המחרוזות הקודמות): ׳ישראל מיחדים העונה להם בסתר רעם / ביום שמחת דתי יזמרו באמרי נועם / ויהי בישרון מלך בהתאסף ראשי עם / (16–18): ידידים יתנו שבח ושיר לאל / ביום שמחת דתי למושיע וגואל / יחד שבטי ישראל.׳

יר׳ יז: ט). נוסח ב נסמך כאן אל ההמשך (כמו בשורה 5): ׳יורשי תורת משה ולו שם טוב יקב׳. / 12 **תורה... יעקב**: דב׳ לג: ד (וראה שורה 3). / 13 **בארץ שבים**: על־פי יר׳ ל: י, ועוד. / 14 **שבחך לא יסים**: לפי הנאמר בתפילה: ׳אלו פינו מלא שירה כים... אין אנו מספיקים להודות לך.׳

מד. לְבֵית לֵוִי וּמִשְׁפַּחְתּוֹ

פיוט לברית־מילה. הפייטן מהלל את שבט לוי, שבטם של משה ואהרן, ורומז למסורת שלפיה שמרו בני־לוי על התורה ועל המילה גם בשעבוד מצרים, בעוד בני־ישראל היו עובדי כוכבים ומזלות. בשורה 1 מובא כתוב ממלאכי ונרמזים הכתובים הסמוכים אליו, שהם דברי־הלל לשבט לוי, ששמר על הברית ותורת־אמת היתה בפיו.
כן נרמזת מסורת הקושרת את המילה עם הגאולה העתידה לבוא.
בפיוט ארבעה טורים, שבכל אחד מהם ארבע צלעיות. כל צלעית מסיימת פסוק מן המקרא המסתיים במלה ׳שלום׳. שלוש הצלעיות הראשונות בטור חורזות זו עם זו (בטור הראשון החריזה שונה במקצת): א–עילום–א–שלום // ב–ב–ב–שלום // ג–ג–ג–שלום // וכו׳.
המשקל: שלוש או ארבע תנועות בכל צלעית; השוואים הנעים והחטפים אינם במניין. עם זאת קרוב המשקל לצורת המרנין. בטור הראשון: ⏑–––/–––/⏑–––/⏑––– (פעמיים). על צורה מקוצרת דומה לזו (⏑–––/–––) עיין במבוא, פרק שלישי, הסעיף על המשקלים, הערה 13. בשאר הטורים שלוש או ארבע תנועות בכל צלעית. החתימה: ׳ללוי׳ (בראשי הבתים).
המקורות: מחזור ארם צובה, ויניציה 1527, עמ׳ תשנד (׳גירה ללמילה ללוי׳); ספר מועדים לשמחה, תפלות לשלוש רגלים, בגדאד 1906, דף קנב, ע״א (במדור ׳פזמונים לעולים לס״ת ביום ש״ת׳) [=מ]. בסמוך באים בספר זה פיוטים במתכונת דומה, פרי עטם של פייטנים מאוחרים. – נזכר: אוצר, אות ל, מס׳ 418 (׳לשמחת תורה׳).

בורא עולם ותורתו

לְבֵית לֵוִי וּמִשְׁפַּחְתּוֹ | אָמַר יָהּ אֲדוֹן עֵילוֹם
בְּרִיתִי הָיְתָה אִתּוֹ | הַחַיִּים וְהַשָּׁלוֹם
שֵׁבֶט יָקָר וּמְאֻשָּׁר | עָלָיו הַמְשׁוֹרֵר שָׁר
שְׁמָר־תָּם וּרְאֵה יָשָׁר | כִּי אַחֲרִית לְאִישׁ שָׁלוֹם.
וֵאלֹהִים בְּרִית מִילָה | לְזֶרַע יַעֲקֹב גִּלָּה
וּבְיוֹם יְהִי שַׁמָּה חִילָה | ה׳ תִּשְׁפֹּת שָׁלוֹם
יְחִי נִמּוֹל וְאֶת דָּמָיו | יִרְצֶה צוּר וּבְיָמָיו
יְשַׁלַּח מִזְּבוּל שָׁמָיו | אֲבִי־עַד שַׂר־שָׁלוֹם.

מ 2 ׳לשבט יקר׳ (נוסח זה משלים את החתימה; וראה לעיל). / 4 ׳יחי לעד ורחמיו / ירבה צור, ובימיו...׳.

1 **לבית לוי וכו׳**: שבטו של משה (שמ׳ ב:א; במ׳ כו:נט). **אדון עילום**: אדון עולם (על־פי דה״ב לג:ז). **אמר יה... והשלום**: לפי הכתוב במל׳ ב:ד–ה: ׳להיות בריתי את לוי אמר ה׳ צבאות. בריתי היתה אתו החיים והשלום׳ (וראה גם שורה 3). / 2 **המשורר**: של מזמור התהילים שדבריו מובאים בהמשך. **שמר... לאיש שלום**: המדובר בצדיקים (תה׳ לז:לז; וראה שמ״ר טו, א: ׳שבטו של לוי שהיו צדיקין כלם׳; במ״ר ג, א: ׳שאע״פ שהיו ישראל עובדי כו״ם במצרים, שבטו של לוי היו עובדין להקב״ה ומלין עצמן. לפיכך משה מקלסן בסוף מיתתו, שנ׳: כי שמרו אמרתך ובריתך ינצרו (דב׳ לג:ט)׳; והשווה במ״ר טו, ט, ועוד. / 3 **ברית מילה...**: על־פי ב״ר מט, ב: ׳איזהו סוד ה׳? זו מילה שלא גילה אותה מאדם ועד עשרים דור׳. **וביום יהי שמה חילה**: ביום אסונות. **ה׳... שלום**: יש׳ כו:יב; הפייטן מקשר בין ברית־מילה לגאולה; השווה מנחות נג, ע״ב: ׳בשעה שחרב ביהמ״ק... אמר לו... (אברהם להקב״ה): היה לך לזכור ברית מילה׳; וראה בהמשך. / 4 **ואת דמיו ירצה**: בזכות הברית ייגאל העם; השווה רות רבה ו:א: ׳אבותינו במצרים... ונתת להם שתי מצוות שיתעסקו בם ויגאלו, ואלו הן דם פסח ודם מילה.׳ בספר מועדים אין הדם נזכר; וראה בחילופי־הנוסח לשורה 4. **אבי־עד שר־שלום**: המשיח (יש׳ ט:ה).

מה. לְאֵל עֶלְיוֹן בְּרוּם חֶבְיוֹן

הכתובת: ׳אופן [לח]תן׳. שיר־איזור בעל מדריך ארוך (שורות 1–5) ושתי מחרוזות בלתי־שוות. בסוף המדריך ובסופי המחרוזות, לאחר טורי האיזור, חוזר הפזמון ׳בקול ששון וקול שמחה׳ וכו׳. בכל טור, פרט לפזמון ולשורה 14, יש חריזה פנימית בשתי הצלעיות הראשונות, ואילו בצלעית השלישית בא חרוז האיזור או המחרוזת: א–א–ב ג–ג–ב ד–ד–ב ה–ה–ב / פזמון ב // ו–ו–ז ח–ח–ז ט–ט–ז / י–י–ב / פזמון ב // וכו׳. השווה לשיר ׳לאל חי נכחי׳ (מס׳ כט). המשקל: המרנין; בשתי השורות הראשונות הוא מקוצר בסופו: ◡ – – – ◡ – – – / ◡ – – – – – .

בטכסט יש סטיות קלות (שורה 4, בסיום, ושורה 12: ׳לאלפים׳). על המרנין המקוצר ראה לעיל, פרק שלישי, הסעיף על המשקלים, הערה 13. החתימה: ׳לוי׳.

המקור: כ״י קויפמאן, בודאפשט, מס׳ 1645 (המספר הקודם של כה״י: 216ב), דף 4

(והמשכו בדף 1). – נזכר: אוצר, אות ל, מס׳ 418, והמילואים לשם; שלמה ודר, רשימת הפיוטים והשירים בין כתבי הגניזה בספריית דוד קויפמאן באקדמיה המדעית ההונגארית בבודאפשט, בספר מזכרת עמנואל, חלק עברי, עמ׳ 28. המחרוזת האחרונה (שורות 11–16) נמצאת בדף המסומן 1 (58a). ודר משער, שקטע זה הוא המשך הפיוט.

לְאֵל עֶלְיוֹן בְּרוּם חֶבְיוֹן לְבַד יָאֲתָה תְהִלָּה
וְכָל יִתְרוֹן בְּלִי חֶסְרוֹן וְכָל מַעְלָה מְעֻלָּה
יְהוֹדוּהוּ יְיַחֲדוּהוּ שְׂפָתֵי רֹן בְּלִי תִכְלָה
לְהַקְבִּיעַ לְהַבִּיעַ בְּכָל מַעְבָר וְכָל מְסִלָּה
בְּקוֹל שָׂשׂוֹן וְקוֹל שִׂמְחָה וְקוֹל חָתָן וְקוֹל כַּלָּה.

בְּחַר חָתָן חֲתַן (?) בִּיתָן בְּחַר בַּחֹק אֲשֶׁר אֵל חָק
לְךָ הוֹכַח וְלֹא שָׁכַח בְּרִיתוֹ אִתְּךָ הוּחַק
וְשָׂשׂוֹן רַב לְךָ יְקָרַב וְיָגוֹן מִמְּךָ יִרְחַק
בְּאַיֶּלֶת מְצַלְצֶלֶת לְךָ רֶוַח וְהַצָּלָה
בְּקוֹל שָׂשׂוֹן וְקוֹל שִׂמְחָה וְקוֹל חָתָן וְקוֹל כַּלָּה.

יְדִידִים צוֹעֲדִים חַדִּים קְרֵבִים כַּאֲשֶׁר יֵאוֹת
בְּבֵית קָדְשָׁךְ לְהַקְדִּישָׁךְ לַאֲלָפִים וְלִרְבָבוֹת
וּבִידֵיהֶם בְּעוֹדֵיהֶם רְבוֹת נִסִּים וְנִפְלָאוֹת
כְּאֶחָד יַעֲנוּ קָדוֹשׁ קָדוֹשׁ קָדוֹשׁ ה׳ צְבָאוֹת
בְּבוֹא עִתָּם עֲשֵׂה אִתָּם עֲשֵׂה בַּסּוֹף כְּבַתְּחִלָּה
בְּקוֹל שָׂשׂוֹן וְקוֹל שִׂמְחָה וְקוֹל חָתָן וְקוֹל כַּלָּה.

1 **חביון**: חב׳ ג:ד. / 2 **וכל יתרון וכו׳**: מוסב על האל. / 3 **בלי תכלה**: עד בלי די (ראה תה׳ קיט:צו). / 5 **בקול ששון וכו׳**: הפזמון (יר׳ ז:לד; טז:ט ועוד, בשינוי קל למען המשקל). / 6 **ביתן**: אולי החופה (אס׳ ז:ז ועוד). / 7 **הוכח**: הועיד; כאן מוסב על חוק (בר׳ כד:יד, מד; שם מוסב על אשה). **ולא שכח בריתו**: על־פי דב׳ ד:לא./ 8 **ויגון... ירחק**: ראה יש׳ לה:י ועוד. / 9 **באילת**: הכלה. / 11 **חדים**: שמחים; מלשון חדווה. / 12 **לאלפים**: נגד המשקל. / 13 **ובידיהם**: אולי צריך להיות ׳ובימיהם׳. **בעודיהם**: בעודם, כעת (ריבוי מעין זה ראה איכה ד:יז). / 15 **עתם**: הגאולה. **כבתחלה**: ראה יש׳ א:כו.

מו. נְצֹר עַמִּי מִצְוָה

שיר־איזור בעל מדריך ושלוש מחרוזות בנות שלוש שורות וטור איזור: אא / בבב / א / גגג / א / וכו׳. המשקל: חמש תנועות בכל צלעית; השוואים אינם במניין (אך מרבית הצלעיות דומות למתכונת משקל ׳הארוך׳: ⏑ – – – – – או: ⏑ – – ⏑ – – –). החתימה: ׳לוי׳ (בראשי המחרוזות).

המקור: כ״י שוקן 36, דף 107ב (׳מחרך לסוכות׳). – פורסם: ידיעות, ד, עמ׳ רנט, מס׳ ה (מן המקור הנ״ל).

נְצֹר עַמִּי מִצְוָה | יְרַשְׁתָּהּ מֵחֹרֵב
וְסֻכָּה תִהְיֶה לְצֵל | יוֹמָם מֵחֹרֶב.

לְמַד מִצְוָה תִּתֵּן | לְנוֹצְרֶיהָ חַיִּים
אֲשֶׁר בַּעֲדָהּ חֶלְקְךָ | יְאֻשַּׁר בַּגּוֹיִם
וּבָהּ יִכְלוּ זָרִים | וְיַעַלְצוּ נְקִיִּים
מְצוּאָה לְדוֹרְשֶׁיהָ | כְּמַעְיָן בַּחֹרֶב.

וְחֹק חַג שִׂמְחָתְךָ | שְׁמֹר פֶּן תִּנָּשֶׁה
וּבִרְכַּת סֻכָּתְךָ | בְּכָל יוֹם אַל־תֶּחֱשֶׁה
הֱיוֹת זֵכֶר לְצֵאתְךָ | מִפֶּרֶךְ קָשֶׁה
וְעָנָן סִתְרָתְךָ | מִכָּל־צַר וְאוֹרֵב.

יְעוֹרֵר אֵל רַחֲמָיו | וְעָלַי יִתְאַפְּקוּ
לְהַשְׁפִּיל כֵּס גֵּאִים | עָלַי חָזָקוּ
וּמֵיתְרֵי אֹהֶל צָר | לְעוֹלָם יִנָּתְקוּ
בְּהַחֲרִיבְךָ בָּנוּי | וְתִבְנֶה הֶחָרֵב.

1 **נצר... מצוה**: על־פי מש׳ ו:כ; מוסב על חג הסוכות. **מחרב**: מסיני, עם מתן תורה (שמ׳ ג:א; וי׳ כג:לד). / 2 **וסכה... מחרב**: יש׳ ד:ו; כאן מוסב על החג. / 3 **למד**: בכ״י: ׳למוד׳. / 4–3 **לנוצריה חיים... בגוים**: על־פי תה׳ מא:ג: ׳ה׳ ישמרהו ויחיהו יאשר בארץ׳; תה׳ עב:יז: ׳כל גוים יאשרהו (את הצדיק)׳. כוונת הפייטן לנאמר בזכ׳ יד:יז–יח, שהעולה לרגל בחג הסוכות יזכה בחיים, ואילו הזרים, שאינם עולים, יכלו ויאבדו. / 5 **ובה יכלו זרים**: השווה יש׳ א:כח (וראה שורה 4). **נקיים**: ישראל. / 6 **כמעין בחרב**: כמים משיבי־נפש במדבר. / 7 **וחק חג שמחתך**: על־פי דב׳ טז:טו. **פן תנשה**: שאם־לא־כן יעזבך האל. / 9 **זכר לצאתך**: ראה וי׳ כג:מג. / 10 **וענן סתרתך**: רמז לענני הכבוד שהיו מקיפים את ישראל במדבר; ראה סוכה יא, ע״ב. / 11 **רחמיו ועלי יתאפקו**: אולי צריך להיות ׳ואלי׳, כלשון התפילה ביש׳ סג:טו: ׳המון מעיך ורחמיך אלי התאפקו׳. ועלי: בעוד התאפקו אלי, דהיינו, רחמי האל שלא הגיעוני עד עתה (ו״ו־המצב). / 12 **להשפיל כס גאים**: ראה יש׳ יג:יא; תה׳ צד:ב. / 14–13 **אהל צר... בנוי**: משכנות האויב, שמיתריהם יינתקו (ראה יר׳ י:כ; שם במשמעות הפוכה), והם ייחרבו. **ותבנה החרב**: את בית־המקדש (ראה חגי א:ד: ׳והבית הזה חרב׳); כרמז נוסף לסוכות ולגאולה נשמע כאן הד לדברי עמוס: ׳אקים את סכת דויד הנפלת... והרסתיו אקים ובניתיה כימי עולם׳ (ט:יא).

מז. יום דָּת נָחֲלוּ

פיוט לשבועות. מרובע: אאאה/בבבה וכו׳. בכל טור חורזות שלוש הצלעיות הראשונות בחרוז פנימי; הצלעית הרביעית שבכל טור היא שבר־פסוק, המסתיים בתיבה ׳ה׳׳ (השווה שיר מס׳ לא: ׳אלי לפני בוא׳). המשקל: בכל צלעית שתי תנועות; בכל טור שמונה תנועות, ולפעמים שבע; השוואים אינם במניין, אבל במקומות אחדים חוזר העמוד ‿−−− (וגם −−). החתימה: ׳אני לוי [ב]ר יעקב חזק׳ (שורות 2–16). האות בי״ת חסרה (בראש שורה 8, אך לא מן הנמנע, שיש לקרוא שם ׳בקולות׳, ובאופן זה תושלם החתימה).

המשורר מפייט את מעמד הר סיני (שורות 1–8) ואת עשרת הדיברות (שורות 9–16). בסיום (שורות 19–20) באה בקשה לגאולה. דומה, שהנוסח משובש במקומות אחדים.

המקור: כ״י אוכספורד 1133, דף 165ב (׳רשות ליום שני׳, במדור ׳רשות לאזהרה׳). בכ״י משולב הפיוט ב׳אזהרות׳ של אבן גבירול (לפני החלק השני, ׳מצוות לא תעשה׳: ׳בצל שדי׳).

יוֹם דָּת נָחֲלוּ | עַם בְּעֹז נִגְאֲלוּ | הָרִים נָזְלוּ | מִפְּנֵי ה׳
אָז בְּמָעֻזּוֹת | בָּחַר בְּ׳מִי זֹאת׳ | סְגֻלָּה לַחֲזוֹת | בְּנֹעַם ה׳
נַחֲלָה לְקָחָם | לְסִינַי הֱנִיחָם | לְשׁוֹבֵב בְּרוּחָם | בְּתוֹרַת ה׳
יוֹם מִמְּעוֹנִים | לְזֶרַע אוֹמְנִים | פָּנִים בְּפָנִים | דִּבֶּר ה׳
לְמֹשֶׁה עַבְדּוֹ | הֶרְאָה חַסְדּוֹ | וְנִגַּשׁ לְבַדּוֹ | לִפְנֵי ה׳
וְעַל הַר נִפְרָד | וְסִינַי הֶחָרֵד | יוֹם אֲשֶׁר יָרַד | עָלָיו ה׳
יוֹם הִכְפִּיל | חֹשֶׁךְ וְאֹפֶל | וְעָנָן, עֲרָפֶל | וַעֲנַן ה׳
קוֹלוֹת חֲזָקִים | וּמַרְאֵה בְרָקִים | מְקוֹם שְׁחָקִים | אֲשֶׁר יָרַד ה׳
׳רָם אֲנִי עַל כֹּל | וּמוֹשֵׁל בַּכֹּל | וְנַעֲלֶה עַל כֹּל | אֱלֹהִים ה׳
יַחֲדוּ לְשֵׁם אֵל | מִי [?] אֵין כָּאֵל | כִּי מִי אֵל | מִבַּלְעֲדֵי ה׳
עֵקֶב שְׁבוּעָה | וְדוֹבֵר תּוֹעָה | תָּבוֹא רָעָה | מֵאֵת ה׳
קַדְּשׁוּ אֶת יוֹם | שַׁבָּת, פִּדְיוֹם | תִּמְצְאוּ מִיּוֹם | עֶבְרַת ה׳

1 **יום:** ביום. **דת:** התורה. **עם בעוז:** ראה שמ׳ טו:יג. **הרים... ה׳:** שופ׳ ה:ה; גם שם מוסב על סיני. / 2 **במעזות:** ראה יואל ד:טז ועוד. **במי זאת:** בישראל (על־פי שה״ש ג:ו; ח:ה: ׳מי זאת עלה מן המדבר׳). **סגלה:** שמ׳ יט:ה; וראה תה׳ קלה:ד. **לחזות... ה׳:** תה׳ כז:ד. / 3 **נחלה לקחם:** ראה דב׳ ד:כ. **הניחם:** ראה שמ׳ טו:יג; יג:כא. **לשובב:** ראה תה׳ כג:ג. **בתורת ה׳:** מל״ב י:לא; תה׳ א:ב; ועוד. / 4 **ממעונים:** ראה דב׳ כו:טו; יר׳ כה:ל. **אומנים:** האבות. **פנים... ה׳:** דב׳ ה:ד. / 5 **ונגש... ה׳:** שמ׳ כד:ב (בשינוי קל). / 6 **החרד:** על־פי שמ׳ יט:יח. **אשר... ה׳:** שמ׳ יט:יח. / 7 **חשך... ערפל:** דב׳ ד:יא (בתוספת לפי יואל ב:ב ועוד). **וענן ה׳:** במ׳ י:לד. / 8 **קולות... ברקים:** לפי שמ׳ יט:טז; ואולי צריך להיות: ׳בקולות׳, למען החתימה. **ירד ה׳:** על־פי שמ׳ יט:יח (ראה לעיל, שורה 6); נסמך גם על שופ׳ ה:יג. / 9–10 דיבר ראשון (שמ׳ כ:ב–ו; דב׳ ה:ו–י). **אלהים ה׳:** יהו׳ כב:כב; תה׳ נ:א. **מי אין:** שיבוש; צריך להיות ׳כי אין׳. **אין כאל:** דב׳ לג:כו. **כי... ה׳:** שמ״ב כב:לב. / 11 דיבר שני (שמ׳ כ:ז; דב׳ ה:יא). **שבועה:** שבועת־שווא. **רעה... ה׳:** שמ״א טז:יד, בשינוי הוראה ועוד. / 12 דיבר שלישי (שמ׳ כ:ח–יא; דב׳ ה:יב–טו). **פדיום:** במ׳ ג:מט. **יום... ה׳:**

בִּכְבוֹד הוֹרִים | הֱיוּ נִזְהָרִים | כִּי מְאֹד יְשָׁרִים | דַּרְכֵי ה׳
חֲדַל מֵרוֹצְחִים | וְנוֹאֲפִים וְלוֹקְחִים | גְּנֵבָה וְחוֹמְדִים | עברתי [?] ה׳
זֶרַע כְּשֵׁרִים | דְּחוּ עֵד שְׁקָרִים | וְתִהְיוּ יְקָרִים | בְּעֵינֵי ה׳
קִנְיַן יְדִידִים | וּבָתִּים וְשָׂדִים | אַל תִּהְיוּ חוֹמְדִים | יִרְאוּ אֶת ה׳׳
קָרְאוּ בְּפַחַד: | ׳נַעֲשֶׂה כְּאֶחָד | וְנִשְׁמַע יַחַד | דִּבְרֵי ה׳׳
בְּחִירֵי תִקְוָה | נָחֲלוּ מִצְוָה | עֵקֶב עֲנָוָה | יִרְאַת ה׳
לְעַם שֹׁכְנֵי סְנֶה | עֲנִיֵּי עַמְּךָ פְּנֵה | וְיֹאמְרוּ לְכוּ נִרְאֶה | בְּאוֹר ה׳
וְיוֹדֶה וְיִכְרַע | כָּל חוֹשֵׁב רָע | כִּי הֵם זֶרַע | בְּרוּכֵי ה׳.

יח׳ ז:יט; צפ׳ א:יח. / 13 דיבר רביעי (שמ׳ כ:יב; דב׳ ה:טז). **ישרים... ה׳**: הו׳ יד:י. / 14 הדיבר החמישי, השישי והשביעי (שמ׳ כ:יג–טו; דב׳ ה:יז). **חדל**: כנראה צריך להיות ׳חדלו׳. **עברתי ה׳**: שיבוש; אולי צריך להיות ׳תועבת ה׳׳; או ׳עברת׳ (אך ראה שורה 12). / 15 דיבר שמיני (שמ׳ כ:טז; דב׳ ה:יז). **כשרים**: לשון חז״ל. **בעיני ה׳**: בר׳ ו:ח; וראה תה׳ קטז:טו. / 16 הדיבר התשיעי והעשירי (שמ׳ כ:יז; דב׳ ה:יח). **שדים**: שדות (לפי ׳שדהו׳ בדב׳ ה:יח). **יראו... ה׳**: יהו׳ כד:יד; שמ״א יב:כד. / 17 **נעשה** וכו׳: לפי המסופר בשמ׳ כד:ג. **דברי ה׳**: שם, שם. / 18 **בחירי תקוה**: ישראל (על־פי ׳אסירי התקוה׳ – זכ׳ ט:יב). **עקב... ה׳**: מש׳ כב:ד. / 19 **שכני סנה**: הקב״ה (דב׳ לג:טז). המשפט קשה, ודומה, שבחלקו הוא משובש; אולי מוסבת למ״ד־השימוש שבמלה ׳לעם׳ גם על ׳עניי׳, ואז יהיה שיעור הדברים: רבש״ע, פנה־נא לעמך, לעניי עמך. **לכו נראה**: על־פי תה׳ סו:ה. **נראה**: חרוז עובר. **באור ה׳**: יש׳ ב:ה. / 20 **ויודה** וכו׳: כל צר ואויב יודה על־כורחו, שישראל הם עם סגולה. **זרע... ה׳**: יש׳ סה:כג.

מח. הַשֵּׂכֶל וְהַדָּת שְׁנֵי מְאוֹרוֹת

שיר־איזור בעל מדריך. בכל מחרוזת שלושה טורים, ואילו במדריך ובאיזור – שניים: אא/בבב/אא/גגג וכו׳. המשקל בדרך־כלל – – – ◡ – – –/– – ◡ – –. יש שהשווא נחשב כתנועה (◡ – ◡ – –), ויש שהוא נוסף. החתימה: ׳לוי׳. לכאורה חתום ׳הלוי׳, אבל המדריך אינו נכלל בחתימה. ועיין בביאור לשיר ׳המון אכד וארך׳ (מס׳ יט) וכן במבוא, פרק שני.

מאורה לשבועות. מרובים בה ציורים של אור, כרגיל בסוג זה. במדריך מדמה הפייטן את השכל ואת הדת לשני מאורות (שורות 1–2). שתי המחרוזות הראשונות (שורות 3–12) מתארות את החכמה כאור הנאצל על הנשמה ומאיר עיני המאמינים. בשתי המחרוזות הבאות (שורות 13–22) מזכיר המשורר את מעמד הר סיני ומפייט את עשרת הדיברות. במחרוזת האחרונה (שורות 23–27) באים דברי־ניחומים ליעלת־חן, היא ישראל, שתשוב ותזכה באור ותיגאל. בחלקו הראשון של הפיוט נשמעים הדים לתורות פילוסופיות בנות התקופה. בנוסף לביאור יידונו גלגוליו של משפט־הפתיחה במאורה, המופיע בחיבורים פילוסופיים מאוחרים יותר.

המקורות: כ״י גינצבורג 197, דף 194ב [=ג]; כ״י אוכספורד 1133, דף 182א [=א]; כ״י מונטפיורי 203, דף 71א [=מ]; כ״י לונדון 699, דף 126ב (רק ההתחלה) [=ל]; סדור לשלוש

שירי לוי אבן אלתבאן

רגלים כמנהג קארפינטראץ, אמשטרדאם 1759, עמ׳ קה (רק ההתחלה) [=ק]; חכמת המסכן, קרובץ כמנהג ארגיל, ליוורנו 1772 (או 1792), עמ׳ סה. – פורסם: שער השיר, עמ׳ 120, עמ׳ 108. – נזכר: *LG*, עמ׳ 217; שם, עמ׳ 708 (במקום הראשון מייחס צונץ את הפיוט לאבן אלתבאן, ואילו במקום השני – לפייטן מאוחר; ועיין להלן, הנספח לביאור השיר); דודזון, חזונים, מסה ביבליוגראפית, וארשה תרפ״ז, עמ׳ 199, מס׳ נ (׳מחרך לר׳ לוי ז״ל׳); אוצר, אות ה, מס׳ 1124; ידיעות, ד, עמ׳ רנה, מס׳ 8 (מייחסו לאבן אלתבאן); תרגום לספרדית: מילאס ואלי־קרוסה, עמ׳ 285. – J. Goldziher, *Kitâb ma'âni al-nafs*, p. 44

הַשֵּׂכֶל וְהַדָּת | שְׁנֵי מְאוֹרוֹת
נֶפֶשׁ אִישׁ מְשִׁיבוֹת | עֵינָיו מְאִירוֹת.

לִמְדוּ הַנְּבוֹנִים | מְתֵי מְזִמָּה
כִּי שֵׂכֶל מְאוֹרוֹ | עַל הַנְּשָׁמָה
יוֹצִיא לָהּ בְּכָל עֵת | אוֹר תַּעֲלוּמָה
וִישׁוֹטֵט סְבִיבָהּ | אוֹתָהּ לְהוֹרוֹת
לָלֶכֶת בְּדַרְכֵי | אֵל הַיְשָׁרוֹת.

וְכֵן שׁוֹמְרֵי תְעוּדָה | וָדָת וְתוֹרָה
מִכָּל הַחֲפָצִים | אֱמֶת יְקָרָה
כָּל הוֹלְכֵי חֲשֵׁכִים | תּוֹצִיא לְאוֹרָה
לִוְיַת חֵן לְרֹאשְׁךָ | הִיא וַעֲטָרוֹת
כִּי אִמְרוֹת אֲדֹנָי | אֲמָרוֹת טְהוֹרוֹת.

יוֹם נִגְלָה בְּסִינַי | אֵל רָם וְנִשָּׂא
אָנֹכִי אֲדֹנָי | שָׁח לַעֲמוּסָה

1 ק ׳השכל והדעת׳. / 2 א ׳ועיניו׳. / 9 א ׳ויקרה׳. / 10 אמ ׳כל הולך חשכים׳. א ׳הוציא לאורה׳. / 11 ג ׳לוית חן לראשו׳; א ׳לוית חן הם לראשו היא ועטרות׳. / 12 א חסרה המלה ׳כי׳.

1 **השכל והדת:** על כוונתו של צירוף זה, מקורו והשפעתו – ראה להלן, בנספח. / 2 **נפש... מאירות:** על־פי תה׳ יט: ח–ט (על תורה ומצוות ה׳). / 3 **למדו:** בדפוסים מנוקד כפועל בעבר; בראדי מגיה ומשנה לציווי. **מתי מזמה:** מקביל ל׳הנבונים׳. **מזמה:** חכמה. / 4–7 גם כאן, כמו בשורה 1, יש הד לפילוסופיה בת הזמן; ועיין בנספח. / 5 **יוציא... תעלומה:** על־פי איוב כח: יא. **יוציא:** השכל. / 8 **וכן:** מתייחס לשורה 3: ׳למדו הנבונים... וכן שומרי תעודה... (כי) אמת יקרה׳. **תעודה... ותורה:** על־פי יש׳ ח: טז, כ. / 9 **מכל... אמת יקרה:** על־פי מש׳ ג: טו; ח: יא (שם מוסב על החכמה); וראה מש׳ כג: כג. / 10 **הולכי חשכים... לאורה:** על־פי יש׳ ט: א. / 11 **לוית חן... ועטרות:** על־פי מש׳ ד: ט (תיאור החכמה). / 12 **אמרות... טהורות:** תה׳ יב: ז. / 12–22 שתי המחרוזות הבאות עניינן מתן תורה ועשרת הדיברות. / 14 **אנכי אדני:** שמ׳

לֹא יִהְיֶה לְךָ אֵל | אַחֵר לְמַשָּׂא
לֹא תִשָּׂא שְׁמִי שָׁוְא | וּזְכֹר לְדוֹרוֹת
יוֹם שַׁבַּת לְהַלֵּל | בּוֹ יָהּ בְּשִׁירוֹת.

אָב וָאֵם תְּכַבֵּד | וַחְקֹר כְּבוֹדָם
הִשָּׁמֵר וְהַרְחֵק | לְךָ מִשְּׁפָךְ־דָּם
וּלְנוֹאֵף וְגוֹנֵב | שְׂמַח בְּאָבְדָם.
יֹאבַד עֵד שְׁקָרִים | עוֹבֵר עֲבֵרוֹת
גַּם חוֹמֵד, וְיוּבַל | לְיוֹם עֲבָרוֹת.

יַעֲלַת־חֵן אֲהוּבָה | מִימֵי נְעוּרִים
דַּי שָׁכְנָה עֲצוּבָה | בִּמְעוֹן כְּפִירִים
תְּוָשַׁע בְּשׁוּבָה | לָבוֹא חֲדָרִים
יָמֶיהָ תְּחַדֵּשׁ | עִתּוֹת אֲחֵרוֹת
יֶחֱזוּ אוֹר וְהָיוּ | לִמְאוֹרוֹת.

16 א ׳ושמור לדורות׳. / 20 א ׳מנאף׳. / 22 ג ׳כל חומד׳; א ׳וכל חומד יכלה ליום עברות׳. / 26 מ ׳לבניה תחדש׳. / 23—27 אג המחרוזת האחרונה חסרה.

כ: ב. **לעמוסה:** לישראל (על־פי יש׳ מו: ג: ׳בית ישראל העמסים מני בטן׳ וגו׳). / 15 **לא יהיה לך:** שמ׳ כ: ג. **למשא:** על־פי יש׳ מו: א. / 16 **לא תשא:** שמ׳ כ: ז. **שוא:** לשווא. / 16—17 **וזכר:** על־פי שמ׳ כ: ח. **בשירות:** ריבוי על־פי עמ׳ ח: ג. / 18 **אב ואם:** על־פי שמ׳ כ: יב. **וחקר:** ודרוש בכבודם, כבּד. / 19 **השמר... דם:** שם, שם, יג: ׳לא תרצח׳. / 20 **ולנואף וגונב:** שם, שם, יד, טו. / 21 **עד שקרים:** שם, שם, טז: ׳לא תענה ברעך עד שקר׳. **עובר עברות:** לשון חז״ל. / 22 **גם חומד וכו׳:** שם, שם, יז. **ליום עברות** (איוב כא: ל): ליום אסון וייסורים. / 23 דברי ניחומים לעם. **יעלת חן... נעורים:** כנסת־ישראל; על־פי מש׳ ה: יח–יט; יר׳ ב: ב; רמז למתן התורה במדבר, שבזכותה ייגאל העם גם מגלותו השלישית. / 24 **במעון כפירים:** בין האויבים בגלות; השווה לשירים ׳לבי יחיל בקרבי׳ (מס׳ יז, שורה 12); ׳לובש צדקה כשריון׳ (מס׳ נט, שורה 14), ׳מתי אחלם׳ (מס׳ לב, שורה 6), ׳עצמה ירבה׳ (מס׳ סב, שורה 7). / 25 **תושע בשובה:** על־פי יש׳ ל: טו. **לבוא חדרים:** לשוב לביתה (על־פי יש׳ כו: כ: ׳לך עמי בא בחדריך׳; שה״ש א: ד: ׳הביאני המלך חדריו׳). / 26 **ימיה תחדש:** על־פי איכה ה: כא. / 27 **יחזו אור:** השווה תה׳ לו: י; לדעת בראדי חסרה כאן מלה (שתי תנועות). **והיו למאורות** (בר׳ א: טו): בניה, שאור יזרח עליהם ומתוכם. בצלעית האחרונה חסרה תנועה, מפני שהכתוב מובא כלשונו.

תחינה ותשובה

תחינה ותשובה

מט. לְאִישׁ כָּמוֹנִי

סליחה (*LG*: ׳לצום גדליה׳). שיר־איזור בעל מדריך: אאאא / בבב אא / גגג אא / דדד אא. השורה הראשונה והשורות האחרונות של האיזור (1, 4, 9, 14 ו־19), המסתיימות במלה ׳אדם׳, מיוסדות על פסוקים שבהם מופיעה מלה זו. בכל צלעית שש תנועות; השוואים הנעים אינם במניין. החתימה: ׳לוי בר יעקב׳ (בראש שורות 1, 2, 5 ו־10 ובמלים הראשונות שבשורה 15). דודזון מעיר, כי בשפתי רננות רשום עליו ׳אברהם׳, אולם אפשר לצרף חתימה זו רק על־ידי שינויים בנוסח.

המקורות: כ״י ששון 902 (תימן, המאה הי״ז), עמ 445, מס׳ נה [= **ש**]; כ״י אוכספורד 1145, דף 257ב, מס׳ כא [=**א**]; שפתי רננות, ויניציה 1711, דף כט, ע״ב; סליחות...כמנהג... תימנים, ליוורנו 1939, עמ׳ 52. — **פורסם**: השירה העברית, א, עמ׳ 333 (מתוך שפתי רננות).— **נזכר**: לוח דיואן, עמ׳ 47, מס׳ 5; *LG*, עמ׳ 218; ידיעות, ד, עמ׳ רנו, מס׳ 17 (שני האחרונים מייחסים את השיר לאבן אלתבאן); אוצר, אות ל, מס׳ 162.

לְאִישׁ כָּמוֹנִי רִשְׁעִי ׀ וְצִדְקָתִי לְבֶן־אָדָם —
וְאִם אֶצְדַּק לְפָנֶיךָ, ׀ יוֹצֵר יְצוּרִים וְרוֹדָם?
מַה מִיָּדִי תִקָּח? ׀ וַאֲנִי בָשָׂר וָדָם!
חָטָאתִי, מָה אֶפְעַל ׀ לָךְ, נוֹצֵר הָאָדָם?

בְּשָׂרִי כָּחַשׁ וּבִרְכַּי ׀ כָּשְׁלוּ וְכֹחַ אֵין בִּי,
בַּהֲגִיגִי תִבְעַר אֵשׁ ׀ וְלִבִּי יָחִיל בְּקִרְבִּי,
בְּזָכְרִי אֶת עֲוֹנוֹתַי ׀ אֲשֶׁר טָמַנְתִּי בְּחֻבִּי
וְאִם אֲכַסֵּם מִיצוּרִים — ׀ הֲלֹא נִגְלָה לְךָ סוֹדָם!
כִּי אַתָּה יָדַעְתָּ ׀ אֶת לֵב בְּנֵי הָאָדָם.

רְצוֹן נַפְשִׁי עָשִׂיתִי ׀ וּבִשְׁרִירוּתִי דָבַקְתִּי
וְהַיֵּצֶר הָרָע עַל ׀ הַיֵּצֶר הַטּוֹב הִמְלַכְתִּי

5 **ש** ׳ואין כח בי׳. / 7 **א** ׳את עוני׳. / 8 **א** ׳הלא לך נגלה סודם׳. / 9 **א** ׳כי אתה יודע׳. / 10 **ש** ׳בשרירותי הלכתי׳. **א** שורות 10—14 חסרות. / 11 **ש** ׳ויצר רע על יצר טוב׳.

1 **לאיש כמוני... אדם**: על־פי איוב לה: ח. **רשעי וצדקתי**: עושים רושם רק על בני־תמותה אחרים (שירמן). / 2—4 **ואם אצדק**: אבל האם אצדק לפניך, שכל־כולי תלוי בחסדך? שורה 1 והצלעיות הראשונות בשורות 2 ו־3 הן על־פי איוב לה: ו—ח: ׳אם חטאת מה תפעל בו... אם צדקת מה תתן לו או מה מידך יקח; לאיש כמוך רשעך ולבן אדם צדקתך׳. שורה 4 (׳מה אפעל׳ וכו׳) היא פסוק ז: כ מאיוב כלשונו. / 6 **בהגיגי... אש**: תה׳ לט: ד. **ולבי יחיל בקרבי**: תה׳ נה: ה (והשווה פתיחת שיר מס׳ יז). / 9 **כי... לב בני האדם**: על־פי מל״א ח: לט; דה״ב ו: ל; והשווה קה׳ ח: יא. / 10 **ובשרירותי דבקתי**: זהו חרוז דקדוקי בלבד; אבל בנוסח **ש** כתוב ׳ובשרירות הלכתי׳. וכך מנסח גם שירמן.

וּמֵבִין שְׁעִפֵּי לְבָבִי | אַחֲרֵי גֵוִי הִשְׁלַכְתִּי.
אֲהָהּ לִי עַל יוֹם מִפְקָד | כָּל הַיְצוּר וּמַעְבָדָם,
יוֹם מְהוּמָה וּמְבוּכָה, | יוֹם עֲנוֹת אָדָם.

יוֹם עֲוֹנִי קָם בְּפָנַי – | כְּלִמָּתִי כִּסַּתְנִי,
וּבָאתִי לְהִתְוַדּוֹת חֵטְא | אֲשֶׁר בּוֹ אֵם יֶחֱמַתְנִי.
פְּצֵנִי אֵל מִמְּצוּלָה | וְשִׁבֹּלֶת שְׁטָפַתְנִי
וְהַלְבֵּן כְּשֶׁלֶג עֲוֹנִי | אֲשֶׁר כַּתּוֹלָע מְאָדָּם
וְאַל תָּמֹד כְּמִפְעָלִי – | כִּי מַה יִּתְרוֹן לָאָדָם?

12 ש ׳אחרי גו׳. / 13 ש ׳לי מיום׳. / 14 ש ׳יום בו ענות׳. / 16 ש ׳אשר בו יחמתני׳; א ׳על חטא׳ וכו׳. / 17 שא ׳פצני ממצולות ים׳. / 18 שא ׳כתולע אדם׳. / 19 שא ׳כמפעל׳; ש ׳יתרון אדם׳; שפתי רננות: ׳האדם׳.

12 **ומבין... לבבי**: האל. **אחרי... השלכתי**: על־פי מל״א יד:ט; יח׳ כג:לה. / 13 **ומעבדם**: ומעשיהם. / 14 **יום... אדם**: על־פי יש׳ נח:ה. / 15 **יום עוני**: ביום בו קם עווני להעיד נגדי. **כלמתי כסתני**: על־פי תה׳ סט:ח. / 16 **חטא... אם יחמתני**: מלידתי אני חוטא (על־פי תה׳ נא:ז). / 17 **פצני... שטפתני**: על־פי תה׳ סט:ג, טז: ׳ושבלת שטפתני... אל תשטפני שבלת מים ואל תבלעני מצולה.׳ **פצני**: ראה תה׳ קמד:ז. / 18 **והלבן כשלג... מאדם**: על־פי יש׳ א:יח. / 19 **כמפעלי**: כמידת רוע מעשי. **כי... לאדם**: קה׳ א:ג.

ג. וְהוּא רַחוּם יְכַפֵּר עָוֹן

סליחה לימים נוראים בצורת מסתאג׳יב (ראה לעיל, שיר מס׳ טז: ׳אליכם אישים אקרא׳). הפסוק ׳והוא רחום יכפר עון׳ (תה׳ עח:לח) עומד בראש השיר וקובע את נושאו העיקרי. לפי ק נועד השיר ליום־הכיפורים שחל ביום חול. במקורות השונים יש שינויי־נוסח רבים. בכל מחרוזת ארבע צלעיות, ששלוש מהן נחרזות, ואילו הרביעית היא פסוק מן המקרא, המסתיים במלה ׳עון׳: אאא ע // בבב ע... המשקל: שמונה עד תשע תנועות בכל טור; השוואים אינם במניין. השיר מיוסד בהרבה על חלקי־פסוקים, הנמשכים לעתים קרובות משורה לשורה, וכולו כתוב ברוח מזמורי התהילים לח–לט. החתימה: ׳אני לוי הקטן חזק׳.

פנייה לחוטאים לחזור בתשובה (שורות 1–21), כי ייסוריהם באים עליהם בגלל עוונותיהם (שורות 22–29). תשובה מלאה תעביר את רוע־הגזירה (30–33). בקשת רחמים (מעבר לגוף ראשון יחיד, שורה 34), ופנייה אל הנשמה לחדול מתענוגות עוה״ז ומן יצה״ר (שורות 38–45), ואם יעזוב הרשע דרכו, וניקה מעוון (שורות 46–49). קריאת קול השופר להשיב כבוד להקב״ה, שהאדם מתחטא לפניו (שורות 50–57). לבסוף באה פנייה לאל המרבה לסלוח.

המקורות: כ״י אוכספורד 1164, דף 103ב [=א]; כ״י אוכספורד 1162, דף 30א (כנ״ל, בשינויים קלים); הואיל משה באר, ו, עיש 1835, עמ׳ ג–ה [ה=הנוסח המובא כאן]; סדר לימים נוראים כמנהג קארפינטראץ וכו׳, אמשטרדאם 1739, ב, עמ׳ ח [=ק]; סדר של יום

תחינה ותשובה

כפור כמנהג קארפינטראץ וכו׳, אמשטרדאם 1766, עמ׳ ג (כמעט זהה עם הקודם); שפתי רננות, ג׳רבה תש״ז, דף קמו, ע״ב [=ת]. – נזכר: צונץ, *AZDJ*, ג (1839), עמ׳ 678; שירמן, ידיעות, ד, עמ׳ רנה, מס׳ 4; אוצר, אות א, מס׳ 1810, והמילואים לשם.
המנגינה לפיוט זה (לפי נוסח ק) כמנהג קהילת אייגש רשומה בקובץ *Chants Hébraïques... de l'ancien Comtat Venaissin...*, publiés par J. S. Cremieu et M. Cremieu, Aix [1886], p. 20, No. 5

וְהוּא רַחוּם יְכַפֵּר עָוֹן
אֱוִילִים מִדֶּרֶךְ פִּשְׁעָם זִכְרוּ
מֵרָחוֹק אֶת ה׳ וְהִשָּׁמְרוּ
מְאֹד לְנַפְשׁוֹתֵיכֶם וְשׁוּבוּ וְאִמְרוּ
אֵלָיו כָּל־תִּשָּׂא עָוֹן.

נְכוֹחוֹת דַּבְּרוּ וּבַחֲרוּ בָם לְבַדָּם
וְהִנָּקוּ מִכּוֹס יַיִן אֲדַמְדָּם
כִּי כַפֵּיכֶם נְגֹאֲלוּ בַדָּם
וְאֶצְבְּעוֹתֵיכֶם בֶּעָוֹן.

יֵצֶר לְבַבְכֶם אֶת רֵיחֲכֶם הִבְאִישׁ
רַק רַע כָּל־הַיּוֹם יַחְפִּיר וְיַבְאִישׁ
הֲרֹב עִם־שַׁדַּי יִסּוֹר כְּיַסֵּר אִישׁ
בְּתוֹכָחוֹת שֶׁל עָוֹן.

3 קת ׳ושמרו׳. / 4 אקת ׳נפשותיכם ושובו אל ה׳ ואמרו׳. / 6–7 ת ׳נעוה דברו... והיניקם מכוס יין׳. / 7 א ׳והנטו׳. / 10 א ׳לבבכם ריחכם יבאיש׳. / 11 א ׳רק כל׳. / 12 אקת ׳כאשר ייסר איש׳. / 13 ת: ׳על עון׳.

1 **והוא רחום** וכו׳: תה׳ עח: לח. הפסוק קובע את הנושא ואת סיומי הטורים. / 2–3 **אוילים** וכו׳: תה׳ קז: יז. **זכרו... ה׳**: יר׳ נא: נ. **פשעם זכרו**: לשון נסתר כנוכח. / 3–4 **והשמרו... לנפשותיכם**: על־פי דב׳ ד: טו. / 4–5 **ושובו... עון**: הו׳ יד: ג. 6 **נכוחות**: דברים ישרים ונכוחים. / 7 **והנקו מכוס יין אדמדם**: מחטאיכם; רמז כפול: ׳כי כוס ביד ה׳ ויין חמר׳ (תה׳ עה: ט); לא תנקה כי שתה תשתה׳ (יר׳ מט: יב). / 8–9 **כי כפיכם... בעון**: יש׳ נט: ג. / 11 **רק רע** וכו׳: על־פי בר׳ ו: ה. **יחפיר ויבאיש**: על־פי מש׳ יג: ה: ׳ורשע יבאיש ויחפיר׳. לדעת כרמי אולי צריך להיות ׳ויוביש׳, מלשון בושה (והשווה תה׳ לה: ד). / 12 **הרב עם שדי יסור**: איוב מ: ב. / 12–13 **כיסר... עון**: על־פי תה׳ לט: יב; לפי הפסוק צריך להיות כאן ׳על עון׳ (ולא ׳של׳; וכך גם כתוב בנוסח ת; ומשמעו: ׳הדרך מוסר הוא שיריב אדם עם שדי׳ (ראב״ע לאיוב מ: ב) כאשר הוא מייסר את האדם בתוכחות על עוונותיו? הפסוקים נשזרים כאן על־ידי המלה

לְמְדוּ הֵיטֵב שְׂאוּ לֵב כַּפַּיִם
וְהַזִּילוּ מַיִם עַפְעַפַּיִם
נֹכַח פְּנֵי אֵל אֶרֶךְ אַפַּיִם
וְרַב חֶסֶד נֹשֵׂא עָוֹן.

וְאַל תַּקְשׁוּ לֵב וְנַתְּקוּ מוֹרָשָׁיו
וְאַל יַאֲמֵן אִישׁ הַנִּתְעֶה בַּשָּׁוְא
כִּי כַעֲבוֹת הָעֲגָלָה בְּחַבְלֵי הַשָּׁוְא
הוֹי מוֹשְׁכֵי הֶעָוֹן.

יָקֻם בְּעָם מַדְרְכֵי אֵל שׁוֹטֶה
כַּחֲשׁוֹ כְּמַדְקְרוֹת הַחֶרֶב בּוֹטֶה
בְּפָנָיו הֲיַעֲמֹד הַגּוֹי הַחוֹטֵא
עַם כֶּבֶד עָוֹן.

הָקִיצוּ יְשֵׁנִים נֶהְפַּךְ הוֹדָם
לְמַשְׁחִית וְיָרַד לָאָרֶץ כְּבוֹדָם
הִתְקוֹשְׁשׁוּ כִּי אַשְׁרֵי אָדָם
לֹא יַחְשֹׁב ה׳ לוֹ עָוֹן.

קַדְּמוּ פָנָיו וְעֵינָיו בַּל יִגְרַע
מִכֶּם, וּשְׁטַר הַחוֹב יִקְרַע

14 א ׳ושאו׳. אק ׳לב אל כפים׳; ת ׳לבבכם אל כפים׳. / 15 את ׳אל אל ויזלו׳. ת ׳מי עפעפים׳; א ׳מים בעפעפים׳. / 19 אק ׳ואל יאמן נתעה בשוא׳. / 20 א ׳וכחבלי׳. / 22 ת ׳יקום אשר מדרכי אל שוטה׳. / 24 א ׳היענה גוי חוטא׳; ת ׳הוי גוי חוטא׳. / 26—27 אתק (1766) ׳נהפך למשחית הודם / ומפני אולתם ירד לארץ כבודם׳; ק (1739) בשוליים: ׳לארץ כבודם׳. / 28 א ׳והתקוששו׳. / 30 א ׳קדמנו׳.

׳יסר׳. / 14 **למדו היטב**: יש׳ א:יז. **שאו לב כפים**: על־פי איכה ג:מא; בעקבות הפסוק כתוב בנוסח ת: ׳שאו לבבכם אל כפים׳, אך אין זה תואם את המשקל. / 15 **והזילו**: לפי כרמי נמצא בכ״י: ׳יזלו מים׳ (על־פי יר׳ ט:יז), ולדעתו צריך להיות כאן ׳ויזלו מים העפעפים׳. / 16—17 **ארך אפים... עון**: במ׳ יד:יח. / 18 **ואל תקשו וכו׳**: על־פי תה׳ צה:ח; איוב יז:יא; וכאן בציווי: עליכם לנתק את מורשי לבבכם, את מחשבות־החטא שבו. / 19 **ואל יאמן**: איוב טו:לא. / 20—21 **כעבות העגלה... מושכי העון**: היפוך הכתוב ביש׳ ה:יח. / 23 **כמדקרות... בוטה**: על־פי מש׳ יב:יח. / 24 **הגוי החוטא**: על־פי יש׳ א:ד. / 25 **עם כבד עון**: יש׳ א:ד. / 26—27 **נהפך... למשחית**: על־פי דנ׳ י:ח. / 28—29 **אשרי... עון**: תה׳ לב:ב. / 30—31 **ועיניו בל יגרע מכם**: על־פי איוב לו:ז. / 31 **ושטר החוב יקרע**: ימחה את עוונותיכם, על־פי לשון התפילה ׳מחק ברחמיך הרבים כל שטרי חובותינו׳ (׳אבינו מלכנו׳; והציור

הֲלֹא בְּיִרְאַת ה׳ וּבְסוּר מֵרַע
בְּחֶסֶד וֶאֱמֶת יְכֻפַּר עָוֹן.

טְהוֹר עֵינַיִם אִם כְּפָעֳלִי תָּמֹד
אֱלֵי חֵיקִי, ה׳ מִי הוּא יַעֲמֹד
אָנָּא אַל תִּקְצֹף ה׳ עַד מְאֹד
וְאַל לָעַד תִּזְכֹּר עָוֹן.

נַפְשִׁי, מִלִּדְבּוֹק בְּחֶלְדֵּךְ חִדְלִי
וּבְהַבְלֵי יִצְרֵךְ אַל תֶּהְבָּלִי
כִּי אֵיכָה אַתְּ אֶל אָבִיךְ תַּעֲלִי
אִם יִקְרֵךְ עָוֹן.

חֹמֶר לְיוֹצְרוֹ ׳מַה תַּעֲשֶׂה׳ הֲיֹאמַר?
פְּשָׁעָיו חָפְרוּ לוֹ בֶּאֱרוֹת חֵמָר
אָכֵן יוֹדֶה בְּעֵת לוֹ יֵמַר
כִּי אֲנִי אֲדֹנִי הֶעָוֹן.

זָר יִהְיֶה אֲשֶׁר שֶׁקֶר הוּא נִסְכּוֹ
יָשׁוּב וְיַעֲזֹב הָרָשָׁע דַּרְכּוֹ

32 ת ׳סור מרע׳; א ׳וסור מרע׳. / 35 א ׳מי יעמד׳. / 36 א המלה ׳אנא׳ חסרה. / 38 ק ׳מדבוק בחדלך חדלי׳; א ׳מדבוק חלדך׳. / 39 א ׳ואל בהבלי יצרך׳. / 40 ק ׳כי איך אל אבי תעלי׳; א ׳אל אבי אעלה׳ (!). / 43 א ׳ופשעיו׳. / 44 א ׳לו יאמר׳. / 46 את ׳זד יהיר׳. א ׳אשר שקר נסכו׳. / 47 א ׳רשע דרכו׳.

שגור בפיוט. השווה משה אבן עזרא: ׳במי אהבה מחה חובה וקרע שטרי חטאות׳ (׳בלבב מר׳, שורה 35). עיין גם צונץ, *SP*, עמ׳ 488, 490. / 32–33 **הלא... עון**: מש׳ טז:ו, בשינוי הסדר; לפיכך צריך להיות ׳סור מרע׳; וזהו נוסח ת. / 34 פנייה לאל. **טהור עינים**: חב׳ א:יג. / 34–35 **אם... חיקי**: על־פי יש׳ סה:ז. / 36–37 **אל... עון**: יש׳ סד:ח. / 38 **מלדבוק בחלדך חדלי**: נטשי את ענייני העולם הזה; כרמי מוצא בכ״י נוסח: ׳בחדלך חדלי׳ (וכן הוא בנוסח ק; לפי יש׳ לח:יא ׳חדל׳ היא ׳חלד׳. לשון־נופל־על־לשון ׳חדול מן החלד׳ הוא שגור (ראה גם תה׳ לט:ה–ו). אף ההמשך הוא צימוד: ׳ובהבלי... אל תהבלי׳. / 40 **כי איכה את אל אביך תעלי**: נשמותיהם של צדיקים גנוזות תחת כיסא הכבוד (ועיין שבת קנב, ע״ב), ואילו את, נשמתי החוטאת, איך תזכי לעלות שמה? השווה משה אבן עזרא: ׳ואיך אעלה אל אבי׳ (מהדורת ברנשטיין, מס׳ קיא, בסוף השיר). / 41 **אם יקרך עון**: שמ״א כח:י. / 42 **חמר ליוצרו... היאמר**: יש׳ מה:ט, בשינוי קל, למען החתימה. / 43 **פשעיו חפרו לו בארות חמר**: פשעיו היו לו לרועץ; רמז לבארות־החמר שמלכי סדום ועמורה נפלו לתוכן (בר׳ יד:י). / 45 **בי... העון**: שמ״א כה:כד. / 46 **זר יהיה**: כנראה צריך להיות ׳זד יהיר׳ (על־פי מש׳ כא:כד);

לֵאמֹר הֵן לֹא שָׁמַעְתִּי עַד כֹּה
וְנִקָּה הָאִישׁ מֵעָוֹן.

קוֹל קוֹרֵא מֵעִיר לֵב הַנִּרְדָּם
לְהָשִׁיב כָּבוֹד בְּאֹמֶר קָדַם
מָה אֶפְעַל לְךָ נוֹצֵר הָאָדָם
אִם יֶשׁ בִּי עָוֹן.

הוֹמֶה מִפְּשָׁעָיו וּמִמַּעֲלָלָיו
וְנִבְהָל וְצִירִים אֲחָזוּ וַחֲבָלָיו
יַעְטֹף כִּי מָלְאוּ נִקְלֶה כְּסָלָיו
אַל יַחֲשֹׁב ה׳ לִי לְעָוֹן.

לְעַם קִרְבָתְךָ יַחְפְּצוּן תִּפְנֶה
וּמִגְדַּל פִּשְׁעֵיהֶם הֲרֹס וְלֹא תִבְנֶה
טֶרֶם יִקְרָאוּ אַתָּה תַעֲנֶה
מִי אֵל כָּמוֹךָ נוֹשֵׂא עָוֹן.

48 א ׳וישוב לאמר׳. / 50 א ׳לב אדם׳. / 51 ק ׳להשיב כבוד באומר אל קדם׳. / 55 א ׳וציריו יאחזוהו׳. / 56 אק ׳יתעטף׳; ת ׳נתעטף׳. / 57 א ׳אל יחשב לי ה׳ עון׳(!). / 58 ק (1766) ׳ועם קרבתך יחפזון אליהם תפנה׳; אק (1739) ׳יחפצון׳; ת ׳ועם קרבתך אליהם תפנה׳. / 59 א ׳ומגודל׳(!). ת ׳תהרס ולא ייבנה׳; ק ׳תהרס ולא תבנה׳. / 60 אקת ׳והיה טרם יקראו׳.

וכך בנוסח **א** ובנוסח ת. / 47 **ויעזב... דרכו:** יש׳ נה:ז; והשווה יח׳ לג:ח–יח. / 48 **הן... כה:** על־פי שמ׳ ז:טז. / 49 **ונקה האיש מעון:** במ׳ ה:לא. / 50 **קול קורא:** יש׳ מ:ג. / 51 **באמר קדם:** לדעת כרמי: בימים קדמונים; אך בתוספות הוא מבאר: ׳קול קורא, קול השופר, מעיר לב הנרדם להשיב כבוד אל הקב״ה שנקרא קדמון, או להשיב את הנשמה שנקראת כבוד למי שקדם לכל חומר׳, וזאת על־סמך נוסח אחר, שבו ראה כתוב ׳לחומר קדם׳. נוסח ק: ׳להשיב כבוד באמר אל קדם׳ – בקיום דברי תורתו, הם אמרי האל שקדם לכול. / 52 **מה אפעל לך** וכו׳: איוב ז:כ. / 53 **אם... עון:** שמ״ב יד:לב. / 55 **וצירים אחזו** וכו׳: על־פי יש׳ יג:ח. / 56 **מלאו נקלה כסליו:** מלאו קרביו פצע וחבורה (על־פי תה׳ לח:ח). / 57 **אל... עון:** שמ״ב יט:כ. / 58 פנייה לאל, שימחל על עוונותיהם של השואפים אליו. / 60 **טרם יקראו אתה תענה:** על־פי יש׳ סה:כד; והשווה תה׳ לח:טז. / 61 **מי אל כמוך נושא עון:** מי׳ ז:יח.

נא. אֲדֹנָי מִי יַעֲמֹד

סליחה בצורת שיר־איזור בעל מדריך. כל מחרוזת מתחילה בסיומו של אותו הפסוק: תה׳ קל:ג (׳אדני מי יעמד׳) ומסתיימת בחלקו הראשון של פסוק זה (׳אם עונות תשמר יה׳). טורי האיזור הם פסוקי־מקרא כלשונם, פרט לאחד, המובא בשינוי קל. בכל צלעית חמש או שש תנועות; השוואים אינם במניין. החריזה: אאאא// בבבב/ אא// גגגג/ אא// וכו׳. החתימה: ׳לוי׳ (בראש הצלעית השנייה, בשורות 5, 11 ו־17).
פורסם: עמודי העבודה, עמ׳ 155 (מועתק בכ״י סליחות תלמסאן). – נזכר: ידיעות, ד, עמ׳ רנה, מס׳ 3; אוצר, אות א, מס׳ 898, והמילואים לשם.

אֲדֹנָי מִי יַעֲמֹד | שׁוֹכֵן שְׁמֵי עֲלִיָּה
יוֹם קוּמְךָ לָדִין | וְלָרִיב כָּל בְּרִיָּה
וְתַקְרִיב לַמִּשְׁפָּט | נְשָׁמָה עִם גְּוִיָּה
אִם עֲוֹנוֹת תִּשְׁמָר־יָהּ.

אֲדֹנָי מִי יַעֲמֹד | לְהָרִים לְךָ מֵצַח
וְאַתָּה חַי לָעַד | וְקַיָּם לָנֶצַח
אָנָּא שְׁפֹט בְּרַחֲמִים | וְלֹא בְהֶרֶג וָרֶצַח
כִּי לֹא בֶחָרוּץ | יוּדַשׁ קֶצַח
הֲיַעֲמֹד חַלָּשׁ לַחֲנִית מַסָּע וְשִׁרְיָה
אִם עֲוֹנוֹת תִּשְׁמָר־יָהּ.

אֲדֹנָי מִי יַעֲמֹד | וְאֵיךְ יִמְצָא מַעֲנֶה
כֻּלּוֹ סָג וְנֶאֱלָח | וְנִגָּשׂ וְהוּא נַעֲנֶה
אִם יַעֲטֹף יָמִין | אוֹ אֶל שֶׁמֶשׁ יִפְנֶה
יְמִינְךָ תֹּאחֲזֶהוּ | בְּכָל מַסָּע וּמַחֲנֶה
יָדְךָ הַחֲזָקָה | וּזְרוֹעֲךָ הַנְּטוּיָה
אִם עֲוֹנוֹת תִּשְׁמָר־יָהּ.

1 **אדני מי יעמד** (תה׳ קל:ג): מי יוכל לעמוד ביום הדין (שורות 2–3) בלא רחמיך? (שורה 4 אף היא מאותו פסוק; וראה בהערות לעיל). **שוכן שמי עליה**: האל; על־פי תה׳ קד:ג; שגור בפיוט (וראה מקבילות במילון בן־יהודה, עמ׳ 4513). / 2 **יום... ולריב**: על־פי יש׳ ג:יג; כאן ראש־השנה. / 3 **ותקריב למשפט**: ראה במ׳ כז:ה. **נשמה עם גויה**: ראה סנה׳ צא, ע״ב: ׳הקב״ה מביא נשמה וזורקה בגוף ודן אותם כאחד׳. / 4 **אם עונות וכו׳**: תה׳ קל:ג (ראה לעיל). / 5 **להרים לך מצח**: לעמוד נגדך. / 6 **חי... לנצח**: על־פי דנ׳ ו:כז. / 8 **כי לא בחרוץ יודש קצח**: יש׳ כח:כז. **חרוץ**: כלי עשוי חריצים־חריצים; אל תעשה בנו שפטים, כי אנו חלשים מאוד; וכן בהמשך. / 9 **היעמד... ושריה**: על־פי איוב מא:יח. / 11 **ואיך וכו׳**: על־פי איוב לב:ג. / 12 **כלו וכו׳**: על־פי תה׳ נג:ד; ושם בהמשך: ׳אין עשה טוב, אין גם אחד׳. **ונגש והוא נענה**: יש׳ נג:ז. / 13–14 **אם יעטף ימין** (על־פי איוב כג:ט): אם יפנה לדרום או למזרח – בכל אשר יפנה

אֲדֹנָי מִי יַעֲמֹד | יוֹם שִׁבְתְּךָ בַּכִּסֵּא
לִשְׁקֹל כָּל מִפְעָל | וְלָמֹד כָּל מַעֲשֶׂה
יָהּ שִׂים כַּפָּרָה | וְעַל פְּשָׁעִים תְּכַסֶּה
שָׂא־נָא פֶשַׁע וַחֲטָאָה וְעָוֹן נוֹשֵׂא
צוּר אֲשֶׁר הִפְלִיא עֵצָה | וְהִגְדִּיל תּוּשִׁיָּה
אִם עֲוֹנוֹת תִּשְׁמָר־יָהּ.

תשיגהו; מיוסד על תה׳ קלט:ז–י. / 15 ידך החזקה וכו׳: על־פי דב׳ ז:יט. / 17 יום שבתך: למשפט בראש־השנה. / 19 ועל פשעים תכסה: על־פי מש׳ י:יב: ׳ועל כל פשעים תכסה אהבה׳; כאן ׳תכסה׳ בגוף שני. / 20 פשע... נושא: שמ׳ לד:ז (בשינוי הסדר). / 21 הפליא... תושיה: יש׳ כח:כט.

נב. לְךָ אֶתְחַנֵּן

סליחה בת שישה טורים, שבכל אחד מהם שתי צלעיות חורזות. החרוז מתחלף בכל שורה: א–א / ב–ב / ג–ג וכו׳ (מעין מתכונת ה׳ארג׳וזה׳; ראה: שירמן, ידיעות, ב, עמ׳ קלה, הערה 59). המשקל חופשי; בדרך־כלל שש עד שמונה תנועות בצלעית. החתימה: ׳לוי חזק׳ (בראשי הטורים).

המקור: חופת חתנים, ליוורנו 1847, דף קיט, ע״ב (במדור הסליחות). – נזכר: אוצר, אות ל, מס׳ 824; ידיעות, ד, עמ׳ רנז, מס׳ 27.

לְךָ אֶתְחַנֵּן צוּר גֹּאֲלִי | מְחֵה פִּשְׁעִי וּמַעֲלִי
וּשְׁעֵה נָא בְּשַׁוְעָתִי | אֱלֹהֵי יְשׁוּעָתִי.
יָהּ עֲנֵנִי בְּעֵת צָרָה | וְרַחֵם עַל שֶׂה פְזוּרָה
חוֹנֵן דַּלִּים סוֹמֵךְ נוֹפְלִים | פְּדֵה יִשְׂרָאֵל קֹדֶשׁ הִלּוּלִים
זְכוּת אָבוֹת הַנֶּאֱמָנִים | תִּזְכֹּר לְבָנִים, שׁוֹמֵר אֱמוּנִים,
קַבֵּץ נְפוּצוֹת עַם נְדִיבִים | בְּרַחֲמֶיךָ הָרַבִּים.

1 צור גאלי: על־פי תה׳ יט:טו. מחה פשעי: על־פי תה׳ נא:ג. / 2 ושעה... בשועתי ...ישועתי: צימודים (השווה שמ״ב כב:מב). אלהי ישועתי: תה׳ פח:ב. / 3 בעת צרה: על־פי יש׳ לג:ב. שה פזורה: יר׳ נ:יז. / 4 חונן... נופלים: על־פי מש׳ כח:ח; תה׳ קמה:יד. קדש הלולים: וי׳ יט:כד. / 5 שומר אמונים: הקב״ה (על־פי תה׳ לא:כד). / 6 קבץ: על־פי יש׳ נד:ז (׳וברחמים גדלים אקבצך׳); קשור להמשך: ׳ברחמיך הרבים׳ (נחמ׳ ט:יט).

נג. יוֹם עָמַדְתִּי לְחַבֵּר מִלִּין

סליחה בצורת שיר־איזור בעל מדריך. במדריך ובסטרופות ארבע שורות, שבהן נחרזות גם הצלעיות הפנימיות. סיום המדריך (שורה 4) והטורים הבאים בסוף הסטרופות (מעין טורי איזור) הם פסוקים או חלקי־פסוקים, המסתיימים כולם במלה 'אנכי': א–כי א–כי א–כי/א–אנכי//ג–ד ג–ד ג–ד ג–ד/אנכי//וכו'. בסיום הקבוע, במשקל, בנושא ובפרטים אחרים דומה הפיוט לסליחה 'ממרום קול עובר' למשה אבן עזרא (ברנשטיין, 'שירי קודש', עמ' קד, מס' צז). ועיין לעיל, פרק שלישי, עמ' 41, וכן בביאור לשיר הבא ('איך אתיצבה היום'). המשקל: שש תנועות בכל צלעית; השוואים אינם במניין. החתימה: 'לוי' (בראשי המחרוזות, אחרי המדריך).

המקורות: כ"י אוכספורד 1162, דף 192ב, מס' תרמג ('פזמון') [=א]; שפתי רננות (מחזור טריפולי), בכל המהדורות. כאן מובא נוסח המהדורה הראשונה, ויניציה 1711, דף כב, ע"ב [=ט], הזהה כמעט עם האחרונה – זו של ג'רבה 1947, דף מה, ע"א. – נזכר: *LG*, עמ' 217; אוצר, אות י, מס' 1881; ידיעות, ד, עמ' רנו, מס' 10.

יוֹם עָמַדְתִּי לְחַבֵּר | מִלִּין בֹּקֶר בְּעָרְכִי
לְךָ אֲצַפֶּה וַאֲשַׂבֵּר | שִׂיחִי לְמוֹלְךָ בְּשָׁפְכִי,
לְשׁוֹנִי וְלִבִּי הָבֵר | וְיַשֵּׁר אֶת מַהֲלָכִי
לֹא יָדַעְתִּי דַּבֵּר | כִּי נַעַר אָנֹכִי.

לְשׁוֹן לִמּוּדִים תֶּן־לִי | כִּי מֵאִישׁ אֲנִי בַעַר
וְכִסְלִי יַחֲלִשׁ שִׂכְלִי | וְכֵן הוּא כַּאֲשֶׁר שָׁעַר
עַל כָּרְחִי לְהַשְׁפִּילִי | וְלַהֲפִיצֵנִי יִסְעַר
אָנָּא צוּר הֱיֵה בְכִסְלִי | וְאַל אֶכָּשֵׁל מִנֹּעַר.
סְמֹךְ אֶת יָדַי כִּי לֹא אִישׁ דְּבָרִים אָנֹכִי.

וְעִם צְפוּנָה חַטָּאתוֹ | וְגַם צָרוּר עֲוֹן יִצְרוֹ
מַה תִּהְיֶה תְּשׁוּבָתוֹ | בְּגַלּוֹת צְפוּנֵי חֲדָרוֹ?

א 1 'עמדי לחבר מלים'. / 6 'וסכלי יחליש'. / 7 'מגמתו להשפילי'. / 8 'ואם אכשל'.

1 **יום**: ביום שבו. **מלין... בערכי**: ראה תה' ה:ד; איוב לב:יד. / 2 **ואשבר**: ואקווה. **שיחי... בשפכי**: על־פי תה' קמב:ג (המשך הכתוב שם: 'צרתי לפניו אגיד'). / 3 **הבר**: טהר. **וישר את מהלכי**: על־פי יש' מה:יג; וראה מש' ג:ו. / 4 **לא... אנכי**: יר' א:ו; לשון של ענווה; והשווה השיר 'איך אתיצבה' (מס' נד, שורה 4): 'צעיר אני לימים ואתם ישישים'. / 5 **לשון למודים תן לי**: על־פי יש' נ:ד. **כי... בער**: על־פי מש' ל:ב. / 6 **וכסלי**: כסילותי. **וכסלי... שכלי**: צימוד הפוך, המדגיש את הניגוד. **וכן... שער**: על־פי מש' כג:ז; שם מוסב על 'רע עין', ואילו כאן – על 'כסלי'. / 7 **להשפילי**: הנושא 'כסלי'. **על כרחי**: לשון חז"ל (צונץ, *SP*, עמ' 480). **ולהפיצני יסער**: על־פי חב' ג:יד. / 8 **בכסלי**: מבטחי (השווה מש' ג:כו). / 9 **לא איש... אנכי**: שמ' ד:י. / 10 **צפונה... עון**: על־פי הו' יג:יב. / 11 **מה... חדרו**: מה יוכל להשיב כשיתגלו המעשים שהסתיר.

וְכִי הִיא לְבַדָּהּ כְּסוּתוֹ | וְהִיא שִׂמְלָתוֹ לְעוֹרוֹ
לָכֵן בָּא בְּאַשְׁמָתוֹ | לֵאמֹר לִפְנֵי יוֹצְרוֹ:
הֵן בָּאתִי וָאִירָא כִּי עֵירֹם אָנֹכִי.

יְבוֹאוּהָ רַחֲמֶיךָ | לְכַלָּה נִשְׁתַּטְּחָה
אֲשֶׁר נָשְׂאָה אֵמֶיךָ | וְכִמְעַט אָבַד נִצְחָהּ
נְטֵה לָהּ מֵי שְׁלוֹמֶיךָ | וְתוֹצִיא כָאָרֶץ צִמְחָהּ
וּמוֹעֵד נִחוּמֶיךָ | קָרֵב לְשׁוֹבֵב רוּחָהּ
כִּי אָנֹכִי גוֹאֵל וּגְאַלְתִּיךָ אָנֹכִי.

12 ׳כי היא... היא שמלתו׳.

12 **היא**: תשובתו; רק היא כסותו, הוא גלוי כעירום; כל השורה היא על־פי שמ׳ כב: כו. / 14 **ואירא... אנכי**: בר׳ ג: י; השווה שיר מס׳ נד, שורה 7–8: ׳ואען כי ערם מתם וממורא, על כן זחלתי ואירא׳. / 15 **לכלה שנשתטחה**: כנסת־ישראל, כלת־הנעורים, המשתטחת לפניך בתפילה. / 16 **נשאה אמיך**: על־פי תה׳ פח: טז. / 17 **ותוציא כארץ צמחה** (על־פי יש׳ סא: י–יא): ׳וככלה תעדה כליה כי כארץ תוציא צמחה...׳ / 18 **לשובב רוחה** (בנוסח ט מנוקד: ׳רְוָחָה׳): השווה תה׳ כג: ג. / 19 **כי... גואל**: על־פי רות ג: יב. **וגאלתיך אנכי**: רות ג: יג; כאן דברי האל; וראה רות רבה פ״ו.

נד. אֵיךְ אֶתְיַצְּבָה

סליחה ליום־כיפור בצורה סטרופית. תשע מחרוזות בנות ארבע שורות: אאאא/בבבב/ וכו׳. בשורה האחרונה של כל מחרוזת מובא פסוק או שבר־פסוק כלשונו או בשינוי קל. שורות אלו אינן כלולות באקרוסטיכון, שהוא לפי אל״ף־בי״ת. בסוף הפיוט חתום ׳לוי׳. שד״ל מביא את השיר בין פיוטי אבן אלתבאן (לוח הפייטנים, עמ׳ 47), אך שירמן מעיר, שאפשר לצרף חתימה זו רק על־ידי שינויי־נוסח (ידיעות, ד, עמ׳ רנז). בנסחים שבדקתי מצטרף השם ׳לוי׳ (שורות 33, 35 ו־36) בהפסק של שורה אחת, שאולי נתחלף מקומה, כפי שקרה גם לשורה 11. דודזון (אוצר, אות א, מס׳ 2770) רושם את החתימה ׳קאלצו׳, בסימן־שאלה. בדפוסים השונים של ׳שפתי רננות׳ כתוב רק ׳סימן א״ב׳. המשקל חופשי: אורך השורות נע בין שמונה לשלוש־עשרה תנועות.

הפייטן מופיע כשליח־ציבור, נוטל את ׳רשיון׳ קהלו להתפלל בעדו, וחרד לשליחותו, בחינת ׳הנני העני ממעש׳.

המקורות: שפתי רננות, מחזור טריפולי, ויניציה 1711 [=ט], עמ׳ סב; מהדורת טריפולי 1926, מס׳ תג (עם פירוש) [=ב]; מהדורת ג׳רבה 1947, דף קמו, ע״ב [=ת]. הנוסח האחרון הוא התקין ביותר, אך משום שהוא מאוחר מאוד מובא כאן נוסח ט, שאינו שונה בהרבה. — נזכר: לוח הפייטנים, עמ׳ 47, מס׳ 7; אוצר, אות א, מס׳ 2770 והמילואים לשם (ומשום־מה גם בתוספות שבאותו כרך, מס׳ 723); ידיעות, ד, עמ׳ רנז (בין המסופקים).

תחינה ותשובה

אֵיךְ אֶתְיַצְּבָה הַיּוֹם לִפְנֵי עֲדַת קְדוֹשִׁים?
בָּשְׁתִּי כִּי קָטֹנְתִּי וּפָנַי נִכְלָמִים וּבוֹשִׁים!
גָּעַר בִּי לִבִּי לַעֲמֹד עַל בְּהִירִים נִקְדָּשִׁים.
צָעִיר אֲנִי לְיָמִים וְאַתֶּם יְשִׁישִׁים.

דַּלּוּ עֵינַי לַמָּרוֹם מְיַחֵל כַּפָּרָה.
אֵיךְ כָּמוֹנִי יִשְׁפֹּךְ בְּעַד עַם זוּ עֲתִירָה?
וְאַעַן כִּי עָרֹם מִתֹּם וּמִמּוֹרָא,
עַל כֵּן זָחַלְתִּי וָאִירָא.

זָחַלְתִּי וּפַלָּצוּת אֲחָזַתְנִי וָצַעַר
חַסְדֵי ה׳ לְשׁוֹנִי תָּעַר.
עָנִי אֲנִי וְגֹוֵעַ מִנֹּעַר
טָעָה וַיָּנַע לְבָבִי כְּנֹעַ עֲצֵי יַעַר.

יִרְאָה תָּבֹא בִי וּפָנַי בּוֹשׁוּ וּמִצְחִי חוֹפֵר,
כִּי גָמַר חָסִיד, שַׁוְעוֹ בַּצָּרָה מְכַפֵּר.
לָכֵן לִפְנֵי הָאֵל לְסַפֵּר,
וְאָנֹכִי עָפָר וָאֵפֶר.

מִיּוֹם אָבַד תָּמִים רֵיחֵנוּ זְמַן הִבְאִישׁ,
נְשָׁכָנוּ כְנָחָשׁ וּכְצִפְעוֹנִי יַפְרִישׁ,

3 ב ׳על בחירים נקדשים׳. / 6 ב ׳היך׳. / 7 בת ׳ויען׳. / 12 בת שורה זו קודמת לשורה 11 (ואמנם צריך להיות כך). ב ׳תעה׳ (לפי הפסוק; סוטה מן האקרוסטיכון). / 18 בת ׳אבד חסיד׳.

1 **איך אתיצבה**: ׳מחבר פזמון זה היה ש״ץ ומדבר על עצמו׳ (פירוש ב). **עדת קדושים**: על־פי במ׳ טז: ג; ועוד. / 2 **בשתי... נכלמים**: על־פי יר׳ לא: יח. / 3 **לעמד על**: להתפלל עליהם. **בהירים נקדשים**: הקהל הקדוש; נוסח ב (׳בחירים׳) נראה נכון. / 4 **צעיר... ישישים**: איוב לב: ו. / 5 **דלו... למרום**: יש׳ לח: יד; וראה תה׳ סט: ד. / 6 **איך**: חורג מן האקרוסטיכון; כנראה צריך להיות ׳היך׳ (דה״א יג: יב; דנ׳ י: יז); וכך גם בנוסח ב. **ישפך... עתירה**: תפילה, בקשה; לשון מצויה הרבה בפיוט. / 7 **ואען כי**: הנוסח של ב ות (׳ויען כי׳) הוא אולי הנוסח הנכון, ומשמעו: מאחר שאני דל במעשים טובים וביראת שמים... / 8 **על כן... ואירא**: איוב לב: ו. / 9 **ופלצות אחזתני**: על־פי יש׳ כא: ד; איוב כא: ו. / 10 **לשוני תער**: תעודד ותביע. / 11 לפי האקרוסטיכון צריכה שורה זו לבוא אחרי השורה הבאה; ואמנם כך הוא בנסחים ב ות. **עני אני... מנער**: תה׳ פח: טז. / 12 **טעה... לבבי**: על־פי יש׳ כא: ד (׳תעה לבבי׳); כאן בט״ת, לפי הסימן. **וינע... יער**: על־פי יש׳ ז: ב. / 14 **כי גמר חסיד**: תה׳ יב: ב. / 16 **ואנכי עפר ואפר**: בר׳ יח: כז. / 17 **אבד תמים**: בנסחים ב ות: ׳אבד חסיד׳ (על־פי מי׳ ז: ב); הפירוש בב: ׳אין לנו... איש עומד בפרץ שתפלתו נשמעת׳. / 18 **נשכנו כנחש**:

שִׂיחַ אֵיךְ יַעֲרֹךְ מַחְפִּיר וּמֵבִישׁ,
וְאָנֹכִי תוֹלַעַת וְלֹא אִישׁ.

עָמַדְתִּי הַיּוֹם מַרְעִיד בִּקְהַל קְדוֹשִׁים,
פָּצִיתִי פִי וּפָנַי מֵחֲטָאַי בּוֹשִׁים.
צָעִיר אֵיךְ פָּנָיו אֶל [אֲמָרָיו] נִגָּשִׁים
נִבְזֶה וַחֲדַל אִישִׁים.

קַמְתִּי מֵרִשְׁיוֹן קְהָלִי לַעֲרֹךְ מֵיטַב אֲמָרַי
רָחֲפוּ עַצְמוֹתַי בְּעָמְדִי לִפְנֵי זְקֵנַי וּמוֹרַי
שַׂחְתִּי וְלָעוּ דְבָרַי
בֹּשְׁתִּי וְגַם נִכְלַמְתִּי כִּי נָשָׂאתִי חֶרְפַּת נְעוּרָי

תָּמַכְתָּ יָדִי בְּאָמְרְךָ טוֹב אֲנִי לְקוֹוַי.
קִוִּיתִי רַחֲמֶיךָ הַיּוֹם לְהַשְׁלִים מַאֲוַיַּי
אוּלַי תִּרְאֶה בְּעָנְיִי לְמַעַן תְּמִימֵי שְׁבוּיַי.
מִי אָנֹכִי וּמִי חַיַּי.

לְצָעִיר וְנִבְזֶה עֵרֹם כָּל טוּב מִדַּת רַחֲמִים לְבַשׁ,
צִיר פְּשָׁעַי רַפֵּא וּכְאֵב רִשְׁעִי תַּחֲבֹשׁ
וְהָיְתָה יָדְךָ עִמִּי וַעֲוֹנִי כְּבֹשׁ
יְהִי לִבִּי תָמִים בְּחֻקֶּיךָ לְמַעַן לֹא אֵבוֹשׁ.

23 בת ׳אל מוריו׳. / 33 ב ׳ונבזה וערום׳. ת ׳מכל טוב׳.

מוסב על הזמן (על־פי מש׳ כג:לב). / 19 **איך יערך**: איך יתפלל מי שאינו ראוי. **מחפיר ומביש**: על־פי מש׳ יט:כו. / 20 **ואנכי... איש**: תה׳ כב:ז. / 21 **עמדתי... מרעיד**: על־פי דנ׳ י:יא. **בקהל קדושים**: תה׳ פט:ו. / 23 **אל אמריו**: כנראה צריך להיות ׳אל מוריו׳; וכך הוא בנסחים ב ות. / 24 **נבזה... אישים**: יש׳ נג:ג. / 25 **מרשיון קהלי**: הפירוש בב: ׳שהוא ש״ץ ונוטל רשיון מן הקהל ואחרת... אסור להתפלל כנודע מהדין׳. / 26 **רחפו עצמותי**: מפחד (על־פי יר׳ כג:ט). / 27 **ולעו דברי**: נתערבבו כבגמגום (על־פי איוב ו:ג). / 28 **בשתי... נעורי**: יר׳ לא:יח; השווה עז׳ ט:ו. / 29 **תמכת ידי**: בזאת בטחתי בבואי להתפלל עבור קוויך. **באמרך... לקווי**: ככתוב באיכה ג:כה. / 30 **רחמיך**: לרחמיך (׳קוה׳ כפועל יוצא – ראה תה׳ כה:ה). / 31 **תמימי שבויי**: ישראל בגלות. / 32 **מי... חיי**: שמ״א יח:יח. / 33 **לצעיר ונבזה**: על־פי תה׳ קיט:קמא. / 34 **ציר פשעי**: המכאוב שבא לי מחמת חטאי; מקביל להמשך: ׳וכאב רשעי תחבש׳ (על־פי איוב ה:יח). / 35 **ועוני כבש**: על־פי מי׳ ז:יט. / 36 **יהי... אבוש**: תה׳ קיט:פ.

נה. לְךָ עֵינַי צוֹפִיּוֹת

סליחה בצורת שיר־איזור בעל מדריך ושלוש סטרופות בנות חמישה טורים וטור איזור: אאאא// בבבבב/א//גגגגג/א//וכו׳. כן יש חרוזים פנימיים (שורות 7, 8, 11, 18 ו־19) וצימודים רבים. המשקל: שש תנועות בכל צלעית; השוואים והחטפים אינם במניין. בסיום המדריך (שורה 4) יש בכל צלעית חמש תנועות בלבד. בנוסח ט (להלן) המשקל הוא עודף במקום אחד וחסר במקום אחר, ובראדי מתקנו. החתימה: ׳לוי חזק׳ (בראשי המחרוזות ובהמשך של שורה 11).

המדריך וכל המחרוזות מסתיימים בחלקי־פסוקים, המובאים כלשונם; כמעט כל הפיוט מיוסד על לשונות מן המקרא.

המקורות: כ״י ששון 902, עמ׳ 492, מס׳ פג (׳מן אקואל מר לוי׳) [=ש]; שפתי רננות, ויניציה 1711, דף טז, ע״א [=ט]; מהדורת ג׳רבה 1947, דף מה, ע״א [=ת]. – פורסם: מבחר השירה, עמ׳ קנא (בין פיוטי אבן אלתבאן, על־פי ט וסליחות תימנים, ירושלים, דף יט, ע״א) [הנוסח המובא כאן]. – נזכר: לוח הפייטנים, עמ׳ 47, מס׳ 2; *LG*, עמ׳ 217; ידיעות, ד, עמ׳ רנז, מס׳ 29 (בכל אלה מיוחס הפיוט לאבן אלתבאן); אוצר, אות ל, מס׳ 875. לרגל ביאור מלה נזכר הפיוט במילון בן־יהודה, עמ׳ 3252, כיוצר ליום־הכיפורים מאת ר׳ לוי, המצוי בכ״י סידור תימנים שבמוזיאון הבריטי (כנראה הוא הפיוט הנזכר שם, קטלוג, ב, עמ׳ 399, L 711, מס׳ 55).

לְךָ עֵינַי צוֹפִיּוֹת, | פְּנֵה־נָא מִשְּׁמֶיךָ,
רְאֵה אֲדֹנָי כִּי צַר לִי | מִפְּנֵי שְׁאוֹן קָמֶיךָ,
זֶה כַּמֶּה נָשָׂאתִי | אֲפוּנָה אֵמֶיךָ,
אֵין מְתֹם בִּבְשָׂרִי | מִפְּנֵי זַעְמֶךָ!

וְאָנֹכִי יְלוּד אִשָּׁה, | נִלְכַּד בְּחַבְלֵי עֲוֹנִי.
בְּקִרְבִּי יָלִין תָּמִיד | סִכְלִי וּמַחְשְׁבוֹת אוֹנִי
וְחַם לִבִּי עֲלֵי חוֹבִי | וְתַם כֹּחִי וְסָר אוֹנִי,
וּמֵעַי מְאֹד חֳמַרְמָרוּ | בְּהֶבְלִי וְאֶבְלִי וְאוֹנִי,
בַּהֲגִיגִי תִבְעַר אֵשׁ | דִּבַּרְתִּי בִּלְשׁוֹנִי,
וְאִם עֲוֹנִי עָנָה בִי – | עֲשֵׂה נָא לְמַעַן שְׁמֶךָ!

1 ט ׳פנה בי משמיך׳. / 3 ש ׳נשאתי אימיך׳. / 7 ש ׳על חובי׳. / 8 ט ׳ומעי חמרמרו בחבלי ואבלי אוני׳.

2 **ראה אדני... לי**: איכה א:כ. **שאון קמיך**: תה׳ עד:כג. / 3 **נשאתי... אמיך**: תה׳ פח:טז, בשינוי הסדר. **אפונה**: אפחד, אירא. / 4 **אין מתם... זעמך**: תה׳ לח:ד. / 5 **ואנכי ילוד אשה**: בשר ודם חוטא. **נלכד בחבלי עוני**: על־פי איוב לו:ח; מש׳ ה:כב (השווה שיר מס׳ סב, שורה 23). / 6 **ומחשבות אוני**: חטאתי. **ילין... אוני**: על־פי יר׳ ד:יד. / 7 **וחם לבי**: על־פי תה׳ לט:ד; המשך הכתוב בשורה 9. **חובי**: אשמתי. **אוני**: כוחי. / 8 **ומעי... חמרמרו**: על־פי איכה א:כ. **ואוני**: אסוני, אבלי (השווה דב׳ כו:יד); שורות 6–8 חורזות בצימודים שלמים. / 9 **בהגיגי... בלשוני**: תה׳ לט:ד.

יָהּ חֶלְקִי וְצוּר חִזְקִי, | קוֹרֵא דוֹרוֹת מֵרֹאשׁ
זְכָר־עָנְיִי וּמְרוּדִי | מָרוֹר וְלַעֲנָה וָרֹאשׁ,
וְדִמְעִי מָסוּךְ בְּדָמִי, | וְצָרִי בְּגַבִּי יַחֲרֹשׁ
וְכִי תְבַקֵּשׁ לַעֲוֹנִי | וּלְחַטָּאתִי תִּדְרֹשׁ
תְּכַסֵּנִי גַעֲרָתְךָ | מִכַּף רֶגֶל וְעַד רֹאשׁ.
הֲיֵשׁ מִיָּדְךָ מַצִּיל – | הֲכִימֵי אֱנוֹשׁ יָמֶיךָ?

חַנּוּן חֲמֹל וְטוֹב תִּגְמֹל | לְעַם שׁוֹקְדֵי סִפֶּיךָ,
זְרֵה קָשִׁים בְּמַצְלוּל יָם, | וְאַל תְּדִינֵם בְּקִצְפֶּךָ
וְאִם רָשְׁעוּ וָרַע זָרְעוּ, | הֲלֹא קָצְרוּ זַעְפֶּךָ,
וְהוֹכַחְתָּם וַתָּשֶׁת | עֲלֵיהֶם אֶת כַּפֶּךָ –
רְפָא נָא עַתָּה מְשׁוּבָתָם | וְשׁוּב מֵחֲרוֹן אַפֶּךָ,
וּמֵעַל הִנָּחֵם עַל־ | הָרָעָה לְעַמֶּךָ!

12 ת ׳מרור ולען ורוש׳; ש ׳לענה׳. / 13 ת ׳וצרי על גבי׳. / 14 ש ׳כי תבקש׳; טת ׳ואם תבקש׳. / 17 ש ׳שוחרי ספיך׳. / 18 ט ׳במצלולים׳; ת ׳זרה חטאים במצלולים׳. / 20 ט ׳והוכחתם ויסרתם ותשת׳. / 21 ש ׳רפא עתה׳. / 22 ש ׳וממעל נחם׳.

10 **ענה בי**: העיד נגדי. **עשה... שמך**: יר׳ יד:ז; בשינוי קל. / 11 **חלקי... חזקי**: על־פי תה׳ טז:ה; יח:ב. **קורא... מראש**: על־פי יש׳ מא:ד. / 12 **זכר עניי... וראש**: איכה ג:יט (בתוספת מלה). / 13 **בגבי יחרש**: יתנכל לי ויענני (על־פי תה׳ קכט:ג). / 14 **וכי... תדרש**: איוב י:ו; להלן נרמזים כתובים סמוכים. / 15 **מכף... ראש**: יש׳ א:ו. / 16 **היש... מציל**: על־פי איוב י:ז. **הכימי... ימיך**: איוב י:ה; כאן מובא כניגוד לשורה 5. / 18 **קשים**: קשי־עורפם, חטאתם. **במצלול ים**: על־פי מי׳ ז:יט: ׳ותשליך במצלות ים כל חטאתם׳. / 19 **ורע זרעו**: הרי כבר באו על עונשם; וראה להלן. / 20 **ותשת**: והכבדת; על־פי תה׳ קלט:ה. / 21 **רפא... משובתם**: על־פי הו׳ יד:ה (השווה שיר מס׳ נו, שורה 11). **ושוב מחרון אפך**: שמ׳ לב:יב, בשינוי קל. / 22 **הנחם... לעמך**: שמ׳ לב:יב. **ומעל**: ממרומיך.

נו. לְךָ ה׳ הַצְּדָקָה אֱלוֹהַּ גּוֹזֵר וּמֵקִים

פיוט מסוג גמר, היינו, סליחה קצרה המשמשת פתיחה לסליחות אחרות, במיוחד הסליחות ללילות אלול ועשרת ימי התשובה (ועיין: השירה העברית, ב, עמ׳ 704). שתים־עשרה שורות בחרוז אחיד (–קים), המתחלף בסיום (–בים), בהתאם לרמז ׳כי ימינך פשוטה לקבל שבים׳ (מתפילת נעילה ליום־הכיפורים, שממנה עבר לשחרית של חול). עיין פרקי ר׳ אליעזר, פרק מג: ׳...וימין הקב״ה פשוטה לקבל שבים בכל יום.׳ המשקל: בדרך־כלל שש תנועות בכל צלעית; השוואים אינם במניין. החתימה: ׳אני לוי חזק׳ (בראשי הבתים ובצלעית השנייה של בית א׳).

לסוג זה מבנה אופייני וקבוע (ראה מבוא, פרק שלישי). מבחינת הפתיחה, הסיום, המשקל

תחינה ותשובה

והעניין דומה פיוט זה לפיוטי־גמר אחרים של אבן אלתבאן: ׳לך ה׳ הצדקה לובש מלבוש צדקה׳ (מס׳ נח); ׳לך ה׳ הצדקה לך העז והמלוכה׳ (מס׳ נז). הפתיחה ׳לך ה׳ הצדקה׳ משמש מעין מוטו.

המקורות: כ״י ברלין acc. 1928/386, דף 2ב (במדור ליל ב׳: ׳גמר אני לוי חזק סימן׳) [=ב]; דף 104א (במדור ליל י״ח) [=ב$_1$]; כ״י ברלין 180, דף 21ב (׳מעמד של שביעי׳) [=ב$_2$]. – **פורסם:** ידיעות, ד, עמ׳ רעג, מס׳ יח (מתוך המקורות הנ״ל). – **נזכר:** עמודי העבודה, עמ׳ 156, מס׳ 10; אוצר, אות ל, מס׳ 764 (בכל אלה מיוחס הפיוט לאבן אלתבאן).

לְךָ ה׳ הַצְּדָקָה | אֱלוֹהַּ גּוֹזֵר וּמֵקִים
נוֹשֵׂא עוֹלָם בְּכֹחוֹ | וּבְגַאֲוָתוֹ שְׁחָקִים
יְצָרָם אֵל וְהִרְקִיעָם | כִּרְאִי מוּצָק חֲזָקִים
לְבָבוֹת לֹא יַגִּיעוּן | לְמַחְשְׁבוֹתָיו הָעֲמֻקִּים
וְלָשׁוֹן אֵיךְ תַּגִּידֵם | וְהַדְּבָרִים עַתִּיקִים
יוֹשֵׁב בְּכִסֵּא דִין | וּמִשְׁפָּטָיו צַדִּיקִים
חֲמֹל וְאַל תָּבִיא בְמִשְׁפָּט | עֲנִיֶּיךָ הָעֲשׁוּקִים
זְרֵה בַיָּם פְּשָׁעֵינוּ | אֲשֶׁר בָּם אֲנַחְנוּ נְמַקִּים
קַשּׁוּבוֹת תִּהְיֶינָה | אָזְנֶיךָ לְנֶאֱנָקִים
כְּדַל דָּפְקוּ דְלָתֶיךָ | אַל תְּשִׁיבֵמוֹ רֵיקִים
רְפָא אֶת מְשׁוּבָתָם | וְאִם הֵמָּה חַיָּבִים
קָרוֹב הֱיֵה לְקוֹרְאֶיךָ | אֵל יוֹשֵׁב הַכְּרוּבִים.
[כִּי יְמִינְךָ פְּשׁוּטָה | לְקַבֵּל שָׁבִים].

1 ב ׳אמיץ וגוזר׳. / 4 ב ׳לא ישיגון למשפטיו העמוקים׳. / 5 בב$_2$ ׳יגידם׳. / 6 ב$_2$ ׳יה יושב׳. / 7 ב$_2$ ׳אל חמל׳. / 9 ב$_2$ ׳תהיינה קשובות׳. / 12 ב$_1$ השורה חסרה. ב$_2$ אחרי שורה זו: ׳כי ימינך׳; ב ׳כי ימינך פשוטה׳ (׳... לקבל שבים׳; וראה לעיל).

1 **לך ה׳ הצדקה:** דנ׳ ט:ז. **גוזר ומקים:** על־פי איוב כב:כח. / 2 **ובגאותו שחקים:** דב׳ לג:כו; וראה יר׳ י:יב; נא:טו. / 3 **כראי... חזקים:** על־פי איוב לז:יח. / 4 **לבבות:** של בני־האדם. **למחשבותיו העמקים:** על־פי תה׳ צב:ו. / 5 **והדברים עתיקים:** דה״א ד:כב. / 6 **יושב... דין:** על־פי מש׳ כ:ח. **משפטיו צדיקים:** על־פי דב׳ ד:ח. / 7 **במשפט ענייך:** ראה תה׳ עב:ב. / 8 **זרה בים פשעינו:** על־פי מי׳ ז:יט (השווה שיר מס׳ נה: ׳לך עיני צופיות׳, שורה 18). **בם אנחנו נמקים:** על־פי יח׳ לג:י (הקשר הוא במלה ׳פשעינו׳). / 9 **קשובות... אזניך:** על־פי תה׳ קל:ב. / 10 **כדל:** כעני בפתח. **דפקו דלתיך:** ביקשו רחמים. / 11 **רפא... משובתם:** על־פי הו׳ יד:ה. / 12 **אל יושב הכרובים:** שמ״א ד:ד; יש׳ לז:טז ועוד. / 13 **כי ימינך:** ראה לעיל.

שירי לוי אבן אלתבאן

נז. לְךָ ה׳ הַצְּדָקָה לְךָ הָעֹז וְהַמְּלוּכָה

גמר. לשמונה השורות הראשונות חרוז אחיד, ואילו בשתי השורות האחרונות מתחלף החרוז, בהתאם למאמר מן התפילה שבו מסתיים הפיוט: ׳כי ימינך פשוטה לקבל שבים׳. פרט לשורה זו מיוסד הפיוט כמעט כולו על לשונות מן המקרא. המשקל: שש תנועות בכל צלעית; השוואים הנעים והחטפים אינם במניין. במקומות אחדים המשקל קרוב לזה של המרנין. על מבנהו ועניינו של הפיוט עיין לעיל, בביאור לשיר הקודם. בנוסחים השונים החתימה חלקית: ׳לוי בר־י־קב׳, ונראה, כאילו חסרה שורה. אבל גם בנוסחנו מצטרפת חתימה שלמה: ׳לוי בר־יעקב׳ (כפי שצוין בכ״י ב$_1$ מעל הפיוט), אם קוראים בשורה 7 ׳ערך לך׳, במקום ׳יערך לך׳.

המקורות: כ״י ברלין acc. 1928/386, דף 13ב (במדור ׳ליל שני׳: ׳גמר. לוי בר יעקב סי״) [=ב$_1$]; כ״י ברלין 180, דף 19ב (במדור ׳מעמד ליל שביעי׳) [=ב$_2$]; כ״י ואתיקאן Barberini, Or. 18, דף 104א (במדור ׳ליל ששי׳) [=ו]. — פורסם: ידיעות, ד, עמ׳ רעג, מס׳ יט (מתוך המקורות הנ״ל). — נזכר: *LG*, עמ׳ 218; אוצר, אות ל, מס׳ 835.

לְךָ ה׳ הַצְּדָקָה | לְךָ הָעֹז וְהַמְּלוּכָה
וּמִמְּךָ מַעֲנֵה לָשׁוֹן | מְרוֹמָם עַל כָּל בְּרָכָה.
יְקַדְּמוּ־נָא רַחֲמֶיךָ | לְעַם נִדְכָּא וְחֵלֶכָה,
בָּא בָאֵשׁ וּבַמַּיִם | וְתוֹחַלְתּוֹ מְמֻשָּׁכָה.
רְצֵה שַׁוְעוֹ וְאַל־נִגְעוֹ | שְׁלַח מַרְפֵּא וַאֲרוּכָה
יָהּ שִׂים צִלְּךָ סֵתֶר | וּמַסֵּכָה הַנְּסוּכָה
יַעֲרָךְ־לְךָ בְּעוֹד לַיִל | תְּשׁוּבָה בְּנֶפֶשׁ נְמוּכָה
קִדְּמוּ עֵינָיו אַשְׁמֻרוֹת | וְקִוָּה סְלִיחָה וְחָכָה.
בַּצַּר לוֹ הָיָה כִסְלוֹ | הַמֵּיטִיב לַטּוֹבִים
כִּי יְמִינְךָ פְּשׁוּטָה | לְקַבֵּל שָׁבִים.

1 ו ׳והממלכה׳. / 3 בו ׳נדכה׳. / 6 ב$_1$ ׳בסתר׳. / 8 ב$_1$ ׳וחוכה׳. / 9 ב ׳תהי כסלו׳.

1 **לך ה׳ הצדקה**: דנ׳ ט:ז. / 2 **מענה לשון**: על־פי מש׳ טז:א. **מרומם... ברכה**: נחמ׳ ט:ה, בשינוי קל. / 3 **יקדמו... רחמיך**: על־פי תה׳ עט:ח; גם המשך הפסוק (׳כי דלונו מאד׳) נרמז כאן. / 4 **בא**: אשר בא. **באש וכו׳**: על־פי תה׳ סו:יב. **ותוחלתו ממשכה**: על־פי מש׳ יג:יב. / 6 **צלך סתר**: ראה תה׳ לא:כא; יש׳ ד:ו. **ומסכה הנסוכה**: יש׳ כה:ז; ראה שיר מס׳ לג, הביאור לשורות 16—17. / 7 **יערך**: העם; כנראה צריך להיות ׳ערך׳ (בעבר), לפי הסימן (ראה לעיל); גם שני הפעלים בשורה הבאה הם בזמן עבר. **יערך... ליל**: רמז לסליחות (וכן בהמשך); וראה תה׳ ה:ד. / 8 **קדמו... אשמרות**: על־פי תה׳ קיט:קמח. **וחכה**: וציפה (בבניין קל; וראה יש׳ ל:יח). / 9 **היה כסלו**: משענתו ובטחונו (על־פי מש׳ ג:כו). **המיטיב וכו׳**: על־פי תה׳ קכה:ד. / 10 **כי ימינך... שבים**: ראה לעיל, וכן בהערות לשיר מס׳ נו.

נח. לְךָ ה׳ הַצְּדָקָה לוֹבֵשׁ מַלְבּוּשׁ צְדָקָה

גמר. שמונה שורות, שמהן מסתיימות שש במלה ׳צדקה׳, על דרך כתובים שעניינם קרוב. השורה השביעית מסתיימת במלה ׳כעבים׳, שנועדה לחרוז עם לשון התפילה ׳כי ימינך פשוטה לקבל שבים׳ (ראה לעיל, הביאור לשיר מס׳ נו). מאמר זה נרמז כאן בקיצור, ויש לראות בו שורה שמינית. החתימה: ׳לוי הקטן׳.

פורסם: סדר רב עמרם, ווארשה 1865, ב, דף יג, ע״ב. – נזכר: עמודי העבודה, עמ׳ 156, מס׳ 11 (לאנדסהוט ראה את הפיוט בכ״י סליחות תלמסאן, במדור ׳מעמד ליל ח״; בנוסח זה חסרה, כנראה, שורה 5, ולאנדסהוט סבר, שהאות קו״ף שבחתימה מצויה במלה ׳נקני׳ שבשורה 7); ידיעות, ד, עמ׳ רנז, מס׳ 26; אוצר, אות ל, מס׳ 774.

לְךָ ה׳ הַצְּדָקָה ׀ לוֹבֵשׁ מַלְבּוּשׁ צְדָקָה
וְנוֹרָא עַל כָּל סְבִיבָיו ׀ הַמְדַבֵּר בִּצְדָקָה
יוֹשֵׁב עַל כֵּס מִשְׁפָּט ׀ אֵל נִקְדָּשׁ בִּצְדָקָה
הִרְשַׁעְתִּי לְפָנֶיךָ וּמַה־יֶּשׁ־לִי עוֹד צְדָקָה?
קָצַרְתִּי עַוְלָה כִּי לֹא זָרַעְתִּי צְדָקָה
טוֹב וּמֵיטִיב הִדָּרֶשׁ־לִי וְעִמִּי עֲשֵׂה צְדָקָה,
נַקֵּנִי מֵעָוֹן, וְחַטָּאתִי מְחֵה כְּעָבִים,
כִּי יְמִינְךָ [פְּשׁוּטָה לְקַבֵּל שָׁבִים].

1 **לך ה׳ הצדקה**: דנ׳ ט:ז. **לובש... צדקה**: על־פי יש׳ נט:יז. / 2 **ונורא... סביביו**: תה׳ פט:ח. **המדבר בצדקה**: על־פי יש׳ סג:א. / 3 **יושב... משפט**: השווה מש׳ כ:ח. **אל נקדש בצדקה**: על־פי יש׳ ה:טז. / 4 **הרשעתי**: ראה שורה 5. **ומה יש... צדקה**: שמ״ב יט:כט. / 5 **קצרתי עולה**: על־פי הו׳ י:יג. **כי לא זרעתי צדקה**: על־פי מש׳ יא:יח. / 6 **הדרש לי**: בניגוד לנאמר ביח׳ יד:ג; כ:ג. השווה מוסף לשלוש רגלים. **עשה צדקה**: מש׳ כא:ג; כאן מוסב על האל. / 7 **וחטאתי מחה כעבים**: על־פי יש׳ מד:כב. / 8 **כי ימינך... שבים**: ראה לעיל.

נט. לוֹבֵשׁ צְדָקָה כְּשִׁרְיָן

פזמון בצורת שיר־איזור בעל מדריך ושלוש מחרוזות. בכל מחרוזת ארבעה טורים וטור־איזור אחד (במחרוזת השנייה יש טור נוסף): אאאא // בבבב / א // גגגג / א // וכו׳. המשקל: בכל צלעית מחמש עד שבע תנועות, אך בדרך־כלל שש; השוואים אינם במניין. החתימה: ׳לוי׳ (בראשי המחרוזות).

המקורות: כ״י אוקספורד 1162, דף 275ב (׳פזמון׳) [=א]; כ״י ברלין acc. 1928/386, דף 98א (׳פזמון סי׳ לוי׳, במדור ׳ליל ט״ז׳) [הנוסח המובא כאן]. – פורסם: ידיעות, ד, עמ׳ רע, מס׳ יד (מכ״י ברלין).

שירי לוי אבן אלתבאן

לוֹבֵשׁ צְדָקָה כְּשִׁרְיָן ׀ אֵל נֶאְזָר בִּגְבוּרוֹת
וּבֹחֵן כְּלָיוֹת וָלֵב ׀ וְיוֹדֵעַ נִסְתָּרוֹת
יְהִי חַסְדְּךָ עָלֵינוּ ׀ לְחַלְּצֵנוּ מֵעֲבָרוֹת
אֱלֹהִים לָנוּ מַחְסֶה ׀ וָעֹז נִמְצָא בְצָרוֹת.

וְאִם רַבּוּ פְּשָׁעֵינוּ ׀ וּמָרַדְנוּ וְעָוִינוּ
הֲלֹא שָׂבַעְנוּ מְרוֹרוֹת ׀ וְרוֹשׁ וְלַעֲנָה רָוִינוּ
וְאַף גַּם זֹאת מַחְסֵנוּ ׀ בְּךָ שַׁתְנוּ וְשִׁוִּינוּ
וּבְמָצוֹר וּבְמָצוֹק ׀ לִישׁוּעָתְךָ קִוִּינוּ
מוֹשִׁיב יְחִידִים בַּיְתָה ׀ מוֹצִיא אֲסִירִים בַּכּוֹשָׁרוֹת.

יָהּ שַׁבְנוּ לְךָ אַחֲרֵי ׀ אֲשֶׁר הִקְשִׁינוּ עֹרֶף
וְעַתָּה מֵעֲבָדֶיךָ ׀ יָדֶיךָ אַל־תֶּרֶף
אַל תְּבִיאֵנוּ בְמִבְחָן ׀ כְּכֶסֶף בְּיַד צוֹרֵף
וְאַל תִּמְכֹּר לְעַם לוֹעֵז ׀ אֲשֶׁר מְגַדֵּף וּמְחָרֵף
כְּאַרְיֵה אָדָם אָכַל ׀ וְלָמַד לִטְרֹף־טָרֶף,
בּוֹר כָּרָה בוֹ יִפֹּל ׀ וְלֹא יֵצֵא מִמַּהֲמֹרוֹת.

אַל תֶּחֱרַשׁ וְאַל תִּשְׁקֹט ׀ אֵל מִשְּׁאוֹן קָמֵינוּ
הֲמוֹן זָרִים נֶאֱסָפִים ׀ יוֹעֲצִים לַכְרִית שְׁמֵנוּ
אִם נֵרֵד אֶל שַׁחַת ׀ מַה בֶּצַע בְּדָמֵנוּ
דַּיֵּנוּ כִּי כָלוּ ׀ כְּמוֹ צֵל יָמֵינוּ
וְהַצָּרוֹת הַבָּאוֹת ׀ מְשַׁכְּחוֹת אֶת הָעוֹבְרוֹת.

א 8 'ישועתך'. / 9 אחרי כל איזור בא ציון הפזמון החוזר: 'אלהים לנו מחסה' וכו'. / 19 'ביגון כל ימינו'.

1 **לובש** וכו': על־פי יש' נט:יז. **נאזר** וכו': על־פי תה' סה:ז. / 2 **ובחן... ולב**: על־פי יר' יא:כ. / 3 **מעברות**: מפורענות הבאה עלינו בכעסך. / 4 **אלהים... בצרות**: על־פי תה' מו:ב. / 5 **ומרדנו** וכו': על־פי דנ' ט:ה. / 6 **שבענו... רוינו**: על־פי איכה ג:טו. / 7 **מחסנו** וכו': ראה תה' עג:כח. / 8 **ובמצור ובמצוק**: על־פי דב' כח:נג; שם כעונש על חטאים. **לישועתך קוינו**: על־פי בר' מט:יח; ועוד. / 9 **מושיב... בכושרות**: תה' סח:ז. / 11 **מעבדיך... אל תרף**: ראה יהו' י:ו. / 12 **במבחן... צורף**: נהג עמנו לפנים משורת הדין (ראה מש' יז:ג). / 13 **ואל תמכר**: את עמך (ראה תה' מד:יג). / 14 **כאריה... טרף**: על־פי יח' יט:ג,ו. / 15 **בור... יפל**: מוסב על 'עם לועז', האויב (השווה מש' כו:כז). **ולא... ממהמרות**: על־פי תה' קמ:יא; שם מוסבים הדברים על רשע; לדעת ראב"ע ורד"ק מובנו שוחה עמוקה (כאן — במקביל ל'בור'), ואילו לדעת אחרים — רשת (כמו מכמורות). / 16 **אל תחרש ואל תשקט**: תה' פג:ב. **משאון קמינו**: ראה תה' עד:כג. / 17 **לכרית** (להכרית) **שמנו**: ראה יהו' ז:ט. / 18 **אם... בדמנו**: על־פי תה' ל:י. / 19 **כלו... ימינו**: ראה תה' קב:ד, יב; קמד:ד. / 20 **והצרות... העוברות**: על־פי הפתגם בבבלי (ברכות יג,

ע״א): ׳הנני עשה חדשה עתה תצמח׳ (יש׳ מג:יט)—תני רב יוסף זו מלחמת גוג ומגוג; משל למה הדבר דומה, לאדם שהיה מהלך בדרך ופגע בו זאב וניצל ממנו והיה מספר והולך מעשה זאב; פגע בו ארי וניצל ממנו והיה מספר והולך מעשה ארי, פגע בו נחש וניצל ממנו, שכח מעשה שניהם והיה מספר והולך מעשה נחש; אף כך ישראל—צרות אחרונות משכחות את הראשונות.׳ עיין גם סנהדרין צז, ע״א: ׳דור שבן דוד בא בו... וצרות רבות וגזרות קשות מתחדשות, עד שהראשונה פקודה שנייה ממהרת לבוא.׳

ס. לוֹבֵשׁ חֶסֶד

שיר־איזור בעל ארבע סטרופות בנות שלושה טורים וטור־איזור. בטורי הסטרופות שלוש צלעיות; שתי הצלעיות הראשונות חורזות בחרוז פנימי. טורי־האיזור, שהם פסוקים המובאים כלשונם או בשינוי קל, קצרים יותר (כאורך הצלעית הראשונה בטורים האחרים), להוציא את האיזור בסטרופה א (שורה 4), שבו יש חרוז פנימי נוסף: א–א–ב/ג–ג–ב/ד–ד–ב // ה–ה /ו–ו–ז/ח–ח–ז/ט–ט–ז // ה // וכו׳. המשקל: בטורי הסטרופות לפי סדר הצלעיות: ארבע, ארבע וחמש תנועות, בשינויים קלים. השוואים אינם במניין; בטורי האיזור, פרט לראשון, מספר התנועות הוא ארבע. החתימה: ׳לוי׳.

׳מיושב׳, היינו, סליחה ללילי אלול ותשרי. לא הוברר, מה היו תכונותיו המיוחדות של סוג זה (ראה: השירה העברית, ב, עמ׳ 709).

המקורות: כ״י ברלין acc. 1928/386, דף 108א (במדור ׳ליל י״ט׳: ׳מיושב סימן לוי׳) [=ב]; כ״י אוכספורד 1162, דף 85ב (׳מיושב׳; זהה עם הקודם).— פורסם: ידיעות, ד, עמ׳ רעא, מס׳ טו (מן המקורות הנ״ל).

לוֹבֵשׁ חֶסֶד | עוֹלָם יוֹסֵד, | אֵל אֱלֹהֵי תְהִלָּתִי
לְהוֹדוֹת מַעְלִי | קַמְתִּי בְלֵילִי | וַתִּדַּד שְׁנָתִי
ה׳ סְלָחָה | וְרַחֲמִים שְׁלָחָה | בְּעָרְכִי תְחִנָּתִי
בְּאַשְׁמֹרֶת הַשַּׁחַר | ה׳ הַקְשִׁיבָה | וַעֲשֵׂה אַל־תְּאַחַר.

וּבְעֵת כַּחְשִׁי | תִּזְכֹּר נַפְשִׁי | עָלַי וְתָשׁוּחַ
מְשׁוֹשָׂהּ חָדַל | כְּאֵבָהּ גָּדַל | וְהָלְכָה בְלֹא כֹחַ
פָּרַשׁ חֶבְלוֹ | צַר לָהּ בְּנִכְלוֹ | וְלֹא מָצְאָה מָנוֹחַ
עֲדֵי לִבָּהּ סְחַרְחָר.

1 ב ׳ואל׳.

1 **עולם יוסד**: על־פי יש׳ נא:יג; ועוד. / 2 **להודות**: על חטאו. **ותדד שנתי**: בר׳ לא:מ. / 3—4 שורות אלו מיוסדות על תפילת דניאל (דנ׳ ט:יח—יט): ׳...כי לא על צדקתינו אנחנו מפילים תחנונינו לפניך כי על רחמיך הרבים; אדני שמעה אדני סלחה אדני הקשיבה ועשה אל תאחר.׳ / 6 **בלא כח**: ראה הביאור לשורה 8. / 7 **צר**: יצר הרע (לפי הנאמר לעיל); ואולי גם האויבים בשר־ודם, על־פי המשך השורה: **ולא... מנוח**: איכה א:ג (ושם על יהודה). / 8 **לבה סחרחר**: על־פי תה׳ לח:יא (המשך

יָהּ צַו חַסְדְּךָ | עַל נִכְלָם דָּךְ | מִפְּנֵי שִׁמְךָ נִחַת
מִפִּשְׁעֵהוּ | שָׁב מַרְאֵהוּ | מַרְאֵה אִישׁ מָשְׁחָת
בְּצִירוֹ נִגְאָל | כָּשַׁל נוֹאָל | וְנָפַל בַּפַּחַת
כִּי לֹא טוֹב בָּחָר.

בְּרֹגֶז רַחֵם | זָכוֹר כְּרַחֵם | אָב עַל הַבֵּן
תַּחֲמֹל עַל עָם | בְּגָלוּת הוּעַם | וְעָבַר בַּמַּלְבֵּן
חֲטָאִים עֲלוּמִים | כַּתּוֹלָע אֲדֻמִּים | כַּשֶּׁלֶג הַלְבֵּן
וּכְצֶמֶר צָחַר.

הכתוב נרמז לעיל, בשורה 6). / 9 **נכלם דך**: על־פי תה׳ עד:כא. / 10 **מראה איש משחת**: על־פי יש׳ נב:יד (שם הניקוד: מִשְׁחַת מֵאִישׁ). / 11 **נגאל**: נטמא (ראה צפ׳ ג:א). **בצירו**: אולי צריך להיות ׳ביצרו׳. **נואל**: היה סכל וחטא. **בפחת**: ראה יש׳ כד:יח. / 12 **כי... בחר**: ראה יש׳ ז:טו–טז. / 13 **ברגז... זכור**: על־פי חב׳ ג:ב. **כרחם... הבן**: על־פי תה׳ קג:יג. / 14 **ועבר במלבן**: בעינויי הגלות (על־פי שמ״ב יב:לא). / 15–16 **עלומים**: נסתרים. **כתולע... וכצמר צחר**: על־פי יש׳ א:יח (׳אם יהיו חטאיכם כשנים כשלג ילבינו אם יאדימו כתולע כצמר יהיו׳); יח׳ כז:יח.

סא. לְאַט הָאֵל

סליחה בצורת שיר־איזור בעל מדריך ושלוש סטרופות בנות ארבע שורות. החרוז של סטרופה א׳ מופיע גם בצלעית הראשונה של האיזור שלאחריה: אאאא // בבבב / ב–א / גגגג / א // דדדד / א //. המשקל: בכל צלע שש תנועות; השוואים אינם במניין. החתימה: ׳לוי חזק׳ (בשורות 1, 5, 10, 15–17).

המקורות: כ״י אוכספורד 1971, חלק ג, מס׳ קלד, דף 223ב: ׳גירהא (= אחרת) לחן בזכרי על משכבי׳ [הנוסח המובא כאן]; תכלאל, ירושלים 1897, ב, עמ׳ קנה (עם ביאור עץ חיים) [=ת]. – פורסם: בראדי־רי״ה, ג, עמ׳ 191 (כאן נתמזגו שורות 12 ו־13) [=ב]. – נזכר: לוח דיואן, מס׳ 134, עמ׳ 15; אוצר, אות ל, מס׳ 144; ידיעות, ד, עמ׳ רנו, מס׳ 16.

לְאַט הָאֵל בְּעַם נִדְכֶּה | וּמַכְאוֹבִים כָּל יָמָיו
יְפַחֵד לַיְלָה וְיוֹמָם | מִתִּגְרַת יְדֵי קָמָיו
בְּךָ יִבְטַח בְּעֵת יִשְׁטַח | צַר רֶשֶׁת לִפְעָמָיו
נִפְּלָה־נָּא בְיַד אֲדֹנָי | כִּי רַבִּים רַחֲמָיו.

1 ב ׳נדכא׳. / 2 בת ׳לילו ויומו׳.

1 **לאט האל**: אל תכביד ידך (על־פי שמ״ב יח:ה). **ומכאובים כל ימיו**: על־פי קה׳ ב:כג. / 2 **לילה ויומם**: בלילו וכו׳. **מתגרת ידי קמיו**: על־פי תה׳ לט:יא. / 3 **ישטח צר רשת לפעמיו**: על־פי מש׳ כט:ה; ועוד; והשווה השיר ׳ישרה מעגלי צור׳ (מס׳ כא), שורה 4. / 4 **נפלה נא... רחמיו**: שמ״ב כד:יד (המשך הפסוק נרמז להלן); טוב לנו

וְהָרִיץ רָשָׁע עָרִיץ । הַמִּתְעָרֶה כְּאֶזְרָח
וְאִם אֵין בָּנוּ מַעֲשִׂים । וּמִשְׁפָּט כְּרֹאשׁ פָּרַח
וְסַרְנוּ מִנִּי דֶרֶךְ । וְהִטִּינוּ מֵאֹרַח
בְּאַף אַל תּוֹכִיחֵנוּ । וַעֲשֵׂה לְמַעַן אֶזְרָח
בְּמִשְׁפָּטֶיךָ אָרַח । וְהָלַךְ מִימֵי עֲלוּמָיו.

יָהּ אִם עַל צַוָּארִי । עֹל הַפֶּשַׁע נִשְׂקַד
אוֹתוֹ כַּסֵּה עֲבוּר בֵּן । כַּשֶּׂה לְטֶבַח נֶעְקַד
וּפַזֵּר חָפֵץ קְרָבוֹת । וְאֶת כָּל חֵילוֹ פָּקַד
בְּמִשְׁמַנָּיו שְׁלַח רָזוֹן । וְתַחַת כְּבוֹדוֹ יֵקַד
יְקוֹד כִּיקוֹד אֵשׁ אַפְּךָ । וְיֵהָפְכוּ כָּל זְמָמָיו.

חַסְדְּךָ פְּרֹשׂ וְאַל תַּהֲרֹס । וּבַצָּרָה אַל תַּעְלִים
זְכֹר בְּרִיתְךָ לַאֲהוּבְךָ । תָּם יוֹשֵׁב אֹהָלִים
קְטַנִּים עֲבוּרוֹ תְּרַחֵם । וְתָחֹן עַל עוֹלָלִים
וּמִגּוֹי אַכְזָר תִּפְדֶּה । עֲנִיִּים הָאֻמְלָלִים
וְחֶרְפָּתוֹ תָּשִׁיב לוֹ । וְיִטֹּשׁ עָלָיו דָּמָיו.

6 ת ׳בראש׳. / 9 בת ׳בחקותיך׳. / 12—13 ב ׳ובזר חפץ קרבות ותחת כבודו יקד׳ (שורה אחת). / 14 בת ׳כיקוד אש אפך׳. / 17 ח ׳ותחוס על עוללים׳.

שניפול בידי האל משניפול ביד אדם. / 5 **רשע עריץ המתערה כאזרח**: תה׳ לז:לה, בשינוי קל. / 6 **ואם אין בנו מעשים**: ראה מדרש תהילים למזמור כב (לפני ׳ואתה קדוש׳): ׳אין בנו מעשים עשה עמנו למען קדושת שמך.׳ **כראש פרח**: ופורענות שעלתה כרוש ולענה (על־פי הו׳ י:ד; ועיין רש״י שם). / 7 **וסרנו... מארח**: על־פי יש׳ ל:יא. / 8 **אזרח**: אברהם אבינו. / 10 **יה אם על צוארי** וכו׳: על־פי איכה א:יד. / 11 **אותו כסה**: את הפשע. **עבור**: בזכות. **בן... נעקד**: יצחק. / 12 **ופזר חפץ קרבות**: על־פי תה׳ סח:לא (שם: ׳בזר׳; וכך מנסח בראדי). **ואת כל חילו פקד**: אשר ערך את חילו נגדי; ואולי בציווי: ׳פקד׳, לשון חסרון, כלומר, פגע בחילו (וכך לדעת פירוש עץ חיים בתכלאל). / 13—14 **במשמניו... כיקוד אש**: יש׳ י:טז, בשינוי קל. בראדי־רי״ה משמיט שתי צלעיות ומקשר בשורה אחת את ראש שורה 12 עם סוף שורה 13. / 15 **ובצרה** וכו׳: על־פי תה׳ י:א. / 16 **תם יושב אהלים**: יעקב. / 17 **קטנים**: עוללים, או מעוטי זכות. / 18 **האמללים**: על־פי נחמ׳ ג:לד. / 19 **וחרפתו... דמיו**: על־פי הו׳ יב:טו.

סב. עָצְמָה יַרְבֶּה

פזמון בצורת שיר־איזור בעל מדריך בן ארבעה טורים. המדריך מתחיל בסיום פסוק מ: כט מישעיה (׳עצמה ירבה׳) ומסתיים בחלקו הראשון של אותו פסוק (׳נתן ליעף כח ולאין אונים׳). בכל סטרופה ארבעה טורים וטור־איזור, שגם הוא פסוק או שבר־פסוק המובא כלשונו ומתאים לחרוזי המדריך. המלים ׳עצמה ירבה׳ חוזרות בתחילת כל סטרופה. המשקל: בטורי המדריך והסטרופות מספר התנועות הוא תשע עד אחת־עשרה; השוואים והחטפים אינם במניין. גם אורך טורי־האיזור אינו קבוע, אך בכל צלעית שנייה חמש תנועות. חרוז הסטרופות עובר גם לצלעית הראשונה של האיזור: **אאאא** // **בבב** / **ב–א** // גגג / **ג–א** // וכו׳. לטורים 13 ו־17 חרוז פנימי נוסף. מחרוזת ג (שורות 15–19) בנויה כולה לפי חרוז המדריך. החתימה: ׳לוי׳ (׳לאום׳, ׳וכח׳, ׳ישבר׳), ולדעת שירמן ודודזון – גם ׳חזק׳ (בשורה 20: ׳חי׳, ׳זוכר׳; האות קו״ף חסרה). סדר רב עמרם מציין: ׳חתום לוי ח״י׳ (על־פי שורה 20).

דברי־הנחמה בשיר מיוסדים בעיקר על כתובים מישעיה, ואילו תיאור סבלות ישראל בארצות פיזורם – בעיקר על כתובים מירמיה ומספר דברים, פרק כח.

פורסם: סדר רב עמרם, וארשה 1865, ב, דף יט, ע״א, סי׳ לז. – נזכר: *LG*, עמ׳ 724; *Polemische und apologetische Literatur*, p. 286; אוצר, אות ע, מס׳ 912; ידיעות, ד, עמ׳ רנז, מס׳ 38.

עָצְמָה יַרְבֶּה | אֲדוֹנֵי הָאֲדוֹנִים
לָעוֹמְדִים עַל מִשְׁמַר תְּפִלָּה וְתַחֲנוּנִים
וַיַּמְשֵׁם מִמְּצוּלוֹת מַיִם הַזֵּדוֹנִים
נֹתֵן לַיָּעֵף כֹּחַ וּלְאֵין אוֹנִים.

עָצְמָה יַרְבֶּה | לְאֹם מֻכָּה וְתוֹעָה,
אֲשֶׁר הֶחֱשִׁית מִטּוֹב וּמִקָּלוֹן שָׂבְעָה,
בֵּין גּוּרֵי אֲרָיוֹת רָזָה וְצוֹלֵעָה.
מָתַי לָהּ תַּקְרִיב נְבוּאַת הַשְּׁמוּעָה?
וּמָחָה ה׳ אֱלֹהִים דִּמְעָה | מֵעַל כָּל פָּנִים.

1 **עצמה ירבה**: יש׳ מ: כט; וראה לעיל. / 2 **תפלה ותחנונים**: דנ׳ ט: ג. / 3 **וימשם... הזדונים**: יצילם מן הפורענות (על־פי תה׳ יח: יז; קכד: ה). **מים הזדונים**: לדעת שטיינשניידר (*Polemische und apologetische Literatur*, p. 286) ייתכן, כי הכוונה כאן למי־הטבילה; על־פי־רוב רמז כזה מאוחר, אך שטיינשניידר נוטה לאחר את זמן הפיוט. / 4 **נתן... אונים**: יש׳ מ: כט; וראה לעיל. / 6 **החשית מטוב**: החרישה בצרה (על־פי תה׳ לט: ג: ׳נאלמתי דומיה, החשיתי מטוב, וכאבי נעכר׳). / 7 **גורי אריות**: האויבים. **וצולעה**: על־פי ציור העם הנדכא במי׳ ד: ז–ח; צפ׳ ג: יט. / 8 **תקריב נבואת השמועה**: תקרב את הגאולה. / 9 **ומחה... פנים**: דברי־הנחמה

עָצְמָה יַרְבֶּה | וְכֹחַ לִשְׁבוּיִם
אֲשֶׁר יוֹם וָלַיְלָה חַיֵּיהֶם תְּלוּאִים
וּבְאַפְסֵי אֲרָצוֹת בִּמְזֻרֶה זְרוּיִם
שׁוֹאֲפִים כִּפְרָאִים עוֹמְדִים עַל שְׁפָאִים
וּמֻכִּים בָּחֳלָ[א]יִם | רָעִים וְנֶאֱמָנִים.

עָצְמָה יַרְבֶּה | יִשְׁבֹּר עֹל מְעֻנִּים
בְּגָלוּת יוֹקְשִׁים בְּתוֹךְ פַּחִים וְצִנִּים
אַחַר אֲשֶׁר הָיוּ דְשֵׁנִים וְרַעֲנַנִּים.
רַבַּת שָׂבְעָה־לָּהּ נַפְשָׁם רֹב זְמַנִּים
הַלַּעַג הַשַּׁאֲנַנִּים | [וְ]הַבּוּז לִגְאֵיוֹנִים.

עָצְמָה יַרְבֶּה | חַי זוֹכֵר הַבְּרִית
וְכִתְמֵי עֲוֹנֵינוּ יְכַבֵּס כַּבֹּרִית
וּלְגָלוּת מְרוּדִים תְּהִי תִקְוָה וְאַחֲרִית
וְחַבְלֵי יִצְרֵנוּ וּמֵיתָרָיו יַכְרִית
עוֹשֶׂה שַׁעֲרוּרִית | מְשַׁלֵּחַ מְדָנִים.

ביש׳ כה: ח. / 11 **יום ולילה חייהם תלואים**: אחוזים פחד ואימה (על־פי דב׳ כח: סו). / 12 **ובאפסי ארצות**: על־פי דב׳ כח: סד. **במזרה זרוים**: אף הוא ביטוי ציורי לפיזור העם בגלות (על־פי יר׳ טו: ז). / 13 **שואפים... שפאים**: על־פי יר׳ יד: ו. / 14 **בחלאים... ונאמנים**: על־פי הכתוב בדב׳ כח: נט על העונש על החטאים (שם: ׳חֳלָיִם׳). / 16 **יוקשים... וצנים**: הנתפסים בגלות בתוך מלכודות (על־פי מש׳ כב: ה). / 17 **דשנים ורעננים**: על־פי תה׳ צב: טו. / 18 **רבת... נפשם**: הם שבעו בוז ולעג (על־פי תה׳ קכג: ד); בהמשך מובא הכתוב כלשונו. / 19 **הלעג... לגאיונים**: תה׳ קכג: ד, בתוספת ו״ו־החיבור. / 21 **וכתמי... כברית**: יסלח לנו ויטהר אותנו (על־פי יר׳ ב: כב, בהוראה הפוכה). / 23 **וחבלי... יכרית**: ינתק את חבלי היצר, כלומר, יגרשו וידכאו (השווה מש׳ ה: כב: ׳ובחבלי חטאתו׳). / 24 **עושה... מדנים**: מוסב על יצר הרע (על־פי מש׳ ו: יט). **שערורית**: על־פי יר׳ יח: יג (ושם על בתולת ישראל, השקועה בעוונותיה).

סג. יִשְׂרָאֵל עַם קָדוֹשׁ

סליחה לראש־השנה (ראה שורות 6–7) בצורת שיר־איזור בעל מדריך. אקרוסטיכון של אל״ף־בי״ת (חוץ מטורי־האיזור), החל במחרוזת הראשונה, אחרי המדריך. בטור האחרון בא הסימן ׳לוי׳ (׳לישראל ויהודה׳). לפי נסחים אחדים כתוב כאן ׳ישראל׳, ועל־כן משער שד״ל (במבוא למחזור רומא, עמ׳ י), ששם הפייטן היה ישראל. אולם בנסחים ט ו־צ ואחרים כתוב ׳לישראל׳, ואמנם זהו הנוסח הנכון (ראה: ידיעות, ד, עמ׳ רנו; אוצר, אות י, מס׳ 4239). טורי האיזור שבסוף כל מחרוזות הם פסוקי־מקרא המובאים כלשונם, אך

חלקה הגדול של הסליחה מיוסד על לשון חז״ל, והיא אף מפייטת משל תלמודי ידוע (שורות 13–17). החרוז שבטורי הסטרופות עובר גם לצלעית הראשונה בטור האיזור: אאאא//בבבב/ב–א//גגג/ג–א//דדד/ד–א//... המשקל: בכל צלעית שש תנועות; השוואים אינם במניין. בטורי־האיזור יש לפעמים תנועה נוספת.

המקורות: כ״י קופנהאגן 50, חלק ב, דף 76א [=ק]; נוסח זה מקביל לכמה נסחים שבדפוס; מחזור רומא, פאנו 1505, דף ריד, ע״ב [=פ]; מחזור ארם צובה, ויניציה 1527, עמ׳ תמה [=צ]; מחזור רומא, מאנטובה 1559, עמ׳ שעא [=מ]; שפתי רננות, ויניציה 1711, דף נה, ע״ב [ט= הנוסח המובא כאן]; תחנונים וסליחות, ויניציה 1760, דף כח, ע״ב [=ס]; מחזור רומא, 1856 (עם מבוא שד״ל), ב, עמ׳ 63 [=ר]; תכלאל, ב, עמ׳ קכח [=ת]. – נזכר: ידיעות, ד, עמ׳ רנו, מס׳ 11; אוצר, אות י, מס׳ 4239 והמילואים לשם; שם, אות א, מס׳ 4700.

יִשְׂרָאֵל עַם קָדוֹשׁ[וֹ] יָגִיל וְיִשְׂמַח לִבּוֹ
אֲשֶׁר לוֹ אֱלֹהִים קְרוֹבִים וְגַם שָׁם שִׁכְנוֹ בְּקִרְבּוֹ
קוֹרֵא אֵלָיו וְיַעֲנֵהוּ וְיִגְעַר בְּשָׂטָן אָרְבּוֹ
ה׳ אֱלֹהִים עִמּוֹ וּתְרוּעַת מֶלֶךְ בּוֹ.

אֱלֹהִים דִּבֵּר בְּקָדְשׁוֹ מִקֶּדֶם לָאֱמוּנַי
בְּיוֹם שֶׁאַתֶּם עוֹבְרִים כִּבְנֵי מָרוֹן לְפָנַי
גְּאֻלָּה תִּהְיֶה לָכֶם בְּקוֹל שׁוֹפָר בְּיוֹם דִּינַי
וּרְאוּ כִּי טוֹב ה׳ | אַשְׁרֵי הַגֶּבֶר יֶחֱסֶה־בּוֹ.

דְּעוּ וּרְאוּ כִּי כָל אִישׁ אֲשֶׁר בִּדְרָכָיו יַחְפֹּץ
הוֹלֵךְ לִמְצֹא עֲוֹנוֹ וְאַחַר פִּיו חָפוֹץ
זְמַן חֶשְׁבּוֹן יַגִּיעוֹ וּלְבֵית בּוֹרוֹ קָפוֹץ
כְּעֶצֶב נִבְזֶה נָפוּץ | כִּכְלִי אֵין חֵפֶץ בּוֹ.

1 ת ׳ישמח ויגל לבו׳. צ ׳ישראל עם קדש׳. / 2 קפמסר ׳ושם שמו בקרבו׳. / 4 פמסרת ׳ה׳ אלהיו׳. / 5 סר ׳ה׳ דר בקדשו׳. ת ׳מקדם להמוני׳. / 5–8 קפמ שורות אלו חסרות בשלושת הנסחים. / 6 ס ׳ביום אשר תעברו׳; ר ׳ביום זה אתם עוברים׳. / 8 ס ׳טעמו וראו׳. / 10 קפמסר ׳ואחר עינו יפוץ׳ (בהתאם למשקל).

1 **יגיל וישמח**: השווה תה׳ טז:ט. / 2 **וגם שם שכנו בקרבו**: כנראה צריך להיות ׳ושם שמו בקרבו׳, וכך אמנם כתוב במקורות אחרים (ראה חילופי־הנוסח). / 3 **ויגער בשטן**: על־פי זכ׳ ג:ב. / 4 במ׳ כג:כא (לפי הפסוק צריך להיות ׳אלהיו׳, ואמנם כך כתוב בכמה נסחים). / 5 **אלהים דבר** וכו׳: השווה תה׳ ס:ח; ועוד. / 6 **ביום... מרון** וכו׳: ראה משנה ראש־השנה א, ב: ׳כל באי העולם עוברין לפניו כבני מרון׳. / 8 תה׳ לד:ט. / 9 **אשר בדרכיו יחפץ**: כל חוטא הנמשך אחרי יצרו. / 10 **למצא עונו**: על־פי תה׳ לו:ג. **ואחר פיו חפוץ**: נראה כשיבוש; בנסחים אחרים: ׳ואחר עינו יפוץ׳. / 11 **ולבית בורו**: על־פי יר׳ לז:טז. / 12 יר׳ כב:כח, בשינוי קל. / 13–16 מחרוזות

חוֹטֵא וְלֹא שָׁב בְּלִבּוֹ מְשָׁלוֹ לְמָה הוּא דוֹמֶה?
טוֹבֵל וְאוֹחֵז בְּיָדוֹ הַשֶּׁרֶץ הַטָּמֵא
יִיגַע וְלֹא יוֹעִיל לוֹ וְלוּ טָבַל בְּכָל מֵימֵי
עוֹלָם, טָמֵא הוּא כָּל יְמֵי ׀ אֲשֶׁר הַנֶּגַע בּוֹ.

כּוֹנֵן, עַמִּי, לִבְּךָ וְעָזְבָה כָּל לָצוֹן
לְכָה אִיעָצְךָ שׁוּבָה בְּכָל לִבְּךָ בְּעֶלְצוֹן
מוֹדֶה וְעוֹזֵב יְרֻחַם אִם פְּנִימִי כְּחִיצוֹן,
תָּמִים יִהְיֶה לְרָצוֹן ׀ כָּל מוּם לֹא יִהְיֶה־בּוֹ.

נִדְבוֹת פִּי בוֹרַאֲךָ יִהְיוּ לְךָ כְּמוֹ קֶמַע
סַלְסֵל אֶת תּוֹרָתוֹ וְאֶת מֵימֶיהָ תִּגְמַע
עֲזֹב לִבְּךָ הַשּׁוֹבָב וּבִבְכִי עֵינְךָ תִּדְמַע
הִשָּׁמֵר מִפָּנָיו וּשְׁמַע ׀ בְּקוֹלוֹ אַל תַּמֵּר בּוֹ.

פְּנֵי לֵב רָע לֹא תִשָּׂא בְּעֵת יִצְעַק וִירַנֵּן
צְפוֹנִי הַרְחֵק מִמְּךָ לְפַתּוֹתְךָ כִּי יְשַׁנֵּן
קוּצָה בּוֹ וְעָזְבֵהוּ וּבְקִרְבְּךָ אַל יְקַנֵּן
אַל תִּשְׁמַע כִּי יְחַנֵּן ׀ קוֹלוֹ אַל תַּאֲמֶן־בּוֹ.

13 ת ׳חוטא ולא שב בכל לבבו׳. / 16 פמר ׳כלא שב והוא שוא כל ימי׳; צ ׳כלא אב כל ימי׳; ת ׳שוא הוא כל ימי׳. / 21 קפמסרת ׳למקמע׳. / 25 קפמסרת ׳בעת ישחק וירנן׳. / 26 ת ׳יחנן׳.

זאת היא ברובה פאראפראזה שירית על אימרה במסכת תענית טז, ע״א (וראה גם פסיק״ר מד ועוד), המדגישה את ערך התשובה השלמה: ׳אמר רב אדא בר אהבה: אדם שיש בידו עבירה ומתוודה ואינו חוזר בה למה הוא דומה? לאדם שתופס שרץ בידו שאפילו טובל בכל מימות שבעולם לא עלתה לו טבילה. זרקו מידו, כיון שטבל... מיד עלתה לו טבילה, שנ׳ ומודה ועוזב ירחם׳ (מש׳ כח:יג). הפסוק הנדרש בתלמוד לעניין זה נשזר גם בסליחה שלפנינו (שורה 19). **טובל ושרץ בידו**: ציור נפוץ בסליחות; ראה: *SP*, עמ׳ 482. / 16 וי׳ יג:מו (בסדר שונה במקצת של המלים). / 17 **כל לצון**: את הבליך והטאיך. / 18 **בעלצון**: בשמחה. / 19 **מודה וכו׳**: מש׳ כח:יג; וראה לעיל, הביאור לשורות 13–16. **פנימי כחיצון**: תשובה שתוכה כברה (על־פי יח׳ מא:יז; ושם הכוונה למקדש). / 20 **תמים וכו׳**: וי׳ כב:כא. / 21 **כמו קמע**: לשמרך מכל רע. / 22 **סלסל**: על־פי מש׳ ד:ח. **תגמע**: בעי״ן; כך בלשון חז״ל. / 24 **השמר מפניו וכו׳**: שמ׳ כג:כא. / 25 **לב רע**: יצר הרע, כלומר, אל תישא פניו אם יאיץ בך, אפילו יפתה אותך בשפת־חלקות; וכן ההמשך; ואולי צריך להיות כאן ׳בעת ישחק וירנן׳ (ולא ׳יצעק׳), ככתוב בנסחים אחרים. / 26 **צפוני הרחק**: הרחק את יצר הרע (על־פי יואל ב:כ; ושם הכוונה לאויבים). **ישנן**: גם אם ישוב לפתותך. / 28 **כי יחנן וכו׳**: מש׳ כו:כה (שם

רְאֵה, עַמִּי, כִּי בָחַר בְּךָ הָאֵל לוֹ לְעֵדָה
שָׁמַר לְךָ רַב־טוּבוֹ וְכָל יְקָרָה הַחֲמוּדָה
תִּשְׂבַּע דֶּשֶׁן בֵּיתוֹ הַמְתֻקָּן לִסְעֻדָּה
לְיִשְׂרָאֵל וִיהוּדָה – וְכָל־זָר לֹא־יֹאכַל בּוֹ.

29 קפמסר ׳ראה כי מאז בחר בך׳. / 32 קפמסר: ׳ישראל ויהודה׳.

המדובר ב׳שונא׳). / 29 **ראה עמי כי בחר**: על־פי דב׳ ז:ו; יד:ב; ועוד. / 31 **תשבע דשן ביתו**: על־פי תה׳ לו:ט; סג:ו. **המתקן לסעדה**: לשון חז״ל (וראה: *SP*, עמ׳ 49); פסיחה לשורה הבאה. / 32 **לישראל ויהודה**: סימן ׳לוי׳; וראה לעיל. **וכל זר וכו׳**: וי׳ כב:יג.

סד. בְּיוֹם זֶה כִּפּוּר זְדוֹנֵנוּ

סליחה ליום־הכיפורים בצורת שיר־איזור בעל מדריך. בשורה 4 בא פסוק, החוזר כפזמון בסוף כל סטרופה, אחרי האיזור: א–ב א–ב א–ב/פס׳// ד–ה ד–ה ד–ה/ד–ב/פס׳ וכו׳. המשקל: בכל צלעית בדרך־כלל שבע תנועות; השוואים אינם במניין. החתימה: ׳לוי׳ (בראשי הסטרופות).

המקורות: כ״י ברלין 91, דף 62א (מתחיל: ׳ביום בו כפור זדונינו׳); תכלאל, ירושלים 1898, ב, עמ׳ קמז (מתחיל: ׳ביום זה כפור עונינו׳) [=ת]; סליחות כמנהג ק״ק תימנים, ליוורנו 1938, מס׳ 43 (סי׳ ׳לוי׳) [הנוסח המובא כאן]. – נזכר: ידיעות, ד, עמ׳ רנה, מס׳ 6 (על־פי ההתחלה שבכ״י ברלין); אוצר, אות ב, מס׳ 482 (על־פי ההתחלה שבנוסח ת).

בְּיוֹם זֶה כִּפּוּר זְדוֹנֵנוּ | שׁוּב מֵאֲשֶׁר לוֹ זְנַחְתָּנוּ
אַתָּה ה׳ אֲדוֹנֵנוּ | מֵאָז בְּטוּבְךָ גְּמַלְתָּנוּ
חֲמֹל עַל שְׁגִיוֹנֵנוּ | וְכַפֵּר כְּמוֹ בִּשַּׂרְתָּנוּ.
וְסָלַחְתָּ לַעֲוֹנֵנוּ וּלְחַטָּאתֵנוּ.

לִדְפֹּק דֶּלֶת רַחֲמֶיךָ | בָּאנוּ, פְּתַח אֶת הַדֶּלֶת
אַל תָּשִׁיב יוֹדְעֵי שְׁמֶךָ | רֵיקָם וְתֵן הַתּוֹחֶלֶת

ת 1 ׳כפור עונינו׳ (כ״י ברלין 91: ׳ביום בו כפור זדונינו׳). ׳בו זנחתנו׳. / 3 ׳מחול על שגיוננו׳. / 6 ׳ריקים׳.

1 **שוב מאשר לו זנחתנו**: נראה כשיבוש; אולי צריך להיות: ׳שוב כאשר לא זנחתנו׳ – כאילו לא זנחתנו מעולם; וראה זכ׳ י:ו: ׳והיו כאשר לא זנחתים׳. / 2 **מאז**: מקדם. / 3 **חמל**: בנוסח ת ׳מחול׳; והוא כנראה הנכון. **וכפר כמו בשרתנו**: כנאמר בוי׳ טז:ל. / 4 **וסלחת לעוננו ולחטאתנו**: שמ׳ לד:ט; פזמון חוזר בסיום כל סטרופה. / 6 תה׳

עֵינֵיהֶם אֶל מְרוֹמֶיךָ | נוֹשְׂאִים וְעוֹרְגִים כְּאַיֶּלֶת
קָנֵנוּ מִמִּתְקוֹמְמֶיךָ | הֲלִצְמִיתוּת מְכַרְתָּנוּ?
וסלחת...

וְעַל מִי נִשָּׁעֵן בְּצָרוֹת | וְנִבְטַח מִבִּלְעָדֶיךָ?
יְדֵי־כֹל נִקְצָרוֹת, | אֲבָל לֹא מַעֲשֵׂי יָדֶיךָ!
חַטָּאוֹת גְּלוּיוֹת וְנִסְתָּרוֹת | סְלַח בַּעֲבוּר שֵׁם כְּבוֹדֶךָ
וֶהְיֵה כְּחוֹמוֹת בְּצוּרוֹת | וְהוֹשַׁע כְּמוֹ הוֹשַׁעְתָּנוּ.
וסלחת...

יָהּ גּוֹמֵל טוֹבוֹת, | גְּמֹל טוֹב לְזֶרַע אֱמוּנֶיךָ
וְהַמְצֵ[י]א מִשְּׁמֵי עֲרָבוֹת | לָנוּ חֵן בְּעֵינֶיךָ
הִנֵּה חֲסָדֶיךָ רְבָבוֹת | וְאַלְפֵי רַחֲמִים לְפָנֶיךָ
וִישׁוּעוֹתֶיךָ קְרוֹבוֹת, | מֵעוֹלָם לֹא זְנַחְתָּנוּ.
וסלחת...

10 ׳ואל מי׳. / 13 ׳והיה כמו חומות׳. / 15 ׳הגומל טובות׳. / 18 ׳ומעולם לא זנחתנו׳.

ט:יא: ׳ויבטחו בך יודעי שמך׳. / 7 **ועורגים כאילת**: על־פי תה׳ מב:ב. / 8 **ממתקוממיך**: מאויבינו הקמים נגדנו; ׳לפי שהקם על ישראל כאלו קם נגד השי״ת׳ (ביאור עץ חיים בתכלאל); על־פי תה׳ נט:ב: ׳הצילני... ממתקוממי׳. / 11 **ידי כל נקצרות**: על־פי יש׳ נט:א. / 13 **כחומות בצורות והושע**: עיין יש׳ ס:יח; יר׳ טו:כ. / 15 **לזרע אמוניך**: על־פי שמ״ב כ:יט. / 16 **משמי ערבות**: על־פי תה׳ סח:ה; כינוי כללי לשמים; ואולי כאן הכוונה לרקיע השביעי, הנקרא ערבות ובו ׳צדק ומשפט וצדקה, גנזי חיים וגנזי שלום וגנזי ברכה׳ (חגיגה יג, ע״ב); וראה להלן. / 18 **וישועותיך קרובות**: על־פי יש׳ נו:א: ׳שמרו משפט ועשו צדקה כי קרובה ישועתי לבוא וצדקתי להגלות׳.

סה. בַּצַּר־לִי

במקורות מכונה שיר זה ׳מיושב׳ (ראה לעיל, שיר מס׳ ס). כמעט כולו מיוסד על פסוקים מתהילים, ירמיה ואיכה, המובאים לפעמים כלשונם. שיר־איזור בעל מדריך וארבע סטרופות בנות שלושה טורים וטור איזור: אא // בבב / א // גגג / א //. המשקל: בדרך־כלל שמונה תנועות בשורה; השוואים אינם במניין.

המקורות: כ״י ברלין 180, דף 122א (׳מיושב נו׳ חנני אלהים׳ – בין הפיוטים לזכרונות של א׳ דראש־השנה) [ב=הנוסח המובא כאן]; כ״י ברלין acc. 1928/386, דף 88א (׳מיושב סי׳ לוי׳ – במדור ׳ליל י״ג׳) [=$ב_1$]; דף 18א (׳מסתאג׳יב סימן לוי׳ – במדור ׳ליל ג׳׳) [=$ב_2$]; כ״י אוקספורד 1164, דף 15א (׳מסתגאב׳) [=א]; כ״י אוקספורד 1162, דף 225א (הנוסח הקודם בשינוי קל). – פורסם: ידיעות, ד, עמ׳ רעא, מס׳ טז (מן המקורות הנ״ל, פרט לאחרון). – נזכר: עמודי העבודה, עמ׳ 155, מס׳ 5 (מכ״י סליחות תלמסאן, למעמד ליל שני של ראש־השנה); *Polemische und apologetische Literatur*, p. 286; *LG*, p. 217

(כאן מובאת שורה 3 בתור התחלה, ועל־כן צוין הפיוט פעמיים באוצר); אוצר, אות ב, מס׳ 1282; שם, אות ל, מס׳ 2. נוסח ב$_2$ מתחיל בשורה 2, אך בצד רשום: ׳נ״א בצר לי לך אשא עיני׳.

בְּצַר־לִי לְךָ אֶשָּׂא עֵינַי
עָלֶיךָ בָטַחְתִּי ה׳.

לֹא אֶבְטַח בְּקַשְׁתִּי וּבְחַרְבִּי
וְלֹא בְכֹחַ וּמַעֲשִׂים שֶׁיֶּשׁ־בִּי.
אֲבָל הַוּוֹת וַעֲמַל־תּוֹךְ קִרְבִּי,
מַדּוּעַ לֹא יֵרְעוּ פָּנָי?

וַתִּזְנַח מִשָּׁלוֹם נַפְשִׁי,
כִּי עֲוֹנוֹתַי עָבְרוּ רֹאשִׁי,
וּבְכָל עֵת אוֹיְבִי בִּי יַשִּׁיא
עַד יְמַלֵּא כְרֵשׂוֹ מַעֲדָנָי.

יִתְחַמֵּץ לְבָבִי וְכִלְיוֹתַי
וְתֵרַדְנָה כַּנַּחַל דִּמְעוֹתַי
כִּי אָפְפוּ אוֹיְבֵי סְבִיבוֹתַי
וּלְשִׁמְעָם תְּצִלֶּנָה אָזְנָי.

חֹן נַעֲנֶה מִצַּעֲקוֹ נִדְמָע
מִלַּחַץ מַשָּׂא וְגַם מִשְׁמָע.
אָזְנְךָ הַטֵּה־נָא וּשְׁמַע,
ה׳, אֶת קוֹל תַּחֲנוּנָי.

1 ב$_1$ ׳בצר לי אשא עיני לשמוע אל קול תחנוני׳; ב$_2$א השורה חסרה. / 3 א ׳והרבי׳. / 3—4 ב$_1$ ׳לא בקשתי אבטח ובחרבי, ולא בחסד וברחמים שיש בי׳. / 5 ב$_1$ ׳תוך קרבי׳. / 8 א ׳עברו עוונותי׳. / 10 ב ׳כרסו׳ (כאן מתוקן עפ״י הפסוק). / 13 ב$_1$ ׳כי עקשו אויבי׳. / 15—18 ב$_1$ ארבעת הטורים חסרים. / 16 שטיינשניידר (*Polemische Literatur*, שם, לפי כ״י שבידו): ׳מלחץ משא גם משמע׳.

1 **בצר לי... עיני**: על־פי תה׳ יח:ז. / 2 **עליך בטחתי ה׳**: תה׳ לא:טו. / 3 על־פי תה׳ מד:ז: ׳כי לא בקשתי אבטח וחרבי לא תושיעני׳. / 4 **ולא בכח ומעשים**: השווה מס׳ סא, שורה 6). / 5 **הוות... תך**: על־פי תה׳ נה:יא–יב. / 6 **מדוע... פני**: נחמ׳ ב:ג (ושם על ירושלים). / 7 **ותזנח... נפשי**: איכה ג:יז. / 8 **כי... ראשי**: תה׳ לח:ה. / 9 **אויבי בי ישיא**: על־פי תה׳ פט:כג. / 10 **ימלא... מעדני**: על־פי יר׳ נא:לד (ושם על נבוכדנאצר). / 11 **יתחמץ... וכליותי**: תה׳ עג:כא. / 12 **ותרדנה** וכו׳: על־פי איכה ב:יח. / 13 **אויבי סביבותי**: ראה תה׳ כז:ו, בכוונה הפוכה. / 14 **ולשמעם... אזני**: על־פי יר׳ יט:ג. / 15 **חן** וכו׳: רחם על הבוכה והצועק מתוך עינוייו. / 16 **משא וגם משמע**: מלחץ המוסלמים (על־פי בר׳ כה:יד – בני ישמעאל). / 17 **אזנך... ושמע**: על־פי תה׳ יז:ו. / 18 **ה׳... תחנוני**: תה׳ קטז:א.

סו. ה׳ לְבָבוֹת נִמְהָרוּ

תחינה לעצירת גשמים. נושא הבצורת מופיע לעתים קרובות בפיוטים מספרד (וראה מבוא, פרק שלישי, סעיף ד, הערה 17). מרובע בעל חריזה פנימית משולשת. כל צלעית אחרונה היא פסוק המסתיים במלה ׳מים׳, בהתאם לייעודו של הפיוט: א–א–א–מים / ב–ב–ב–מים וכו׳. והשווה הפיוט לעצירת מטר של יהודה הלוי: ׳אשימה מגמתי לקונן על אגמי מים׳ (בראדי־רי״ה, ד, עמ׳ 118, סי׳ נב). התחינה מיוסדת על כתובים מישעיה וירמיה. המשקל אינו סדיר: בדרך־כלל יש חמש עד תשע תנועות בצלעית, אך יש צלעיות ארוכות יותר. החתימה לקויה: ׳לו[י] בר [י]עקב ח[זק]׳. דומה, שמעתיק כתב־היד השמיט שורות אחדות (הערת שירמן, ידיעות, ד, עמ׳ רעה).

המקור: כ״י פראנקפורט (מרצבאכר) 87, דף 41א (׳תחנה לעצירה׳). – פורסם: ידיעות, ד, עמ׳ רעה, מס׳ כב; השירה העברית, א, עמ׳ 338 (מן המקור הנ״ל). – נזכר: *LG*, עמ׳ 217; אוצר, אות א, מס׳ 877 והמילואים לשם.

ה׳ לְבָבוֹת נִמְהָרוּ | וּנְפָשׁוֹת קָדְרוּ | כִּי שָׁמַיִם נֶעֶצְרוּ | וַיֶּחְסְרוּ הַמָּיִם.
וְכִסְּתָה כְלִמָּה פָּנֵינוּ | כִּי רַבּוּ עֲוֹנֵינוּ | וְתֵרַדְנָה עֵינֵינוּ | דִּמְעָה וְעַפְעַפֵּינוּ יִזְּלוּ־מָיִם.
בְּהֵעָצֵר עֲנָנִים | בָּאנוּ בְּבֹשֶׁת פָּנִים | הָעֲנִיִּים וְהָאֶבְיוֹנִים | מְבַקְשִׁים מָיִם.
רְעֵבִים גַּם צְמֵאִים | הִתְעַטְּפוּ כִּפְרָאִים | עָמְדוּ עַל שְׁפָיִם | וַיֹּאמְרוּ: תְּנוּ לָנוּ מָיִם!
עָבְשׁוּ פְרֻדוֹת | וְעַל כָּל יָדַיִם גְּדֻדוֹת | וּנְפָשׁוֹת מְאֹד חֲרֵדוֹת | כִּי קַלּוּ הַמָּיִם.
קוֹל רַעַמְךָ בַּגַּלְגַּל | צַוֵּה וְחַסְדְּךָ יְגַל | לְהָנִיף בְּקָצִיר מַגָּל | לְקוֹל תִּתּוֹ הֲמוֹן מָיִם.
בְּרִנָּה יִקְצְרוּ וּבִתְרוּעָה | הַזּוֹרְעִים בְּדִמְעָה | וְקוֹל רִנָּה וִישׁוּעָה | כִּי נִבְקְעוּ בַמִּדְבָּר מָיִם!
חֶרְפַּת רָעָב הָסֵר | וְאַל תּוֹסֵף לְיַסֵּר | וְעַל עַם דַּל וְאֶבְיוֹן בַּשֵּׂר | אַשְׁרֵיכֶם זֹרְעֵי עַל כָּל מָיִם.

1 **לבבות נמהרו**: נמלאו פחד (על־פי יש׳ לה:ד). **ויחסרו המים**: בר׳ ח:ג. / 2 **וכסתה**: על־פי יר׳ נא:נא. **ועפעפינו... מים**: יר׳ ט:יז. / 3 **העניים... מים**: יש׳ מא:יז. / 4 **התעטפו**: כלו מצמאון. **כפראים**: בשעת בצורת (יר׳ יד:ו). **שפים**: בכתב־היד כתוב ׳שפאים׳. **תנו... מים**: שמ׳ יז:ב. / 5 **פרדות**: עפר הרגבים (יואל א:יז). **גדדות**: לסימן אבל (יר׳ מח:לז). **קלו המים**: פחתו (בר׳ ח:יא). / 6 **קול רעמך**: שיביא את הגשם (תה׳ עז:יט). **להניף בקציר**: שנוכל להניף (על־פי יר׳ נ:טז). **לקול תתו... מים**: יר׳ י:יג; כאן מוסב על ׳חסדך׳. / 7 **ברנה**: תה׳ קכו:ה. **כי נבקעו במדבר מים**: יש׳ לה:ו. / 8 **עם דל**: מש׳ כח:טו. **אשריכם זרעי על כל מים**: יש׳ לב:כ.

שירי ידידות

סז. זְמַן הֶעִיז

שריד משיר־ידידות ששלח לוי אבן אלתבאן ליהודה הלוי. שורה בודדת זו נשתיירה בכתובת שמעל השיר ׳זמן העז כצור פניו ומצחו׳, שבו השיב יהודה הלוי לידידו ותיקן לו אגב־אורחא שגיאה לשונית. בדבר הכתובת והמקורות ראה במבוא, פרק ראשון, סעיף ד, ובהערות שם.
לפי הכתובת היה שירו של אבן אלתבאן קצידה (שיר ארוך שקול, שווה־חרוז), כפי שמעידה גם השורה הראשונה, שמשקלה הוא המרובה ושיש בה חרוז פנימי לתפארת הפתיחה.
תלונה על עזות־פניו של הזמן (ובטעות ׳העיז׳ במקום ׳העז׳), שהסיר את מסווה הבושה מעל פניו (על־פי מש׳ כא: כט) ומיאן להיכלם. ׳וצדה׳ – ארב כדי להתנכל. ׳קשי ערף׳ – הזמן העיקש מתנכל לידידים ומפריד ביניהם; מכל־מקום, על־סמך שיר־התשובה ניתן לשער, שכזאת אמר אבן אלתבאן בהמשך שירו. דומה, שגם כתב שהוא עצמו אינו מוכשר לשירה; אך יהודה הלוי חולק על כך בשיר־התשובה שלו (וראה במבוא, שם).

זְמַן הֶעִיז מְאֹד פָּנָיו וְצָדָה | וְלָקַח לוֹ קְשִׁי עֹרֶף לְצֵדָה...

סח. לְךָ מַעְטֶה בְּשִׂפְתוֹתָיו

ארבעה בתים במשקל המרובה. בדלתות 2 ו־4 יש חרוז פנימי. שיר על טלית מצויצת שנשלחה למשורר (שירמן, להלן), או שהמשורר שלחהּ לאחד מידידיו גדולי הדור (ראה בראדי, להלן). בראדי, המייחס את השיר ליהודה הלוי, מצביע על שיר אחר שבו מדובר על טלית ששלח יהודה הלוי לר׳ דוד אלדיין (׳שלמה בהוד ניתנה מעולפת׳, א, מס׳ קכב).
המקורות: כ״י אוכספורד 1970, חלק א, מס׳ קכו, דף 62א; כ״י אוכספורד 1971, חלק א, מס׳ ריט (מופיע רק ברשימת התוכן, בנוסח: ׳לך מעטפה בכנפותיו׳; הטכסט חסר) [=ב]. – פורסם: בראדי־רי״ה, ב, עמ׳ 273; הערות וביאור שם, עמ׳ 248. – נזכר: לוח דיואן, חלק א, עמ׳ 219 (נוסח ב); בראדי, *JQR*, יג (סידרה חדשה), עמ׳ 58 (שינויי־נוסח בכ״י מן המאה הי״ז); אוצר, אות ל, מס׳ 864; ידיעות, ד, עמ׳ רנז, מס׳ 28.

לְךָ מַעְטֶה בְּשִׂפְתוֹתָיו גְּדִילִים | לְשַׂר גָּדַל עֲלֵי כָל שַׂר פְּלָאִים.
וְהִיא מִצְוָה כְּכָל מִצְוֹת שְׁקוּלָה | לְאִישׁ שָׁקוּל כְּנֶגֶד הַבְּרוּאִים.
יְמִינוֹ תַעֲנִיק אֹכֶל רְעֵבִים | וּמִפִּיו יַהֲלֹךְ מַלְקוֹשׁ צְמֵאִים,
וְאַשְׁרָיו כִּי יְהִי מַעְטֵה תְהִלָּה | לְאוֹת הַדּוֹר וְלִנְשִׂיא הַנְּשִׂיאִים!

1 הנה לך, ידידי, מעטה (טלית), שגדילים בשפתותיו – לך, השר, אשר גדל פלאים (איכה א: ט) על כל שר. בשפתותיו: ברשימת השירים בנוסח ב: ׳בכנפותיו׳ (ראה *JQR*, שם). גדילים... גדל: צימוד גזרי. / 2 מצוה ככל מצוות שקולה... כנגד הברואים: ראה נדרים כה, ע״א: ׳כל מצות – משמע מצות ציצית דאמר מר: שקולה מצות ציצית כנגד

כל מצוות שבתורה. **לאיש שקול וכו׳**: ראה ברכות ו, ע״ב: ׳שקול זה כנגד כל העולם כולו׳. / 3 **ימינו**: כך כתוב בשולי כתב־היד, כתיקון לשיבוש ׳למינו׳ שבטכסט; מוסב על ׳לאיש׳ שבשורה הקודמת. **אכל רעבים... מלקוש צמאים**: מוסב על נדיבותו של הידיד, או על חכמתו. / 4 **מעטה תהלה** (יש׳ סא: ג): אשרי טלית זו, שהיא מעטה לגדול בדורו. **ולנשיא הנשיאים**: על־פי במ׳ ג: לב: ׳ונשיא נשיאי הלוי׳; אולי יש כאן רמז לשמו של מקבל השיר והמתנה.

סט. מָה אָשִׁיב עַל תּוֹכַחַת שָׂר

שיר־תשובה ששלח לוי אבן אלתבאן למשה אבן עזרא על שירו ׳אל מי אשא דברי ריבות׳, שבו התאונן אבן עזרא על כך, שכל ידידיו, וגם לוי ביניהם, עזבוהו. עם זאת הוא מהלל את אבן אלתבאן ומבקש ממנו לכתוב לו. בתשובתו מתנצל לוי ונוקט לשון של ענווה: כוחו מועט בפרוזה, לא־כל־שכן בשירה (שורה 2), ולא יוכל להתחרות במשורר הגדול. ההתרפסות היא מן המוסכמות בשירים כאלה, ואין לומר, ששירו של אבן אלתבאן נופל בערכו מזה של משה אבן עזרא. ראה גם הערכתו של בראדי (להלן).

עשרה טורים בחרוז מבריח וחרוזים פנימיים מרובים. השיר הוא ׳מרובע׳ ב׳משקל התנועות׳; בכל טור ארבעה עמודים בני ארבע תנועות, בלא שוואים כלל: ‑‑‑‑/‑‑‑‑/‑‑‑‑/‑‑‑‑. תשובתו של אבן אלתבאן למשה אבן עזרא כתובה במשקלו ובחרוזו של השיר ששלח אליו ידידו.

שני השירים נמצאים בדיואן משה אבן עזרא, כ״י אוכספורד 1972 (מס׳ נו ומס׳ נז). השיר ׳מה אשיב על תוכחת שר׳ נדפס לראשונה ב־*MGWJ* (1896), עמ׳ 198, על־ידי בראדי, שייחס אותו תחילה למשה אבן עזרא. אחרי־כן הכיר, שזוהי תשובתו של אבן אלתבאן, וחזר והדפיס את שני השירים בצירוף ביאור והערכה במאמרו: ‘Moses ibn Esra und Levi ibn al-Tabban’, *MGWJ*, 71 (1927), pp. 49–53. שירו של אבן אלתבאן נדפס שנית בספר השירה העברית, עמ׳ 339, מס׳ 137; שירו של רמב״ע – בספר שירי החול, בהוצאת בראדי, מס׳ נז (וראה שם בביאור, עמ׳ קיד). בעניין חליפת השירים עיין גם במבוא, פרק ראשון, סעיף ב. – נזכר: אוצר, אות מ, מס׳ 293; ידיעות, ד, עמ׳ רנז, מס׳ 35.

מָה אָשִׁיב עַל ׀ תּוֹכַחַת שָׂר, ׀ עַל מִצְחִי תַּו ׀ עֲוֹן הִתְוָה?
אִם בְּמִפְרָד ׀ נַפְשִׁי תֶחְרַד – ׀ אֵיךְ בֶּחָרוּז ׀ יֵשׁ לִי תִקְוָה?
וּבְמַעֲלוֹת אִם ׀ אֶעֱלֶה אֶל שִׁיר ׀ הַמַּעֲלוֹת, לִי ׀ תִּגַּל עֶרְוָה.

1 **מה אשיב וכו׳**: על־פי חב׳ ב: א. **על מצחי... עון**: על־פי יח׳ ט: ד. **תו עון**: כעין אות־קין (בר׳ ד: טו). / 2 **במפרד**: בפרוזה חרוזה (בערבית: ׳נת׳ר׳, ׳מנת׳ור׳) שבה כתבו איגרות. **בחרוז**: בשירה שקולה (בערבית: ׳נט׳ם׳, ׳מנט׳ום׳); ראה השירה העברית, עמ׳ 708, 710 (המונחים ׳מחובר׳, ׳מפורד׳); בראדי־רי״ה, א, ביאור עמ׳ 115. יהודה הלוי כתב בשיר לכבוד אבן אלתבאן: ׳[את, נפשי,]... רקמי מחובר שיר ומפרדו׳ (׳למה לנפש הכסיל׳, שורה 65). / 3 **ובמעלות**: אם אעלה במדרגות אל מרום השיר המעולה (שירמן). **שיר המעלות**: תה׳ קכ: א. **ערוה**: על־פי שמ׳ כ: כו; והשווה אבן־גבירול, בניסוח דומה, אך בכוונה הפוכה: ׳ואל תעל במזבח שיר במעלות / ואם תעל במעלותיו,

שִׁיר הַשִּׁירִים – | כָּל מְדַבְּרִים | הִשְׁפִּילוּ וַיֹּאמֶר ׳גֵּוָה!׳
מִי אֶל זוֹלֵל | יַשְׁוֶה יָקָר, | אוֹ אִישׁ יָשָׁר | לִבְנֵי עַלְוָה?
אֵיכָה יִתְחַר | אֶת הַסּוּסִים | מִי עִם רַגְלִים | אֵין לוֹ שַׁלְוָה?
קָצְרָה יָדִי, | וּלְשׁוֹנִי מְדַבֵּר צַחוֹת | עַוָּה עַוָּה –
פְּנֵי מַלְוֶה | כָּל שַׂר מֵאוֹר | חָכְמָתוֹ, אַף | הוּא לֹא לָוָה!
תּוֹדֶה נַפְשִׁי | וּבְמִסְתָּרִים | תִּבְכֶּה נַפְשִׁי | מֵחֵטְא גֵּוָה.
אוּלַי יִתֵּן | לִי אוֹת לַחְיוֹת | נַפְשִׁי, וִיצַו | לִקְשֹׁר תִּקְוָה.

תמהר / כמו מבושיך וערוותך לגלות׳ (׳תשובתך משובתך׳, רשב״ג, א, מס׳ פז, עמ׳ 158, בסיום). / 4 **שיר השירים**: שירו של משה אבן עזרא, הנישא על פני כול. **השפילו... גוה**: על־פי איוב כב:כט; וראה ראב״ע לפסוק (׳גוה – כמו ׳גאה׳׳); ואילו דברי אחרים הם בשפל המדרגה (׳השפילו׳ פועל עומד; הערת שירמן). / 5 **זולל**: חסר־ערך (השווה יר׳ טו:יט). **עלוה**: עוולה (הו׳ י:ט). / 6 **עם רגלים**: על־פי יר׳ יב:ה (׳את רגלים׳; בראדי סבור, שאולי גם כאן צריך להיות כך). השווה דברי יהודה הלוי על כשרון עצמו בשירה: ׳כי את רגלים רצתי וילאוני ואיך אתחרה סוסים יבישוני׳ (במכתב אל משה אבן עזרא, גנזי שעכטער, ג, עמ׳ 319). **שלוה**: בטחון. / 7 **קצרה... צחות**: על־פי יש׳ נ:ב; לב:ד. **עוה עוה**: נכשל (יח׳ כא:לב). / 8 **פני... לוה**: עיין דב׳ כח:יב, מד; ׳לעומת איש המשאיל את חכמתו לאחרים ואינו זקוק לחכמתם׳ (שירמן); על רמזים לשם לוי בפעלים משורש ׳לוה׳ – ראה מבוא, פרק ראשון, סוף סעיף 5, והערה 38. / 9 **גוה**: גוף; רק בגופו, כלפי חוץ, חטא, כשהזניח את ידידו, אבל הנשמה נאמנה לו. **תודה נפשי וכו׳**: על־פי יר׳ יג:יז; בראדי תמה על שהמלה ׳נפשי׳ מופיעה פעמיים בבית זה, והציע לקרוא ׳תודה פשעי׳, אבל אין כל הכרח בכך; אדרבה, בחזרה יש משום הדגשה, והיא נמנית עם קישוטי השירה (ראה: ילין, תורת השירה הספרדית, עמ׳ 188 ואילך). / 10 **אות לחיות... תקוה**: השווה יהו׳ ב:יב; בר׳ יט:יט. **לחיות**: להחיות.

ע. לוֹ שְׁחָרִים יְרַדְּפוּנִי

שלושה בתים בחרוז מבריח. המשקל: הקל —◡——/⏓—◡—/—◡——//—◡——/⏓—◡—/—◡——. בראדי (*Studien*) והלפר (*JQR*) מביאים את השיר כדוגמה למשקל כ׳פיף (= הקל). את המלה השלישית מנקד בראדי יְרַדְּפוּנִי (על־פי ׳יִרַדֹּף אויב׳; תה׳ ז:ו), ובאופן זה הוא מקיים את המשקל בבית הראשון בצורתו המלאה. הלפר מנקד ׳יְרַדְּפוּנִי׳, לפי הכללים המקובלים. ב׳מחברת׳ (עמ׳ 181) חולק בראדי על תיקונו של הלפר, ומסתמך על הפסוק הנ״ל. בטכסט שלפנינו מנוקדת המלה, כדעת הלפר, לפי הכללים המקובלים; העמוד השני בבית 1 הוא ◡◡—— (׳יְרַדְּפוּנִי׳), תמורת —◡——. חילוף זה שכיח בשירה הערבית. זאת ועוד: מלבד בית הפתיחה יש בשירנו עוד שלושה מקומות שבהם מחליף העמוד ◡◡—— את העמוד —◡——: בסוגר של בית 2 (׳קשי לבבה ירופף׳) ובדלת ובסוגר של בית 3 (׳יעלה בחרה עלי...׳, ׳אשר עדי...׳). בראדי עצמו העיר (*Studien*, שם; רי״ה, שם, עמ׳ 49) על חילוף אחד מאלה! בשיר ׳לא אהלך במחשכים׳ (מס׳ ט), שמשקלו ׳הקל׳, מופיע העמוד ◡◡—— דרך קבע בכל דלת ובכל סוגר.

החתימה: ׳לוי׳. בכתב־היד אין השיר הזה נושא שום כתובת. הוא כתוב בראש עמוד, ואולי

חסר לפניו דף אחד. ייתכן אפוא, שהוא סיומו של שיר ארוך יותר, שאולי היה חתום בו ׳יהודה הלוי׳. יש בו ציורים שכמוּתם מצויים הרבה בשירי יהודה הלוי. למשל: ׳ומה אמר בהוד קומה כתמר, והרוח יניפה תנופות׳ (בראדי־רי״ה, א, מס׳ ע, שורות 29—30; וראה שם, עמ׳ 172, הערה בביאור); ׳[האהוב] רפוי מותן, חזק־לבב כברזל׳ (שם, שיר מס׳ לה, שורות 1—2); ׳תמורה ותנע כאגמון׳ (שם, ב, מס׳ נ, שורה 3); ׳[האהובה] אמיר בושם יניפהו נשמות׳ (שם, מס׳ מז, שורה 7); ׳ביד עב קל אני מפקיד שלומי, ואם יתמהמה — בידי ברקים׳ (שם, א, מס׳ לב, שורות 7—8); ׳לך שלום נשאוהו אהבי, ולא יוכלו שאתו העננים׳ (שם, מס׳ מא, שורות 7—8). על־אף כל זאת אין מכאן ראיה, שהשיר ׳לו שחרים׳ הוא של יהודה הלוי, מפני שהמוטיבים הללו רווחו מאוד בשירי־חשק והיו לנחלת הכלל. נביא בזה דוגמאות משירי משה אבן עזרא (בסוגריים מובאים מספרי השירים והשורה במהדורת בראדי): ׳ועלי כנף שחר אשלח שלומי — לו ישים באזניהם (של ׳אנשי אהבתי׳) סודי ואחותי׳ (מס׳ רלב, שורה 2; וראה ביאור בראדי לשירי רמב״ע, עמ׳ רפד, הערה למס׳ קנג, שורות 19—20; כן ראה: ילין, תורת השירה הספרדית, עמ׳ 21—22); ׳צבי ידמה לבד־בשם וכמעט לענג בו ורך רוחו תניפו — ולב־אבן בקרבו מחמל על אסיר חשק׳ (קעט 1, ׳ענג׳ — גמישות; וראה שם, בביאורו של בראדי).

המקור: כ״י אוכספורד 1971, חלק ב, מחלקה א, מס׳ מב, דף 92א. — נדפס: H. Brody, *Studien zu den Dichtungen Jehuda ha-Levi's*, Berlin 1895, p. 39; בראדי־רי״ה, ב, עמ׳ 45, מס׳ מו; שם, ביאור, עמ׳ 49; B. Halper, 'The Scansion of Mediaeval Hebrew Poetry', *JQR*, NS 4 (1913—1914), p. 206; בראדי, מחברת משירי יהודה בן שמואל הלוי, פילאדלפיה 1924, עמ׳ 63, מס׳ 35, ההערה שבעמ׳ 181 [=מחברת]; תרגום אנגלי מאת נינה שלמה, שם, שם. — נזכר: אוצר, אות ל, מס׳ 576.

לוּ שְׁחָרִים יְרַדְּפוּנִי בְרוּחַ ׀ הַמְנַשֵּׁק פִּיהָ וְגוּפָהּ יְנוֹפֵף
וַעֲנָנִים לוּ נָשְׂאוּ לָהּ שְׁלוֹמִי ׀ אָז כְּמָתְנָהּ קְשִׁי לְבָבָהּ יְרוֹפֵף
יַעֲלָה, בְּחָרָה עֲלֵי עָשׁ מְנוּחָה, ׀ רַחֲמִי אֶל אֲשֶׁר עֲדֵי עָשׁ יְעוֹפֵף.

1—2 לוּ רדפוני השחרים והפיחו בי את רוח הבוקר, זו הרוח העוברת על פני האהובה הרחוקה ממני ומנשקת את פיה ומניפה את קומתה הגמישה והתמירה, ולוּ נשאו אליה העננים את שלומי (על־פי תה׳ עב: ג) — כי אז ודאי ירך לבבה הקשה וידמה למתניה, לגופה הרך. / 3 את, יעלת־חן, שמקום שבתך ׳עלי עש׳, רחמי עלי — נכון אני לעוף אחריך עד כוכבי־רום.

שני שירים נוספים

לאחר שסודר הספר בדפוס מצאתי עוד שני פיוטים שאפשר לייחסם כמעט בוודאות ללוי אבן אלתבאן. אני מביא אותם כאן שלא במקומם במדורי הספר.

עא. ה׳ לְחָצוּנִי מְחָצוּנִי מוֹנַי

תחינה. החתימה: ׳לוי בר יעקב׳. מרובע בעל חריזה פנימית משולשת קבועה ועוד חרוזים פנימיים באקראי. הצלעית האחרונה בכל טור היא פסוק, או חלק מפסוק, המסתיים במלה ׳נצח׳: א–א–א–נצח / ב–ב–ב–נצח, וכו׳. ברוב הטורים (פרט לטורים 5 ו־6) תופס הפסוק את שתי הצלעיות האחרונות; מלה אחת מגוף הפסוק קובעת אפוא את החרוז הפנימי של הטור. למשל: בטור 1, שסיומו ׳עד אנה ה׳ תשכחני נצח׳, קובעת המלה ׳ה׳׳ את החרוז הפנימי ׳מוני׳, ׳יגוני׳; בטור 2, שסיומו ׳ויטרף לעד אפו ועברתו שמרה נצח׳, קובעת המלה ׳אפו׳ את החרוז הפנימי ׳ערפו׳, ׳בקצפו׳, ׳טרפו׳, וכן הלאה.

לפיוט אין משקל סדיר. במתכונת חריזתו, בחירותו המטרית ובפרטים אחרים דומה הוא לתחינה לעצירת גשמים ׳ה׳ לבבות נמהרו׳ (מס׳ סו) וגם לתחינות אחרות של אבן אלתבאן (למשל מס׳ טו, יח).

המקור: כ״י מס׳ 15 בספריית האוניברסיטה של מאדריד, המדור ׳תחינה אות הלמ״ד׳, סי׳ לז (על כתב־יד זה ראה להלן, עמ׳ 178).

ה׳ לְחָצוּנִי מְחָצוּנִי מוֹנַי | וָאֶצְעַק בְּרֹב יְגוֹנַי: | עַד־אָנָה ה׳ | תִּשְׁכָּחֵנִי נֶצַח
וַיֶּקֶשׁ אוֹיֵב עָרְפּוֹ | וַיִּשְׁאַג בְּקִצְפּוֹ | כְּאַרְיֵה עַל טַרְפּוֹ | וַיִּטְרֹף לָעַד אַפּוֹ | וְעֶבְרָתוֹ שְׁמָרָה נֶצַח
יְדֵי קָצַר | וָאָחִיל בְּמֵצַר וּמַעְצָר | עַד־מָתַי אֱלֹהִים יְחָרֶף צָר | יְנָאֵץ אוֹיֵב שִׁמְךָ לָנֶצַח
בְּכָל יוֹם לְבָבִי יִתְחַמֵּץ | בִּרְאוֹתִי חוֹמֵץ | מִתְעַוֵּל וּמִתְאַמֵּץ | וְלֹא יִרְאֶה הַשָּׁחַת וִיחִי עוֹד לָנֶצַח
רְשָׁעִים כִּי סְבָבוּנִי | וּבְחָזְקָה יְרִיבוּנִי | שְׁעִפַּי יְשִׁיבוּנִי: | הֲיִנְטוֹר לְעוֹלָם אִם יִשְׁמֹר לָנֶצַח
יוֹשֵׁב מְרוֹמִים | חִישׁ לַעֲגוּמִים | דְּבָרִים נִחֻמִים: | כִּי לֹא לְעוֹלָם אָרִיב וְלֹא לָנֶצַח
עוּרָה לִלְקוֹט שׁוֹשָׁן | מִבֵּין יָקְטָן וְיָקְשָׁן. | לָמָּה תִישַׁן | אֲדֹנָי הָקִיצָה אַל־תִּזְנַח לָנֶצַח

1 מוני: אויבי (יש׳ מט:כו). עד אנה... נצח: תה׳ יג:ב; בכתב־היד בטעות: ׳אנא׳. / 2 ויקש... ערפו: על־פי דה״ב לו:יג. וישאג... טרפו: ראה תה׳ כב:יד; יש׳ לא:ד. ויטרף... נצח: עמ׳ א:יא (על אדום). / 3 קצר: האויב; ואולי הנוסח הנכון הוא: ׳יָמַי קצר׳ (האויב), על־פי תה׳ קב:כד. ואחיל: אחרד ואתענה. עד... לנצח: תה׳ עד:י. / 4 לבבי יתחמץ: על־פי תה׳ עג:כא. חומץ מתעול: על־פי תה׳ עא:ד. ולא... לנצח: תה׳ מט:י (בשינוי הסדר). / 5 סבבוני... יריבוני: ראה תה׳ כב:יג, יז; שופ׳ ח:א. שעפי ישיבוני: איוב כ:ב; בכתב־היד: ׳סעיפי׳. הינטור... לנצח: יר׳ ג:ה. / 6 חיש: החישה. דברים נחמים: זכ׳ א:יג. כי... לנצח: יש׳ נז:טז. / 7 עורה: ראש הפסוק המסיים את

קוֹמֵם חֲבָלְךָ ׀ וְרוֹמֵם דִּגְלְךָ ׀ וְנוֹדֶה לְשִׁמְךָ כִּי לְךָ ׀ הַגְּדֻלָּה וְהַגְּבוּרָה וְהַתִּפְאֶרֶת
וְהַנֵּצַח
בְּנֵה דְבִירֶךָ ׀ וּפְדֵה אֲסִירֶיךָ ׀ אַל תִּתֵּן לְחַיַּת נֶפֶשׁ תּוֹרֶךָ ׀ [ו]חַיַּת עֲנִיֶּיךָ אַל־
תִּשְׁכַּח לָנֶצַח.

הטור הזה. ללקוט שושן: לפדות את ישראל. יקטן (בר׳ י:כה) ויקשן (בר׳ כה:ב): האומות. למה... לנצח: תה׳ מד:כד. / 8 חבלך: נחלתך ועמך (ראה דב׳ לב:ט); בכתב־היד: ׳חבליך... דגליך׳. לך... והנצח: דה״א כט:יא (בהשמטה). / 9 אל... לנצח: תה׳ עד:יט.

עב. אֶחְקֹר פִּלְאֵי אֵל

אופן לשבת זכור בצורת שיר־איזור בעל מדריך וחריזה פנימית קבועה בכל טור: א–ב א–ב // ג–ד ג–ד ג–ד / א–ב א–ב // ה–ו ה–ו ה–ו / א–ב א–ב // וכו׳. המשקל בטורי האיזור והסטרופות: — — — — — — — / — — ◡ — — .

במקומות אחדים נוסף שווא או חטף שאינם במניין (למשל: בשורה 8 – ׳וכאשר׳; 9 – ׳עמלק׳; 16 – ׳אחשורוש׳; 18 – ׳אגגי׳). החתימה: ׳לוי חזק׳, בראשי המחרוזות.

הפיוט מזכיר נסים שנעשו לישראל: יציאת מצרים, הנצחון על עמלק ונס פורים, שהפייטן מסמיכו, כמקובל, לנצחון על עמלק.

המקור: כ״י אוכספורד 1083, דפים 332ב–333ב: ׳אופן׳ (לשבת זכור).

אֶחְקֹר פִּלְאֵי אֵל אֶדְרֹשׁ ׀ יָמַי וְשָׁנַי
נוֹאֲלוּ מִקְצָתָם לִפְרוֹשׁ ׀ חַכְמֵי נְבוֹנַי

לַעֲשׂוֹת הִגְדִּיל עִם עַמּוֹ ׀ כַּמָּה פְעָמִים
הֶעֱבִיר מִסֵּבֶל שִׁכְמוֹ ׀ בִּימֵי עֲגָמִים
הִמְטִיר עֲלֵיהֶם בִּלְחוּמוֹ ׀ מִטְרוֹת וְזְעָמִים
קָרָא הַדּוֹרוֹת מֵרֹאשׁ ׀ גּוֹאֵל הֲמוֹנַי
וּבְעֶבְרָתוֹ מָחַץ רֹאשׁ ׀ שׂוֹטְנַי וּמוֹנַי

1 ימי ושני: כל חיי. / 2 נואלו... נבוני: שאפילו את מקצתם לא יכלו גדולי החכמים לפרש. / 3 מסבל שכמו: תה׳ פא:ז. / 4 בימי עגמים: בימי שעבוד מצרים (בר׳ י:יג). / 5 המטיר... בלחומו: לשון מלחמה או זעם, על־פי איוב כ:כג; כאן מוסב על מכות מצרים. / 6 קרא... מראש: האל (יש׳ מא:ד). / 7 מחץ ראש: תה׳ קי:ו. מוני: אויבי. /

וְכַאֲשֶׁר יָצְאוּ מִצָּרָה | מִבֵּית עֲבָדִים
בָּא עֲמָלֵק בִּסְעָרָה | רֹאשׁ הַמְּזִידִים
וַיִּלָּחֵם עִם יִשְׂרָאֵל בִּרְפִידִם
בִּן נוּן הִכָּה וַיַּחֲלֹשׁ | אוֹתָם לְפָנַי
נִכְלַם כָּל צָר וַיֵּבוֹשׁ | דּוֹלֵק אֱמוּנַי

יָזְמוּ לִשְׁמוֹר לִי אֵיבַת | עוֹלָם שְׁלֵמָה
חָלְפוּ זְמַנִּים עַד שָׁבַת | גִּילִי וְנִדְמָה
גָּלָה מְשׂוֹשִׂי כִּי רַבַּת | חַטָּאָה וְאַשְׁמָה
וַיְהִי בִּימֵי אֲחַשְׁוֵרוֹשׁ | עָנָה בְּפָנַי
כַּחְשִׁי וַיַּשְׁקוּ מֵי רוֹשׁ | אוֹתִי עֲוֹנַי

חָשַׁב אֲגָגִי יוֹעֵץ רַע | לַשְׁמִיד שְׁאֵרִית
עֵת לוֹ יְמִינִי לֹא כָרַע | דִּמָּה לְהַכְרִית.
עֵינָיו הָאֵל לֹא גָרַע, | וְתִקְוָה וְאַחֲרִית
שָׂם לִי וַיְשָׁרֵשׁ שָׁרוֹשׁ | אֶת כָּל מְעַנַּי,
נִתְלָה עִם בָּנָיו נָדוֹשׁ, | תְּהִלָּה לְפָנַי

זַמְּרוּ לָאֵל הַקְדִּישׁוּ | פִּצְחוּ בְנִיבִים
חַדְּשׁוּ שְׁנוּ וְשַׁלֵּשׁוּ | זֶרַע נְדִיבִים
חוּשׁוּ כַּאֲשֶׁר יָחִישׁוּ | אֶל־חַי כְּרוּבִים
קוֹרְאִים זֶה אֶל זֶה קָדוֹשׁ | שפרי מְעוֹנַי
אוֹמְרִים קָדוֹשׁ קָדוֹשׁ | קָדוֹשׁ ה׳.

8 **מבית עבדים:** ממצרים. / 9 **בא עמלק:** כמסופר בשמ׳ יז:ח ואילך. / 10 **וילחם... ברפידם:** שמ׳ יז:ח. / 11 **בן נון... ויחלש:** על־פי שמ׳ יז:יג. / 12 **דולק אמוני:** הרודף את עמי. / 13 **איבת עולם:** יח׳ לה:ה. / 14–15 **שבת... משושי:** על־פי יש׳ כד:ח, יא. **חטאה:** חורג מן המשקל; אפשר לנסח ׳חַטָּאת׳. / 16–17 **ויהי... אחשורוש:** אס׳ א:א. **ענה... כחשי:** העיד בי חטאי ובאתי בצרה; על־פי איוב טז:ח. בשיר יש פסיחה משורה לשורה. **וישקו:** עווני השקו אותי רעל; על־פי יר׳ ח:יד; ט:יד; כג:טו. / 18 **אגגי:** המן האגגי. **לשמיד:** כמסופר באס׳ ג:ו, יג; ׳לשמיד׳ במקום ׳להשמיד׳, למען המשקל (הצורה נמצאת ביש׳ כג:יא). / 20–21 **ותקוה... לי:** פסיחה משורה לשורה. / 22 **נתלה:** המן. **נדוש:** נרמס (ראה גם יש׳ כה:י). / 24 **זרע נדיבים:** ישראל. **אל חי:** אֶל אֵל חי. / 26 **שפרי מעוני:** אולי הכוונה לשמים (ראה איוב כו:יג); אך נראה לי, כי ׳שפרי׳ הוא שיבוש מן ׳שרפי׳. / 27 **אומרים... ה׳:** יש׳ ו:ג; כאן מעבר לתפילה. בצלעית הראשונה 6 תנועות (במקום 7), כדי לקיים את לשון הכתוב.

נספחים

נספחים

נספח לשיר מס׳ א

׳כי יום תנומתי תהיה תקומתי׳ (שורה 3). — הרעיון שהמוות הוא התעוררות וראשית חיי־האמת רווח בספרות ימי־הביניים. ס׳ דה בנדטי,[1] שתרגם את פיוטנו לאיטלקית, הצביע על קטע דומה ב׳בן המלך והנזיר׳ בנוסחו העברי של אברהם אבן חסדאי: ׳כאשר אמר החכם: בני אדם בחייהם הם ישנים וכשימותו יקיצו,׳[2] וסמוך לשם, בשיר שקול: ׳והנה הם בחייהם ישנים / ויעורו במותם משנתם.׳[3]

אימרה זו — الناس نيام فاذا ماتوا انتبهوا — היא חדית׳, המובא בשם מוחמד, בעיקר בספרים צופיים, ביניהם באחדים מספרי אלגזאלי; למשל, בחיבורו האוטוביוגראפי ׳אלמנקד׳ מן אלצ׳לאל׳[4] וכן בספרו ׳מיזאן אלעמל׳,[5] שאברהם אבן חסדאי תרגמו בשם ׳מאזני צדק׳: ׳כי בני אדם בחייהם הם ישנים וכשימותו יקיצו.׳[6] השווה ׳כלילה ודמנה׳ בתרגומו של יעקב בן אלעזר: ׳נפשי, נפשי, אל ירחק ממך מחרתך ותשעני על יומך, כי מחרתך הוא הקיצך, והיום הזה הוא חלומך. ואל תמכרי הקיץ בחלום.׳[7] אלבטליוסי מצטט את האימרה על השינה בספרו ׳אלחדאיק — העגולות הרעיוניות׳ בתרגומו של משה אבן תיבון.[8] מהדיר הספר, ד׳ קאופמן, מפנה שם[9] את הקורא לילקוט שמעוני על תה׳ כב (בסוף סי׳ תרפח): ״׳כי לא יראני האדם וחי״ — בחייהן אינם רואין, הא במיתתן רואין׳ (והשווה ברכות יח, ע״א—ע״ב; שמ״ר פרשה נב). ב׳העגולות הרעיוניות׳ מובא הפסוק הזה בסמוך לחדית׳ על השינה, והוא נדרש שם בשם חז״ל: ׳אבל רואה אותו בשעת מיתתו.׳

המוטיב ׳תנומתי — תקומתי׳ ומוטיבים קרובים לו בעניינם ובניסוחם הפאראדוכסאלי, כגון ׳החיים — חלום, והמוות — פתרונו׳,[10] או: ׳הממית את נפשו, מחייה אותה׳ (הגובר על תאוות נפשו בעולם הזה זוכה בחיים בעולם האמת),[11] עוברים גלגולים שונים בשירת־הקודש ובשירת ההגות והמוסר.

1 S. de Benedetti, *Canzoniere Sacro di Giudà Levita*, p. 205

2 מהדורת הברמן, תל־אביב 1951, עמ׳ 171.

3 ראה הערת הברמן, שם, עמ׳ 309.

4 מהדורה סורית חמישית (1956), עמ׳ 62. תרגום עברי מאת ח׳ לצרוס־יפה, ׳הפודה מן התעייה והטעות׳ וכו׳, ירושלים 1965, עמ׳ 28.

5 מהדורת קאהיר (1328), עמ׳ 75.

6 ׳מאזני צדק׳, מהדורת גולדנטל, לייפציג 1839, עמ׳ 84.

7 J. Derenbourg, *Deux versions hébraïques du livre Kalîlâh et Dimnâh*, Paris 1881, p. 323, l. 26

8 מהדורת קאופמן, בודאפסט 1880, עמ׳ 27, 51—52. האימרה מצויה, בין השאר, גם בספר ׳אלאעג׳אז ואלאיג׳אז׳ של אלת׳עלבי, קאהיר 1897, עמ׳ 21.

9 ׳העגולות הרעיוניות׳, עמ׳ 27, הערה 8.

10 ראה, למשל: משה אבן עזרא, ׳שירי החֹל׳, מהדורת ח׳ בראדי, ירושלים תש״ב, ב (ביאור), עמ׳ רפ, על שיר מס׳ קמט, שורה 17.

11 שם, עמ׳ רלז, על שיר מס׳ קכא, שורה 5.

שירי לוי אבן אלתבאן

לפעמים נשמע בהם הד להשקפות אפלטוניות. בדיאלוג ׳גורגיאס׳ (492e) אומר סוקראטס: ׳... ולא אתפלא עוד אם צדק אוריפידס בחרוזים בהם הוא אומר: ״ומי יֵדַע אם החיים אינם מיתה / והמיתה חיים?״ אולי לאמיתו של דבר מתים אנחנו.׳[12]

רעיון זה חוזר הרבה בספרות העיון הערבית והיהודית בימי־הביניים, והוא הדין ברעיון האפלטוני הקרוב לו (׳פיידון׳, 64a, c ועוד), אשר מופיע בספרות זו כתביעה ל׳מוות הרצוני׳ (׳אלמות אלאראדי׳);[13] והשווה המאמר בתמיד לב, ע״א: ׳אמר להן (אלכסנדר מוקדון לזקני הנגב): מה יעביד איניש ויחיה? אמרו ליה: ימית עצמו.׳[14]

לא תמיד שאובים המוטיבים הללו, כשהם מופיעים בשירה, במישרין ממקור אגדי או פילוסופי, אך הם שומרים לרוב על הניסוח הפראדוכסאלי של המקורות. למשל:

שמואל הנגיד

׳תַּתִּי אני לבני חוק עולם, ושַׂחתי כי נם הוא בו, ובאחֵר הוא נעור, ומות בינם.׳[15]

׳ותִזָּכרו בתבל אחרי כן (אחרי המות) כהזכר בהקיץ החלומות.׳[16]

׳היום תשמח במעון מתים (בעוה״ז), מחר תדאג בין החיים (בעוה״ב).׳[17]

יצחק אבן גיאת

׳יום ליום הוחילו למות, ואל תחילו, כי חייכם מותכם, ומיתתכם חייכם.׳[18]

12 ׳כתבי אפלטון׳, תרגום י״ל ליבס (1959), עמ׳ 344. על דברי אוריפידס המובאים כאן, על פארודיה שכתב עליהם אריסטופאנס ועל השפעת הרעיון בכתבי פילוסופים מאוחרים ראה: ׳גורגיאס׳, מהדורת E. R. Dodds, אוכספורד 1959, עמ׳ 300. בדבר הקשר עם אלגזאלי ראה: A. J. Wensinck, *La Pensée de Ghazzālī*, 1940, p. 185, notes 2–3

13 ביבליוגראפיה עשירה לעניין זה מביא G. Vajda בספרו: *Juda ben Nissim Ibn Malka*, Coll. Hespéris, XV, Paris 1954, p. 12, n. 2. על ציוניו אפשר להוסיף: משה אבן עזרא, ׳מקאלה̈ אלחדיקה̈ פי מעני אלמג׳אז ואלחקיקה̈׳ (כ״י ששון 412), עמ׳ 107, 113, 127; מועתק, כנראה, מ׳נואדר אלפלאספה̈׳ של חנין בן אסחק (כ״י מינכן 651), דף 55א — ׳מוסרי הפילוסופים׳ בתרגומו של אלחריזי. ראה גם בהערה הבאה.

14 השווה ׳מוסרי הפילוסופים׳ (מהדורת לוונטל), לייפציג 1895, שער ב, פרק א, סי׳ 13; ושם, פרק ח, סי׳ 7. בשולי תרגומו הגרמני לספר זה (לייפציג 1896, עמ׳ 88, הערה 7; עמ׳ 129, הערה 5) מציין לוונטל את דברי חז״ל דלעיל, מקורות מן האוואנגליון (יוחנן יב:כה; מרקוס ח:לה) וכן ספרי־עיון ערביים המביאים דברים דומים בשם חכמי יוון.

15 ׳בן קהלת׳ (מהדורת אברמסון), תל־אביב 1953, סי׳ תח, עמ׳ 166; ראה הערת המהדיר בעמ׳ 284. מקבילה ערבית למכתם זה מביא י׳ רצהבי בתרביץ, כה, עמ׳ 307, סי׳ ט.

16 ׳בן קהלת׳, סי׳ שסו, עמ׳ 144.

17 שם, סי׳ שסט, עמ׳ 145. המהדיר מסמיכו לאבות ד, כב.

18 ׳השירה העברית׳, א, עמ׳ 312, ׳מה יתרון לאדם׳, שורות 27–28.

נספחים

יהודה הלוי

׳ברחקי ממך, מותי בחיי, ואם אדבק בך, חיי במותי.׳[19]

משה אבן עזרא

׳ישוב הלום, כי הוא חלום, והמות פתרוניו.׳[20]
׳שנות אדם חלומות, ומות פותר.׳[21]
׳והיו כל שנות עולם חלומות, והמות כשבר לחלומיו.׳[22]
׳חיי איש בעולם כחלום, ומות כשברו.׳[23]
׳בני איש, אם תמיתון תאותכם, תְּחַיו נפשכם גם אחרי מות.׳[24]

לדברי אבן אלתבאן (׳כי יום תנומתי תהיה תקומתי׳) קרוב מאוד בית אחר של משה אבן עזרא, אך דומה שהוא נופל מהם בעיצובו הספרותי:
׳כי יום תמותתי — חיותי, ושכרי יהיה שמן, וגופי רז (= אף־על־פי שגופי ירזה ויבלה).׳[25]

נספח לשיר מס׳ מח

׳השכל והדת שני מאורות׳. — דימוי זה, הפותח את המאורה שלפנינו, מובא כלשונו, או בלשונות קרובים, בספרים שונים, הדנים ביחס שבין הפילוסופיה לדת. י״ל דוקס סבר, שהדימוי הוא ׳מאמר איזה חכם קדמון׳,[1] וגם לדעת שטיינשניידר מצטט הפייטן כאן אימרה מחיבור עיוני.[2] אמת, סברה זו מוצאת לה סימוכין באופני ציטוט כגון ׳אמר החכם: השכל והדת שני מאורות׳ (ראה להלן, מובאה א), אלא שלא עלה בידי למצוא את מקור האימרה. ספרי־העיון הנזכרים רובם ממחצית המאה הט״ו ואילך; דבר זה הניע, כנראה, את שטיינשניידר — ולפניו את צונץ — לאחר את זמנו של הפיוט. תחילה ייחס אותו צונץ ללוי אבן אלתבאן,[3] אבל אחרי־כן חזר בו, בלי לפרש את נימוקיו, וייחס אותו לפייטן מראשית המאה הי״ג, שנקרא אף הוא לוי בן יעקב.[4] ברם, בגוף הפיוט אין שום ראיה לכך. אפילו קודמיו של אבן אלתבאן וכמותם בני זמנו מדמים לעתים

19 ׳אדוני נגדך׳, שורה 4; שם, עמ׳ 522.
20 ׳שירי קדש׳ (מהדורת ש׳ ברנשטיין), תל־אביב 1957, שיר מס׳ מג, שורות 8—9.
21 שם, שיר מס׳ קע, שורה 10; ראה גם מס׳ פז, שורה 14.
22 ׳שירי החל׳ (מהדורת ח׳ בראדי), ברלין 1935, שיר מס׳ קכח, שורה 3.
23 שם, שיר מס׳ רז, שורה 70; ראה גם מס׳ ריד, שורה 18; מס׳ קכב, שורה 48.
24 שם, שיר מס׳ קכא, שורה 5.
25 שם, עמ׳ שצג (׳ספר הענק׳, שער ט), מכתם מס׳ לח.
1 ׳נחל קדומים׳, עמ׳ 51, סי׳ לח; ובעניין קרוב — *Orient*, XII, p. 110, n., וכן בספרו על אבן גבירול, האנובר 1860, עמ׳ 4—5.
2 *Israëlietische Letterbode*, IX (1883–1884), p. 45, n.; וראה דבריו ב־*MGWJ*, XXXII (1883), p. 94
3 *LG*, עמ׳ 217.
4 בקונטרס המילואים ל־*LG*, עמ׳ 708.

קרובות את השכל ואת הדת לאור או למקור של אור, וזאת בעקבות תורות ניאו־אפלטוניות ועל־סמך כתובים שונים.[5] השווה אבן גבירול: ׳והדעת לבוש אור לבשה׳ (׳לו היתה נפשי׳, שורה 11); ׳והמדע בראש דרכי אלהים, ואל ממאור כחו כמסו׳ (׳בחר מהחלי׳, שורה 35); ובמבחר הפנינים המיוחס לו: ׳וכמו שהנר עין האור כן השכל עין הנפש׳ (׳שער הפרישה׳). השכל והדת כרוכים תכופות יחד בדימויים מעין אלה; השווה, למשל, את דברי אלגזאלי: فالعقل مع الشرع نور على نور (= והשכל עם החוק הדתי — אור על גבי אור).[6] בדומה לפיוט שלפנינו, יש המקדימים את השכל לדת, שכן הוא מביא להכרת האל. מבין עשרות הדוגמאות נזכיר כאן את משה אבן עזרא[7] ואת בחיי אבן פקודה בגוף ׳חובות הלבבות׳[8] ובשירו המפרט את שערי הספר (׳...חקור ודרוש והתבונן פלאיו ושים שכל ודת צדק אזורך׳) וכן בתוכחה המפורסמת שלו. בדומה לכך כותב אבן אלתבאן: ׳יתבוננו ויבינו מְתֵי שכל פעלתו / כוכבים נצבים בגלגלם באמרתו׳ (׳לבורא כל׳, שורות 10—11); במאורה שלפנינו (שורות 6—7) מורה השכל את הנפש ׳ללכת בדרכי אל הישרות׳.[9]

בצירופים מעין אלה ובציורים של אור השולטים בפיוט זה מתגלות עקבותיה של תורת האצילות הניאו־אפלטונית, ובפרט התורה על־אודות השכל המאציל את אורו על הנפש. השקפה זו רווחת בשירת־הקודש בת זמנו של אבן אלתבאן, למשל בתוכחה של ר׳ בחיי: ׳נפשי... ממקור בינה קֹרַצְתְּ וממעין חכמה לֻקַּחַתְּ׳ (שורות 19—20) — ולפניו, למשל, ב׳כתר מלכות׳ לאבן גבירול: ׳עשיתָהּ (את הנשמה) מלהבות אש השכל חצובה.׳ בדיון על תורת האצילות מסמיך גולדציהר[10] את דברי אבן גבירול אל קטע מן המאורה שלנו (שורות 4—7), שהוא מייחס אותה לאבן אלתבאן. השווה לקטע זה גם את דברי אלבטליוסי: ׳הנפש ימנענה הסכלות מראות עצמותה וכאשר נשפע עליה אור השכל רואה עצמותה... מדרגת

5 כגון דב׳ לג:ב (׳מימינו אש דת למו׳) או מש׳ ו:כג (׳כי נר מצוה ותורה אור׳). פסוקים אלה משמשים גם בגלגוליו המאוחרים של הדימוי (להלן, מובאות ו—י); והשווה גם שבת קנו, ע״א (בעניין השפעת המזלות): ׳האי מאן דבארבעה בשבא יהי גבר חכים ונהיר. מ״ט משום דאיתלו ביה מאורות.׳ רש״י מסמיך לכאן ׳ותורה אור׳.

6 كتاب الاقتصاد في الاعتقاد (הצירוף نور على نور הוא מן הקוראן, סורה 24, פסוק 35). ב־كتاب الحكمة في مخلوقات الله, קאהיר 1907, עמ׳ 35, הוא מביא דימוי קרוב, אך דוחה את השכל למקום שני: ׳ואורות (انوار) ההתגלות מן האל הם ביחס לאור השכל (نور العقل) כשמש ביחס לאור הכוכבים.׳ על שני המקומות העירתני ד״ר חוה לצרוס־יפה.

7 למשל, ב׳כתאב אלמחאצ׳רה׳, עמ׳ 103ב, שורות 4—5 (= ׳שירת ישראל׳, עמ׳ קמג). הוא מהלל את הדעת ואת הדת, בסדר זה (׳אלעלס ואלדין׳).

8 בהקדמה הוא מפרש דב׳ לב:ו כעדות לכך, שהידיעה מתוך הבנה קודמת לזו שבמסורת: ׳קדם עלם אלאסתדלאל עלי עלם אלכ׳בר ואלנקל׳ (מהדורת יהודא, עמ׳ 17, שורה 13); השווה גם: ׳נור אלעקל ען אלחכמה... כאלשמס׳ (שם, עמ׳ 97, שורה 12).

9 השווה גם אלגזאלי, ميزان العمل, קאהיר 1328, עמ׳ 146 = ׳מאזני צדק׳ (תרגום אברהם אבן חסדאי, מהדורת גולדנטל, עמ׳ 156).

10 J. Goldziher, *Kitâb ma'ânî al-nafs*, p. 44

הנפש... תחת אופן השכל הפועל והשכל מקיף בה מכל צדדיה;׳[11] וכן בספרי עיון ערביים ויהודיים קדומים יותר.[12]

לעומת זאת משמש תמיד הדימוי ׳השכל והדת שני מאורות׳ בחיבורים המאוחרים בכוונה פולמוסית, אם כהתראה לַנִּרְפִּים באמונתם (האומרים: ׳המאור הגדול הוא השכל,׳ להלן, מובאה ג), זאת אומרת, מתוך הדגשת הניגוד שבין הפילוסופיה והדת, ואם בתשובה על הטענות הללו, כלומר, בדברי אפולוגיה על העיסוק בחכמות החיצוניות (למשל במובאות א, ב, ח). אבל כביטוי להסכמה גמורה בין השכל והדת, הסכמה שאינה נזקקת לאפולוגיה, מתאים הדימוי למאות הי״א והי״ב, והוא הדין בשאר הדימויים והרעיונות שבפיוטנו. אין אפוא יסוד להפקיעו מבעלותו של אבן אלתבאן ולייחסו לפייטן מאוחר ממנו.

למען שלמות הדיון יצוינו כאן החיבורים המאוחרים המביאים את הדימוי הנדון או את הדומים לו. כבר הזכירו אותם חוקרים שונים,[13] אלא שלא כולם דייקו במראי־המקומות.

א. אברהם בן שם טוב ביבאגו, ׳דרך אמונה׳, קושטנדינה רפ״ב, דף מו, טור 4: ׳וינשא הלמוד התוריי ותהיה האמונה שלמה בלי ספק ולא תחל׳ א׳ לאחרת אשר לזה אמ׳ החכם השכל והדת שני מאורות.׳

ב. מאיר אבן גבאי זלחה, ׳עבודת הקודש׳, קראקא של״ז, מביא את תמצית דבריו של ביבאגו, אשר ׳יצא לישע הפילוסופיא והליץ בעדה,׳ ובעמוד עה, טור 3, הוא כותב: ׳כן יתעצמו השכל והדת התעצמות הצורה הכוללת שהיא השכל עם המיוחדת שהיא האמונה וכו׳ שלזה אמר החכם השכל והדת ב׳ מאורות.׳

ג. שם טוב בן יוסף בן שם טוב, בביאורו למורה נבוכים (ראה: מורה נבוכים, ויניציה שי״א, פתיחת רבינו שם טוב, דף ב, ע״א): ׳ואנשים חשבו הפך אלו כי החקירה העיונית היא אמת ואמרו כי השכל והדת שני מאורות – המאור הגדול הוא השכל, וכי הדת יקבל אורה מהשכל כמו שהלבנה תקבל האור מהשמש.׳

ד. כלשונו מצוי הדימוי גם אצל יהודה אבן בולאט, ׳כלל קצר׳, קושטנדינה רצ״א, עמ׳ י.

ה. דוקס[14] העיר, שהדימוי מצוי גם בביאורו של יוסף בן שם טוב ל׳אגרת אל תהי כאבותיך׳ של פרופיט דוראן, ומסר את הנוסח: ׳וככל מי שאמר השכל והדת שני מאורות.׳ שטיינשניידר[15] התקשה למצוא את מקום המובאה, ועל־סמך דברי דוקס הציע לקרוא: ׳וככה מי שאומר השכל והדת׳ וכו׳. והנה מסתבר, שמשפט זה אינו מופיע כלל בפירושו של יוסף בן שם טוב לחיבורו הסאטירי של פרופיט דוראן, אלא בגוף החיבור המפורסם הזה עצמו, והנוסח הנכון הוא: ׳וסָכָל מי שאומר: השכל והדת שני מאורות׳![16] האירוניה של דוראן, האומר ׳סכל׳ ומתכוון להיפוכו, מכוונת כאן, כבחיבור כולו, נגד האי־ראציונאליות שבנצרות.

11 ׳העגולות הרעיוניות׳ (תרגום אבן תיבון ל־الحدائق, מהדורת קאופמן, 1880), עמ׳ 7 ועמ׳ 17.

12 ראה: גוטמן, ׳הפילוסופיה של היהדות׳ (תרגם י״ל ברוך, ירושלים 1951), עמ׳ 84–85.

13 דוקס, ׳זכרון לראשונים׳, ישרון (*Zeitschrift für die Wissenschaft des Judentums*), 1859, עמ׳ 18, סי׳ יט; קאופמן, *Studien über Salomo ibn Gabirol*, Budapest 1889; שטיינשניידר על כתבי אברהם ביבאגו: *MGWJ*, *Die hebräischen Übersetzungen des Mittelalters*, Berlin 1893, p. 425; *Israëlietische Letterbode*, loc. cit.

14 בשני חיבוריו הנזכרים.

15 *Israëlietische Letterbode*, loc. cit.

16 ׳קובץ וכוחים׳, ברסלאו תר״ד, דף ז, ע״א. הדפוס שם מטושטש במקצת. השווה, למשל, כ״י 8°112 בבית־הספרים הלאומי בירושלים, דף 6, ע״א.

ו. ׳שאלות להחכם... שאול הכהן... ששאל מאת... יצחק אברבנאל׳, ויניציה של״ד, דף ב, טור 3: ׳השכל והדת שני מאורות יהיו בידיך לאחדים בלתי מחולקים, אלה שני הנרות שניהם כאחד דולקים, מימינך נר אש דת נתנה בסיני ושמאל מקרבת חכמת אדם ודעת קדושים תאיר פניו.׳ כאן נצטרפו ואריאציות אחדות על הדימוי. בהמשך נביא ואריאציות דומות.

ז. הראב״ד, ב׳ספר האמונה הרמה – המביא הסכמה בין הפילוסופיא והדת׳ (ברלין 1919, עמ׳ 2, תרגום שלמה בן לביא), מדבר בזכות הפילוסופיה, אך יוצא נגד העדפתה על פני האמונה; דבריו מכוונים, בין השאר, נגד אבן גבירול: ׳אמנם בזמננו זה לפעמים יקרה מי שיעיין בחכמות מעט, ואין בו כח שיאחז בשתי ידיו שתי נרות, בימינו נר דתו ובשמאלו נר חכמתו, אך כאשר ידלק נר החכמה יכבה נר הדת.׳

ח. ׳כתב ההתנצלות אשר שלח... אנבוניט חכם [חיבר אותו ידעיה הפניני] לרשב״א ז״ל על אשר התקצף ביושבי ארץ פרובינצה המתעסקים בלמוד חכמות חיצוניות׳, בתוך ׳שאלות ותשובות שחיבר... שלמה בן אדרת׳, ויניציה ש״ה, דף עה, ע״א (ולא כרשום אצל קאופמן): ׳וכמה דרכים ערוכים ושמורים בדת אצדיק ומי ירשיע... ומורא הלבבות אכניע, בנרות הבחינה והאמונה יחד ימצא באמתחתי כל גביע.׳

ט. יואל אבן שועיב, ׳עולת שבת׳, ויניציה של״ז, דף צח, ע״א (ולא כמובא אצל קאופמן): ׳וראוי לדעת שהשכל והדת כדמות שתי עינים ויכול האדם להשיג הש״י ולהשכילו באמצעים א׳ מאלו העינים.׳

י. שלמה טרוקי בן אהרן, ׳ספר אפריון עשה לו משה׳: ׳כדי שיאירו שתי הנרות ביחד נר התורה ונר הדעת׳, בתוך A. Neubauer, *Aus der Petersburger Bibliothek*, Leipzig 1866, חלק עברי, עמ׳ 18.

יא. שטיינשניידר ציין גם גלגול מאוחר של הדימוי בתקופת ההשכלה: יצחק קאמינר, ׳מליצה לפורים׳, בתוך ׳השרון׳ (1862, תוספת ל׳הכרמל׳, ב, עמ׳ 284): ׳החכמה והאמונה / הדת והתבונה / הֵנָּה מאורות / להאיר ולהורות / את דרך החיים / העולה שמים. / החכמה היא השמש / והאמונה דומה לירח...׳ כאן החכמה היא במפורש המאור הגדול, כמו בדבריהם של אלה אשר שם טוב בן יוסף התריס נגדם קרוב לארבע מאות שנה לפני־כן.

מקור נוסף לסליחות אבן אלתבאן

את כתב־יד מס׳ 15 בספריית האוניברסיטה של מאדריד, אשר מתוכו הבאתי את השיר ׳ה׳ לחצוני מחצוני מוני׳ (מס׳ עא), מצאתי רק לאחר שסודר הספר בדפוס. כתב־היד מעניין מאוד בתוכנו ובמבנהו. זהו מחזור סליחות של מחברים שונים, ורבות מהן אינן ידועות. הוא ערוך מדורים־מדורים, לפי סוגי הסליחות (פזמון, מסתאג׳יב, גמר וכו׳), ובכל מדור באים השירים לפי התחלותיהם בסדר אלפבית. מלבד השיר הנזכר כולל כתב־היד, בין השאר, עוד עשר סליחות של לוי אבן אלתבאן. סליחות אלה נדפסו במהדורה שלפנינו, אבל בכתב־יד מאדריד יש בהן שינויי־נוסח ניכרים, שמהם אציין רק את הבולטים ביותר, שלא מצאתי אותם במקור אחר. ואלה השירים, כסדרם בכתב־היד:

לובש צדקה כשרין אל נאזר בגבורות (אצלנו שיר נט), דף 42א, במדור ׳פזמון אות הלמ״ד׳, סי׳ קנח.– שורה 20: ׳וצרותינו משונות ובאות משכחות עוברות.׳

לאיש כמוני רשעי (אצלנו שיר מט), דף 44ב, ׳פזמון אות הלמ״ד׳, סי׳ קסז.

והוא רחום יכפר עון – אוילים מדרך פשעם (אצלנו שיר נ), ׳מסתגאב אות הו״ו׳ (מכאן ואילך אין הדפים מסומנים במספר), סי׳ לב.– שורות 47–48: ׳יפגע באלהים ויעזב רשע

דרכו / וישוב לפני מלכו.׳ שורה 55: ׳כי אחזוהו ציריו וחבליו.׳ שורות 58—60: ׳ועם בכה יבכו חנון תחנם / מגדלות פשעיו תהרס ולא תבנם / וטרם יקראו אתה תענם.׳

[לך ה׳ הצדקה] אלוה גוזר ומקים (אצלנו שיר נו), ׳גמר אות האל״ף׳, סי׳ ד.

[לך ה׳ הצדקה] לך העז והמלוכה (אצלנו שיר נז), ׳גמר אות הלמ״ד׳, סי׳ לה.– שורה 7: ׳עורך לך׳ – נוסח זה משלים את החתימה; וראה לעיל, ההקדמה לשיר נז.

[לך ה׳ הצדקה] לובש מלבוש צדקה (אצלנו שיר נח), ׳גמר אות הלמ״ד׳, סי׳ לו.– בין שורות 7 ו־8 נוספת כאן שורה בחרוז הקבוע בסיום הסוג הזה: ׳חוקר מסתרי לבב וחופש חדרי קרבים.׳

ה׳ ארכו [בגלות] שני ונפלו פני (אצלנו שיר טו), ׳תחנה אות האל״ף׳, סי׳ ח.– שורה 6: ׳צרים סביבי׳. שורה 18: ׳עדתך נהלאה׳. שורות 31—32: ׳רעות ובטח בחרבו ועמד בארבו׳.

ה׳ למה תהיה כאיש נדהם (אצלנו שיר יח), ׳תחנה אות הלמ״ד׳, סי׳ לח.– שורה 9: ׳בזעקי עיני תדמע.׳

ה׳ לחצוני מחצוני מוני (אצלנו שיר עא, שזהו מקורו היחיד), ׳תחנה אות הלמ״ד׳, סי׳ נז.

בצר לי לך אשא עיני (אצלנו שיר סה), ׳מיושב אות הבי״ת׳, סי׳ יא.

לובש חסד עולם יוסד (אצלנו שיר ס), ׳מיושב אות הלמ״ד׳, סי׳ מא. שורה 11: ׳עלי תשוח.׳

מפתחות

שירים מסופקים

שירים מסופקים שהובאו בקובץ

אל תשכח לנצח עם נחלתך.– כאן שיר מס׳ ל. יוחס לאבן אלתבאן (בספק): קרית ספר, יב, עמ׳ 395, מס׳ 21; תוספת חדשה לאוצר, *HUCA*, יב, עמ׳ 745, מס׳ 256. אולי היה חתום בו ׳אני לוי אלתבאן׳; מכל־מקום, בנוסחנו מצטרף רק חלק מן החתימה. החריזה פגומה, ואין למצוא דוגמתה ביתר שירי אבן אלתבאן.

לא אהלך במחשכים (נוסח אחר: ׳במעקשים׳).– כאן שיר מס׳ ט. יוחס לאבן אלתבאן: ׳עמודי העבודה׳, עמ׳ 155; ידיעות, ד, רנו, מס׳ 13. פיוט זה הוא אולי חלק שלישי מן היוצר לשבועות ׳ישוב לאחור צל׳ ליהודה הלוי (עיין: בראדי־רי״ה, ג, עמ׳ 106; ׳אוצר׳, אות ל, מס׳ 8++), אבל הדבר מוטל בספק. עיין לעיל, מבוא, פרק שני, סעיף ו, ובביאור.

להבות כבוד אלי.– כאן שיר מס׳ לט. נדפס על־ידי צונץ ב־*AZJ*, ג (1839), עמ׳ 79 (בספרו *LG*, עמ׳ 217, הוא מייחסו לאבן אלתבאן). דודזון (׳אוצר׳, אות ל, מס׳ 496) מציין את אבן אלתבאן בסימן־שאלה. בנוסחנו אין לגלות את החתימה ׳לוי׳. עיין: ידיעות, ד, עמ׳ רנז, בסוף הרשימה.

לו שחרים ירדפוני.– כאן שיר מס׳ ע. החתימה ׳לוי׳ היא אולי סיום חתימה ארוכה יותר שבסוף העמוד הקודם בכתב־היד; וראה בביאור.

לזרע אב איתן אהובו.– כאן שיר מס׳ מב. יוחס לאבן אלתבאן (בספק): ידיעות, ו, עמ׳ שלב. החתימה (׳לוי בר יעקב׳) פגומה. אפשר לצרף גם ׳לוי בר יצחק׳.

שירים מסופקים שלא הובאו בקובץ

ה׳ אנחתנו גדלה (׳אני לוי בר י–קב׳). – ׳סדר רב עמרם׳, עמ׳ כב.
ה׳ אפפונו מענים (׳לוי ח–׳).– שם, שם.
ה׳ לגזע הימן (׳לוי גוטא׳?).– שם, עמ׳ כא.
צונץ (*LG*, עמ׳ 708) מייחס את שלושת הפיוטים הללו, על־פי סגנונם, למשורר מאוחר, כנראה בן־זמנו של נחום.

לאלהים אעריץ ואיחדנו בהואל.– כ״י גינצבורג 197, עמ׳ 201ב (משולש). החתימה: ׳ללוו...׳ (צונץ מזכירו ב־*LG*, עמ׳ 205, ללא מקורות). זהו חלק ד׳ מן הקרובה ׳אדר היקר קדושי׳ של יהודה הלוי, ׳אוצר׳, אות ל, מס׳ 227. בכתב־היד הוא בא בנפרד.

להבות אש יגוני (׳אוצר׳, אות ל, מס׳ 495). – צונץ, *LG*, עמ׳ 218, מזכיר אותו בין פיוטי אבן אלתבאן. לא נמצא. צונץ מציין רק ׳כתב־יד מן המאה הי״ג׳. עיין גם: ידיעות, ד, עמ׳ רנז (בסוף הרשימה).

לעמך תזכור ברית אבותם.– כ״י אוכספורד 2844, דף 241ב. החתימה: ׳לוי׳. פיוט לגשם. הטכסט לקוי. לפי סגנונו אינו של אבן אלתבאן.

לפני אל חי כורעים.– כ״י אוכספורד 1189, דף 36א, מס׳ 133. החתימה: ׳לוי חזק׳. לפי הסגנון פיוט מאוחר מזמנו של אבן אלתבאן. בפיוט אחר הרשום שם (׳לאל יוצרי אשבח׳, מס׳ 126) אמנם חתום גם כן ׳לוי חזק׳, אך הוא כנראה של לוי בן משה. ראה: ׳אוצר׳, אות ל, מס׳ 1293.

פיוטי משוררים אחרים שיוחסו לאבן אלתבאן

דלתיך הלילה לשבי חטא הותרו.– יוחס לאבן אלתבאן על־ידי שניאור זקש (המגיד, ט, עמ׳ 367) וש׳ ברנשטיין (סיני, יט, עמ׳ ריא). הפיוט כנראה של דויד אבן בקודה. החתימה: ׳דויד׳; עיין: ידיעות, ד, עמ׳ רפד.

יום לריב תעמד.– יוחס לאבן אלתבאן: ׳לוח פייטנים׳, עמ׳ 47; ׳עמודי העבודה׳, עמ׳ 155; ׳אוצר׳, אות י, מס׳ 1831; ועוד הרבה. הפיוט כנראה של לוי בן יצחק בן שאול (לוי

אבן מר שאול מקורדובה?). מכל־מקום, כך עולה מן הכתובת בכ״י T–S 5/61. ראה: שירמן, ידיעות, ד, עמ׳ רנד.

לאור בקר יחידתי.– ביאליק ורבניצקי הדפיסוהו בין שירי אבן גבירול (ו, חלק שני, עמ׳ 31) ונטו לייחסו ליהודה הלוי (שם, הערות, עמ׳ 24). וראה ׳אוצר׳, אות ל, מס׳ 132. החתימה: ׳לוי׳, ועל כן כלל ח׳ שירמן את הפיוט תחילה ברשימת שירי אבן אלתבאן (ידיעות, ד, עמ׳ רנו, מס׳ 15), אך כשגילה נוסח תקין בגניזה, נסתבר לו, שלשון הפיוט אינה תואמת את האסכולה הספרדית. מחברו לא נודע. ראה: ח׳ שירמן, ׳שירים חדשים מן הגניזה׳, ירושלים תשכ״ו, עמ׳ 475.

לוכד חכמים בערמם.– יוחס לאבן אלתבאן: קאופמן, *Jehuda Halevi*, עמ׳ 43. הוא חלק ו׳ מן הקרובה ׳את מלחמות ה׳ בהנקמו לי אחזה׳ ליהודה הלוי (׳אוצר׳, אות ל, מס׳ 589).

לחוץ ומחוץ ירימנו.– יוחס לאבן אלתבאן: ׳עמודי העבודה׳, עמ׳ 155. אך זהו סיום הפזמון ׳יודעי דעת אלהיכם׳ ליצחק הלוי בר זרחיה גירונדי (׳אוצר׳, אות ל, מס׳ 624).

לנפשי אומרה שובי.– יוחס לאבן אלתבאן: ידיעות, ד, עמ׳ רנז, מס׳ 32; ׳אוצר׳, אות ל, מס׳ 1221 (מציין: ׳סימן לוי׳). אין זה אלא מחרוזת שנייה מן השיר ׳שם אל קמתי לברך׳ לאבן גבירול (׳שירי שלמה׳, ו, עמ׳ 85, מס׳ פח). החתימה: ׳שלמה׳ (בראשי המחרוזות); אות למ״ד של ׳לנפשי׳ הוא חלק מחתימה זאת.

ערבו (נוסח אחר: ׳ערכו׳) **כיום רעיוני.**– יוחס לאבן אלתבאן (בגלל המלה ׳לוי׳ שבגוף השיר) על־ידי קאופמן, *Jehuda Halevi*, עמ׳ 42. השיר הוא של יהודה הלוי. עיין לעיל, בסוף הפרק השני של המבוא.

אם קראך אלי למשפט דינך.– כ״י אוכספורד 1081, דף 256ב: ׳רהוטה׳ (במדור לראש־השנה). לכאורה החתימה ׳לוי׳, אך הצירוף נראה מקרי. הוא מתחיל רק במחרוזת השנייה, אף־על־פי שהמחרוזת הראשונה אינה ׳מדריך׳, אלא כל המחרוזות שוות במבנן. אמנם במדור לשבת איכה שבכתב־היד יש גם שני פיוטים של אבן אלתבאן (אצלנו מס׳ יא, יד).

לאל יוצרי אשבח בשירי.– כ״י ששון 455, עמ׳ 43, סי׳ קכג. החתימה: ׳לוי חזק׳, אך בכתב־יד זה פיוטים רבים החתומים ׳לוי בן משה׳ ו׳לוי בן ישראל׳, ויש לשער, שגם ׳לאל יוצרי׳ נכתב בידי אחד הפייטנים הללו, ולא בידי לוי בן יעקב אבן אלתבאן.

למשפט כונן כסאו.– כ״י ששון 686, דף 7א; כ״י ששון 687, עמ׳ 12: ׳משלש׳. מצוי גם במקורות אחרים, בעיקר כתבי־יד של מנהג ארגיל. החתימה: ׳לוי׳ (שלוש פעמים). פיוט זה איננו אלא חלק שלישי של הקרובה ׳אתה כוננת מישרים׳ ליהודה הלוי, וכבר נדפס במקומות רבים. ראה: ׳אוצר׳, אות ל, מס׳ 1190.

מפתחות

המקורות

כתבי־יד

אדלר 2225, 2923, 3109

אוכספורד (ספריית הבודליאנה) 1081, 1133, 1137, 1138, 1139, 1145, 1162, 1164, 1190, 1970, 1971, 1972, Ms. heb. e 93

ברלין 91, 180, acc. 1928 / 386

גינצבורג 79, 197

ואטיקאן Barberini Or. 18

טיילור־שכטר (קיימבריג׳) H 5/22, H 15, 8 H 17/17

ירושלים (בית־הספרים הלאומי) 421 °8, 3312 °8

ירושלים (מכון בן־צבי לחקר קהלות ישראל במזרח) 1119

לונדון (המוזיאון הבריטי) 699

ליידן 94

מונטיפיורי 203

פראנקפורט (מרצבאכר) 87

קויפמאן 316ב (כיום: בודאפסט 1645)

קופנהאגן 30, 50

שוקן (מכון שוקן לחקר היהדות, ירושלים) 22, 36, 37

ששון (לונדון) 453, 455, 590, 902

מקורות שבדפוס — מחזורים וקובצי פיוטים

(מסודרים לפי שנת ההדפסה)

מחזור מנהג בני רומא... דפוס גרשם שונצינו, פאנו 1505(?).

סדר תפלות השנה כמנהג רומנייא, ויניציה 1522; קושטנדינה 1574.

מחזור ארם צובה, חלק ב׳ מסדור תפלות ר״ה ויה״כ..., ויניציה 1527.

שירים וזמירות ותשבחות ופיוטים ובקשות... לשבתות ימים טובים... מאוספים על־ידי ה״ר שלמה ב״ר מזל טוב, קושטנדינה ש״ה (1545).

מחזור חלק שני כמנהג ק״ק רומא, מאנטובה 1559.

מחזור חזונים כמנהג המערבים שנתגוררו בסיזילייא, קושטנדינה [1580, 1585?].

סדר ארבע תעניות... כמנהג ספרדים, ויניציה 1610; 1642; 1740.

אילת השחר, קינות סליחות ופיוטים, סדר... שומרים לבקר, מאנטובה 1612.

שפתי רננות... תפלות... בקשות סליחות... כמנהג ק״ק טריפולי, ויניציה 1711.

סדר לימים נוראים כמנהג... קארפינטראץ..., א–ב, אמשטרדאם 1739; סדר לשלש רגלים, א–ב, אמשטרדאם 1759; סדר של יום כפור, א–ב, אמשטרדאם 1766.

תפלת ישרים, סדר תפלה כמנהג ספרדים..., אמשטרדאם 1740; ויניציה 1775.

תחנונים וסליחות... כמנהג איטליאני, ויניציה 1760.

תפלת ישרים, ג, סדר חמשה תעניות, אמשטרדאם 1779.

ספר חכמת המסכן... קרוב״ץ... ק״ק ארגיל... נדפס לראשונה בשנת לבש״ר... וכעבור עשרים שנה... פעם השניה... שנת יראו בשוב ה׳, ליוורנו 1792 [כנראה בכ״ז 1772].

מחזור קטן לימים נוראים כמנהג... ספרדים, עם פירוש אברהם אלנקאר, ליוורנו 1803.

ספר הואיל משה באר, הגהות... ובאורים על התפלות כמנהג... קארפינטראץ, אויגניון, לישליה, קאוואליון... חיבר ר׳ משה כרמי (Crémieu), א–ו, עיש (Aix) 1829–1835.

דברי הצומות וזעקתם... כמנהג ספרדים, ליוורנו 1840.

סליחות לאשמורת הבקר... כמנהג... תוניס, ליוורנו 1845.

המקורות

חפת חתנים, פיוטים לשמחת תורה וליום החפה והמילה, ליוורנו 1847.

שירות של ימים טובים ושבתות כמנהג ק״ק קוג׳ין..., בומביי 1853.

מחזור כל השנה כפי מנהג ק״ק איטלייני, עם מבוא ש״ד לוצאטו, ליוורנו 1856.

סדר רב עמרם גאון ז״ל, ב, וארשה 1865.

מחזור קטן כמנהג קצונטינא..., ליוורנו 1872.

שירי רננות של ימים טובים ושבתות... חפה... ומילה (מנהג קוג׳ין), בומביי 1874.

מחזור קטן כמנהג ארגיל עם פירוש אברהם אלנקאר, ליוורנו 1878.

מחזור קטן... סדר תפלות בשתי כנסיות אשנוגא לכבירא וחברת גוגנהיים, ליוורנו 1886.

זמירות כמנהג ק״ק קארפינטראץ, J. S. & M. Crémieu, *Chantes hébraïques suivant le rite des communautés Israëlites de l'ancien Comtat Venaissin*, Aix 1886

תכלאל, סדור כולל כל תפלות השנה כמנהג ק״ק תימן..., ירושלים 1894–1897.

ספר מועדים לשמחה... תפלות לשלש רגלים כמנהג ק״ק בגדאד, בגדאד 1906.

חפת חתנים... שירים ותשבחות... לשמחת חתן וכלה ולכבוד שבת ומילה, עדן 1925.

סליחות כמנהג ק״ק תימנים, ליוורנו 1939.

קרוב״ץ... ק״ק ארגיל... ובעקבותיהם... ק״ק ג׳רדאיא, ג׳רבה 1939.

שפתי רננות... כמנהג ק״ק טריפולי... וק״ק ג׳רבה, ג׳רבה 1947.

רשימת המחקרים

(מחקרים הדנים באבן אלתבאן באקראי בלבד לא הובאו ברשימה)

אשתור א׳, ׳קורות היהודים בספרד המוסלימית׳, ב, ירושלים 1966, עמ׳ 323—325, 426.

לנדסהוטה א״ל, ׳עמודי העבודה — רשימת הפייטנים עם פיוטיהם׳, ברלין 1856, עמ׳ 154—156.

פגיס ד׳, ׳מקורות לפעולתו של לוי אבן אלתבאן במחקר הלשון׳, לשוננו, כז (תשכ״ג), עמ׳ 49—57.

קוקובצוב פ׳, ראה בסוף רשימה זו.

שירמן ח׳, ׳המשוררים בני דורם של משה אבן עזרא ויהודה הלוי׳, ידיעות המכון לחקר השירה העברית, ד (1938), עמ׳ 252—276 (מבוא על אבן אלתבאן, רשימת שירים, פרסום טכסטים מכתבי־יד); שם, ו (1946), עמ׳ 332 (מילואים).

שירמן ח׳, ׳השירה העברית בספרד ובפרובאנס׳, ירושלים—תל־אביב 1955—1956, א, עמ׳ 329—339; ב, עמ׳ 111; מהדורה שנייה, 1961, ב, עמ׳ 329—339; ד, עמ׳ 111.

Brody H., ‘Moses ibn Esra und Levi al-Tabbân’, *MGWJ*, LXXI (1927), pp. 49–53.

Derenbourg J. & H., *Opuscules et traités d’Abou’l-Walid Merwan ibn Djanah de Cordoue*, Paris 1880, p. 46.

Millás Vallicrosa J.M., *La poesía sagrada Hebraicoespañola*, Madrid 1940, pp. 285–287.

Sachs M., *Die religiöse Poesie der Juden in Spanien*, Berlin 1845, pp. 108, 289–290; 1901², loc. cit.

Steinschneider M., *Catalogus Librorum Hebraeorum in Bibliotheca Bodleiana*, Berlin 1852–1860, II, Cols. 1616–1617.

Steinschneider M., *Die arabische Literatur der Juden*, Frankfurt a. M. 1902, p. 145, § 96.

Vajda G., *Recherches sur la philosophie et la Kabbale dans la pensée juive du Moyen Age*, Paris 1962, pp. 132–133.

Zunz L., *Literaturgeschichte der synagogalen Poesie*, Berlin 1865, pp. 217–218.

Коковцов П., Къ исторіи средневѣковой еврейской филологіи, книга сравненія еврейскаго языка съ арабскимъ (׳יתר הפליטה מן כתאב אלמואזנה אשר חברו אבן אברהים בן ברון׳, סאנקט פטרבורג 1893), עמ׳ 12; חלק רוסי עמ׳ 15, 50.

לוח הקיצורים

(כולל פרסומים שפרטיהם הביבליוגראפיים לא הובאו במלואם בגוף הספר)

אוצר = י׳ דודזון, ׳אוצר השירה והפיוט מזמן כתבי הקודש עד ראשית תקופת ההשכלה׳ *(Thesaurus of Mediaeval Hebrew Poetry)*, ניוארק (Newark) 1923–1933.

אוצר תוס׳ = תוספת חדשה לאוצר השירה והפיוט *HUCA*, XII–XIII (1938), pp. 715–823

אוצר נחמד = י׳ בלומנפלד, ׳אוצר נחמד... כולל אגרות יקרות... בעניני האמונה והחכמה׳, וינה 1857.

איגרות שד״ל = ש״ד לוצאטו, ׳אגרות׳, הוצאת ש״א גראבער, פשמישל 1882–1894.

אלבוגן = I. Elbogen, *Der jüdische Gottesdienst in seiner geschichtlichen Entwicklung*, Frankfurt a. M. 1931

ביאור בראדי = ראה: ׳שירי החול׳.

בראדי־רי״ה = ח׳ בראדי, ׳דיואן, והוא ספר כולל כל שירי... יהודה בן ישראל (הלוי)׳, א–ד, ברלין 1894–1930.

ברן־יחד = א״מ הברמן, ׳ברן־יחד – ילקוט שירי תפלה עתיקים גם חדשים׳, ירושלים 1945.

בתולת בת יהודה = ש״ד לוצאטו, ׳בתולת בת יהודה – ליקוטי שירים מדיואן רי״ה׳, פראג 1840.

גבעת שאול = שאול בן עבדאללה יוסף, ׳גבעת שאול׳, הוצאת ש׳ קרויס, וינה 1923.

גנזי אוכספורד = צ״ה עדעלמאן ול׳ דוקעס, ׳גנזי אוכספורד *(Treasures of Oxford)*... כולל פיוטים ושירים נאספו... ונעתקו ללשון אנגלי׳, לונדון 1850.

דודזון (סתם) = ראה: ׳אוצר׳.

דודזון, ספר חזונים = י׳ דודזון, ׳חזונים – מסה ביבליוגראפית׳, וארשה 1927.

הואיל משה באר = משה כרמי (Crémieu), ׳ספר הואיל משה באר, הגהות... ובאורים על התפלות כמנהג... קארפינטראץ, אויגנון, לישליה, קאוואליון׳, עיש (Aix) 1829–1835.

המשוררים = ח׳ שירמן, ׳המשוררים בני דורם של משה אבן עזרא ויהודה הלוי׳, ידיעות, ב (1936), עמ׳ 117–194; ד (1938), עמ׳ 247–296; ו (1946), עמ׳ 249–347.

הרכבי = א׳ הרכבי, ׳רבי יהודה הלוי – קובץ שיריו ומליצותיו׳ (עם פירוש שד״ל), וארשה 1893.

השירה העברית = ח׳ שירמן, ׳השירה העברית בספרד ובפרובאנס׳, ירושלים–תל־אביב, מהדורה ראשונה 1955–1956, מהדורה שנייה 1961.

זקש (סתם) = M. Sachs, *Die religiöse Poesie der Juden in Spanien*, Berlin 1845; 1901[2]

חדשים גם ישנים ג׳ = א׳ הרכבי, ׳ארבעה מאמרים׳, בתוך: ׳חדשים גם ישנים׳, ג (הוספה ל׳המליץ׳, 1893, גליון 144).

חזונים = ׳מחזור חזונים כמנהג המערבים שנתגוררו בסיזילייא׳, קושטנדינה 1580 (1585?).

טל אורות = ש״ד לוצאטו, ׳טל אורות, אחד ושמונים שירים קדמונים...׳, פשמישל 1881.

ידיעות = ׳ידיעות המכון לחקר השירה העברית׳, ברלין–ירושלים 1935←.

ילין (סתם) = ד׳ ילין, ׳תורת השירה הספרדית׳, ירושלים 1940.

ילין, המשקלים = ד׳ ילין, ׳המשקלים בשירת ספרד׳, בתוך: ׳כתבים נבחרים׳, ב, ירושלים 1939, עמ׳ 190–215.

ילקוט הפיוטים = א׳ מירסקי, ׳ילקוט הפיוטים – מבחר שירים עתיקים׳, ירושלים–תל־אביב 1958.

לוח דיואן = ׳לוח השירים אשר בחלק א׳ וב׳ מהדיואן של רי״ה׳ (נדפס בדיואן רי״ה, מהדורת ש״ד לוצאטו, ליק 1864).

מפתחות

לוח הפיטנים = ש״ד לוצאטו, ׳לוח הפיטנים׳ (נחלת שד״ל, ב), בתוך: אוצר טוב, תוספת עברית ל־*MGWJ* (1880).

מבחר השירה = ח׳ בראדי ומ׳ וינר, ׳מבחר השירה העברית׳, לייפציג 1923.

מילאס ואליקרוסה = ראה: *La poesía sagrada*

נחלת שד״ל = ראה: ׳לוח הפיטנים׳.

ספר חזונים = ראה: ׳חזונים׳.

עמודי העבודה = א״ל לנדסהוטה, ׳עמודי העבודה – רשימת הפייטנים עם פיוטיהם׳, ברלין 1856.

קטלוג הבודליאנה = M. Steinschneider, *Catalogus Librorum Hebraeorum in Bibliotheca Bodleiana*, Berlin 1852–1860

קונטרס הפיוטים = ח׳ בראדי, ׳קונטרס הפיוטים הנלוה אל מחזור ויטרי׳, ברלין 1894.

רי״ה־בראדי = ראה: בראדי־רי״ה.

רשימת נויבאואר = A. Neubauer, *Catalogue of the Hebrew and Samaritan MSS in the Bodleian Library*, I–II, Oxford 1866–1906

שווארץ י״י = ׳אונזער ליד פון שפאניע – די גאלדענע שפאניש־העברעישע תקופה׳, ניו־יורק 1931.

שד״ל־רי״ה = ש״ד לוצאטו, ׳דיואן ר׳ יהודה הלוי׳, ליק 1864.

שירי החול = ח׳ בראדי, ׳משה אבן עזרא, שירי החֹל׳, ברלין 1935; ׳ביאור לדיואן משה אבן עזרא׳, ירושלים 1941.

שירי שלמה בן יהודה אבן גבירול = מהדורת ח״נ ביאליק וי״ח רבניצקי, ברלין–תל־אביב 1924–1932.

שירים וזמירות ותשבחות = ׳שירים וזמירות ותשבחות... לשבתות ימים טובים... מאוספים על־ידי ה״ר שלמה ב״ר מזל טוב׳, קושטנדינה ש״ה (1545).

שירים חדשים מן הגניזה = ח׳ שירמן, ׳שירים חדשים מן הגניזה׳, ירושלים תשכ״ו.

שער השיר = ח׳ בראדי וק׳ אלברכט, ׳שער השיר׳, *Die neuhebräische Dichterschule der spanisch-arabischen Epoche*, Leipzig 1905 = *The New-Hebrew School of Poets of the Spanish Arabian Epoch*, London 1906

תכלאל = ׳סדור כולל כל תפלות השנה כמנהג ק״ק תימן׳, ירושלים 1894–1897.

תשעה שירים = ד׳ ירדן, ׳תשעה שירים חדשים לרבי משה בן עזרא ואחד לרבי יוסף בן סהל׳, מולד, יט, חוברת 161–162 (דצמבר 1961), עמ׳ 630–633.

AZDJ, *AZJ* = *Allgemeine Zeitung des Judenthums*, Berlin–Leipzig 1837–1889.

Benedetti S. de, *Canzoniere Sacro di Giudà Levita*, Pisa 1871.

Bernhard E., *Jehuda Halevi — Ein Diwan*, Berlin (בלי תאריך).

EJ = *Encyclopaedia Judaica*, I–X, Berlin 1928–1934.

Geiger A., *Divan des Castiliers Abu-l Hassan Juda ha-Levi*, Breslau 1851.

Goldziher J., *Kitâb ma'âni al-nafs — Das Buch vom Wesen der Seele*, Göttingen 1907.

Heller S., *Die echten hebräischen Melodieen*, Trieste 1893.

D'Herbelot B. de Molainville, *Bibliothèque Orientale*, Paris 1697.

HUCA = *The Hebrew Union College Annual*, Cincinnati 1924 →.

JE = *The Jewish Encyclopaedia*, I–XII, New York 1901–1905.

JQR = *The Jewish Quarterly Review*, London–Philadelphia 1888 →.

KNP = L. Dukes, *Zur Kenntnis der neuhebräischen religiösen Poesie*, Frankfurt a. M. 1842.

L'Amour de Dieu = G. Vajda, *L'Amour de Dieu dans la théologie juive du Moyen Age*, Paris 1957.

לוח הקיצורים

La poesía sagrada = J. M. MILLÁS VALLICROSA, *La poesía sagrada Hebraico-española*, Madrid 1940.

LG = L. ZUNZ, *Literaturgeschichte der synagogalen Poesie*, Berlin 1865.

MGWJ = *Monatsschrift für Geschichte und Wissenschaft des Judentums*, Breslau 1852–1939.

Opuscules = J. & H. DERENBOURG, *Opuscules et traités d'Abou'l-Walid Merwan ibn Djanah de Cordoue*, Paris 1880.

Orient = *Literaturblatt des Orients*, Leipzig 1840–1851.

Polem. Apol. Lit. = M. STEINSCHNEIDER, *Polemische und apologetische Literatur in arabischer Sprache*, Leipzig 1877.

REJ = *Revue des études juives*, Paris 1880 →.

ROSENZWEIG FRANZ, *Jehuda Halevi — Zweiundneunzig Hymnen und Gedichte*[2], Berlin 1926.

SP = L. ZUNZ, *Die synagogale Poesie des Mittelalters*[2], Frankfurt a. M. 1920.

Studien = H. BRODY, *Studien zu den Dichtungen Jehuda ha-Levi's*, Berlin 1895.

WZJT = *Wissenschaftliche Zeitschrift für jüdische Theologie*, Frankfurt a. M. 1835–1847.

ZDMG = *Zeitschrift der deutschen morgenländischen Gesellschaft*, Leipzig 1846→.

Die Zeit = *Die Zeit (Hamechaker) — Zeitschrift für jüdische Theologie und Geschichte*, Budapest 1878–1881.

לוח החריזה

מקף (כגון: א–א) מציין חריזה פנימית בצלעיות הטור. אות גדולה (**א**, **ב**) מציינת חרוזים נשנים, בעיקר בטורי האיזור. מ״ם גדולה מציינת מלה קבועה וחוזרת תמורת החרוז בסוף כל טור (סעיף 4 בלוח זה) או בסוף כל מחרוזת (סעיף 5).[1] הסימן + (כגון: א–א–+–ב) מציין צלעית פנימית נטולת חרוז בכמה מבין התבניות המורכבות.

1. חרוז מבריח ומשקל קלאסי

מס׳ א, ב, ג, ד, ה, ו, ז, ח, ט, י, יא, יב, יג, כ, כח, סז, סח, סט, ע.

2. שירי־איזור ללא מדריך

א א א / **ב** // ג ג ד ד / **ב** // ה ה ו ו / **ב** // ... מס׳ טו.
א–א א–א א–**ב** // ג–ג ג–ג / **ב** // ד–ד ד–ד / **ב** // ... מס׳ לד.
א–ב א–ב א–ב / ג–ג ג–ג // ד–ה ד–ה ד–ה / ג–ג // ... מס׳ מא.
א–ב א–ב א–ב / ג–ד // ה–ו ה–ו ה–ו / ג–ד // ... מס׳ כה.
א–ב א–ב א–ב / ג–ג ג–ד // ה–ו ה–ו ה–ו / ז–ז ז–ד // ... מס׳ כג.
א–ב א–ב א–ב / ג–ד ג–ד // ה–ו ה–ו ה–ו / ג–ד ג–ד // ... מס׳ כב, לג (שווים גם במשקלם).
א–א–ב ג–ג–ב ד–ד–ב / ה–ה // ו–ו–ז ח–ח–ז ט–ט–ז / **ה** // ... מס׳ ס.

3. שירי־איזור בעלי מדריך

א (פסוק) // ב ב ב **א** // ג ג ג **א** // ... מס׳ טז (השווה סעיף 5, מס׳ נ).
א א // ב ב ב / **א** // ג ג ג / **א** // ... מס׳ מו, סה.
א א // ב ב ב / **א א** // ג ג ג / **א א** // ... מס׳ מח.
א א // ב–ג ב–ג ב–ג / **א א** // ... מס׳ לט.
א א // ב–ג ב–ג ב–ג / **א א** // ד–ה ד–ה ד–ה / **א א** // ... מס׳ כז.
א–א–א // ב–ב ב–ב / **א** // ג–ג ג–ג / **א** // ... מס׳ יד.
א א א א // ב ב ב ב / **א** // ג ג ג ג (ג) / **א** // ... מס׳ נט.
א א א א // ב ב ב ב / ב–**א** // ג ג ג ג / ג–**א** // ... מס׳ יז, סב.
א א א א // ב ב ב ב / ב–**א** // ג ג ג ג / **א** // ד ד ד ד / **א** // ... מס׳ סא.
א א א א // ב ב ב ב / **א א** // ג ג ג ג / **א א** // ... מס׳ נא.
א א א א // ב ב ב ב ב / **א** // ג ג ג ג ג / **א** // ... מס׳ נה.
א–א–א א // ב–ב / ב–**א** (**א** פזמון) // ג–ג ג–ג / **א** (**א**) // ד–ד ד–ד / **א** (**א**) // ... מס׳ מב.
א–א–ב // ג ג ג / **א–א–ב** // ד ד ד / **א–א–ב** // ... מס׳ כא.
א–ב א–ב // ג–ד ג–ד ג–ד / **א–ב א–ב** // ה–ו ה–ו ה–ו / **א–ב א–ב** // ... מס׳ עב.
א–ב א–ב // ג–ד ג–ד ג–ד / ד–**ב** // ה–ו ה–ו ה–ו / ו–**ב** // ... מס׳ לב.
א–ב א–ב // ג ג ג / ד–ב ד–**ב** // ה ה ה / ו–ב ו–**ב** // ... מס׳ כו.
א–ב א–ב א–ב א–ב // ג–ד ג–ד ג–ד / ג–**ב** // ה–ו ה–ו ה–ו / ה–**ב** // ... מס׳ לו.
א–ב א–ב א–ב ג // ד–ה ד–ה ד–ה / ד–ב **ג** (פזמון) // ... מס׳ סד.
א–א ב–א // ג–ד ג–ד ג–ד / **א–א ב–א** // ה–ו ה–ו ה–ו / **א–א ב–א** // ... מס׳ יט.
א–א // ב–ב–ג ד–ד–ג ה–ה–ג ו–ו–ג ג / **א**–(**א** פזמון) // ז–ז–ח ט–ט–ח י–(י)–ח כ–כ–ח / **א**–(**א**) // ... מס׳ כט.
א–א–**ב** ג–ג–**ב** ד–ד–**ב** ה–ה–**ב** (**ב**) // ו–ו–ז ח–ח–ז ט–ט–ז / י–י–**ב** (**ב**) // ... מס׳ מה.

1 שני סוגי התבניות הללו קרובים זה לזה; טורים בעלי חריזה פנימית מתחלפת (א–א–ב/ג–ג–ב) אפשר לראותם גם כמחרוזות, אם מחשיבים כל צלעית כטור בפני עצמו (א א ב // ג ג ב).

א (פסוק) / ב–ב–+–א / ג–ג–+–א / ד–ד–+–א / ה–ה–+–ו / ז–ז–+–ו / ח–ח–+–ו /
ט–ט–+–ו // י–י–+–א // ... מס׳ כד.

א–א–+–ב ג–ג–+–ב ד–ד–+–ב ב // ה–ה–+–ו ז–ז–+–ו ח–ח–+–ו ט–ט–+–ו / י–י–+–ב //
... מס׳ לה.

4. מלה קבועה (מ) בסופי הטורים וחריזה פנימית

א–א–מ / ב–ב–מ / ג–ג–מ / ... מס׳ יח.

א–א–א–מ / ב–ב–ב–מ / ג–ג–ג–מ / ... מס׳ מז, סו, עא.

א–מ–א–מ / ב–ב–ב–מ / ג–ג–ג–מ / ... מס׳ מד.

5. מעין שירי־איזור

חרוז מתחלף בסטרופות ומלה קבועה (מ) בסוף המחרוזות תמורת חרוז של טור איזור. המלה הזאת נחרזת לפעמים עם סיומי הטורים הסמוכים לה (חרוזים אלה צוינו במ״ם קטנה). השווה לסעיף הקודם וראה לעיל בהערה.

מ (פסוק) // א א א מ // ב ב ב מ // ... מס׳ נ (השווה גם סעיף 3, מס׳ טז).

מ מ // א א א א / מ // ב–ג ב–ג ב–ג ג / מ // ד ד ד ד / מ // ... מס׳ לא.

מ מ מ מ // א א א / מ מ // ב ב ב / מ מ // ... מס׳ מט.

מ מ מ // – בחמש המחרוזות הראשונות: א א מ // ב ב מ //...; בשאר המחרוזות: ג ג ג מ //
ד ד ד מ // ... מס׳ מ.

מ מ מ מ // א א א / א–מ // ב ב ב / ב–מ // ... מס׳ סג.

א–מ א–מ // ב–ב ב–ב ב–ב / ב–מ // ג–ג ג–ג ג–ג / ג–מ // ... מס׳ לח.

א–מ א–מ א–מ א–מ // ב–ג ב–ג ב–ג ב–ג / מ // ד–ה ד–ה ד–ה ד–ה / מ // ... מס׳ נג.

6. חרוז קבוע (או מלה קבועה — מ) בסופי הטורים

פרט לשני הטורים האחרונים, שלהם חרוז שונה (רק בפיוטי ׳גמר׳).

א א א א ... ב ב: מס׳ נו, נז.

מ מ מ מ ... ב ב: מס׳ נח.

7. צורות סטרופיות אחרות

א א א // ב ב ב // ג ג ג // ... מס׳ מג.

א א א א // ב ב ב ב // ג ג ג ג // ... מס׳ נד.

א–א / ב–ב / ג–ג / ... מס׳ נב.

א–א // ב–א ב–א ב–א א (פזמון) // ג–א ג–א ג–א א א //... מס׳ ל (מסופק; חרוז סופי דל).

א–ב א–ב / א–א // ג–ד ג–ד / ג–ג // ה–ו ה–ו / ו–ו // ... מס׳ לז.

לוח המשקלים

1. משקלים קלאסיים (במתכונת חריזה מברחת)

המרובה (⏑ – – – | ⏑ – – – | ⏑ – –): מס׳ ד, ו, יג, סז, סח.
המרנין (⏑ – – – | ⏑ – – – | ⏑ – – – | ⏑ – – –): מס׳ מה (מקוצר בשני הטורים הראשונים: ⏑ – – – – ⏑ – –).
הארוך (⏑ – – ⏑ – – – | ⏑ – – ⏑ – – – –): מס׳ יב, כ.
צורה של הארוך (⏑ – – ⏑ – – – – | ⏑ – – – ⏑ – ⏑ ⏑ –): מס׳ ח, י.
הקל (– ⏑ – – | ⏒ – ⏑ – | – ⏑ – –): מס׳ ט, ע.
השלם (– – ⏑ – | – – ⏑ – | – – ⏑ –): מס׳ ב, ג.
השלם המקוצר בסופו (– – ⏑ – | – – ⏑ – | – – –): מס׳ ה, ז.
המהיר (מקוצר) (– – ⏑ – | – – ⏑ – | – –): מס׳ יא, כח.
המתפשט (מקוצר) (– – ⏑ – | – – | – – ⏑ – | – –): מס׳ א (ראה גם להלן, סעיף 3, מס׳ יד).
משקל התנועות (– – – – | – – – –): מס׳ סט.

2. משקלים קרובים לקלאסיים

אין בהם סדירות גמורה; לכאורה שווה רק מספר התנועות, ואילו השוואים הנעים והחטפים אינם במניין, אבל הללו נוטים להופיע במקומות קבועים ויוצרים לרוב עמודים של יתדות.
מעין משקל הארוך (⏑ – – – – – – או ⏑ – – – ⏑ – – –, בלא סדירות גמורה): מס׳ מו.
מעין משקל המרנין: מס׳ מד.
צירוף של משקל קלאסי ומשקל סילאבי (של תנועות בלא מניית שוואים); בכל טורי הסטרופות ובשתי הצלעיות הראשונות של כל טורי האיזור – המרנין; בשתי הצלעיות האחרונות של טורי האיזור – 6 תנועות; השוואים אינם במניין (מפני שהצלעיות הללו הן פסוקים): מס׳ כד.

3. סכימות מטריות מיוחדות בשירי־איזור

– – – – – – – | – – ⏑ – –: מס׳ עב.
– ⏑ – | – ⏑ – – | – ⏑ – | – ⏑ – – (לפעמים ⏑ – – | – ⏑ – –): מס׳ מא.
– ⏑ – – | – ⏑ – – –: מס׳ כו (אולי דוגמת אחת הצורות של המתקרב; ראה: ד׳ ילין, ׳כתבים נבחרים׳, ב, עמ׳ 192, 199, ובשניהם סי׳ 63 בהערה).
– – – ⏑ – – | – – ⏑ – – –: מס׳ מח; לפעמים נחשב שווא לתנועה (⏑ – ⏑ – –).
– – – ⏑ – – – – – | ⏑ – – –: מס׳ כז.
– – – ⏑ – – – – – | – – – ⏑ – – –: מס׳ כב, לג (שווים גם במתכונת החריזה).
בטורי הסטרופות: – – – ⏑ – – – | – – – ⏑ – – –; באיזור: – – – ⏑ – – – –: מס׳ יד (מעין המתפשט).
בטורי הסטרופות: – ⏑ – – – –; באיזור: – ⏑ – – – – | – ⏑ – – – – – | – ⏑ – –: מס׳ כא.

4. מספר קבוע של תנועות בטור

השוואים הנעים והחטפים אינם במניין; לפעמים תנודות קלות במקומות בודדים.

3 תנועות בצלעית (12 תנועות בטור): מס׳ לה (מרובע).
4 תנועות בצלעית (8 בטור): מס׳ לא, לב.
5 תנועות בצלעית (10 בטור): מס׳ כה, לט.
6 תנועות בצלעית (12 בטור): מס׳ יז, מט, נג, נה, נו, נז, נח, סא, סג.
7 תנועות בצלעית (14 בטור): מס׳ לו, סד.
8 תנועות בצלעית (16 בטור): מס׳ סה.
9 תנועות בטור: מס׳ נ.

לוח המשקלים

צלעיות בלתי־שוות, במתכונת מטרית סדירה:

4 ו־5 תנועות בטורי הסטרופות, 4 ו־4 תנועות בטורי האיזור: מס׳ כג.

5 ו־6 תנועות: מס׳ יט.

4 ו־4 ו־5 תנועות בטורי הסטרופות, 4 תנועות בטורי האיזור: מס׳ ס.

5. מספר משתנה של תנועות

(כדי תנודות של תנועה אחת או שתיים בטור)

4 עד 6 תנועות: מס׳ לח.

5 עד 6 תנועות: מס׳ ל, נא.

5 עד 7 תנועות: מס׳ נט.

6 עד 7 תנועות: מס׳ לד (סיומי הסטרופות קצרים יותר), מב.

6 עד 8 תנועות: מס׳ לז.

7 עד 8 תנועות: מס׳ מז.

8 עד 10 תנועות: מס׳ כט.

6 עד 11 תנועות: מס׳ סב.

6. בלתי־סדירים

(תנודות של שלוש תנועות ויותר מטור לטור)

מס׳ טו, טז, יח, מ, מג, נב, נד, סו, עא.

מפתחות

התחלותיהם של השירים

The poems are presented in five sections. The secular poems stand by themselves, in the final section. The liturgical poems have been grouped chiefly according to their main themes. No attempt has been made to maintain a strict order following *genres*. *Genres*, in liturgical poetry, are chiefly defined by liturgical use, but, as to the specific use of each poem, differing rites at times provide conflicting evidence.

Each poem has been printed to conform to its best available source, without textual emendation, except in very few cases, but all variant readings in other sources are given. Further, each text is accompanied by a textual commentary and by general remarks on its *genre*, form, theme, sources and other bibliographical particulars, as well as its specific problems of authorship.

LEVI B. YA'AQOV IBN AL-TABBĀN, an important Hebrew poet and grammarian, lived in Saragossa, Spain, in the second half of the 11th century.

The Poems of Levi Ibn al-Tabbān is a critical edition of his extant works — about seventy poems, most of them liturgical and only a few secular — which are here assembled for the first time. Definite proof of his authorship is to be found only in some instances, but, according to the sources and other evidence, all of the poems here included may be ascribed to him.

The sources for this edition are MSS dating from the 13th to the 18th century from Provence, North Africa, Turkey, the Yemen and elsewhere, and also early printed prayer books and liturgical collections from Provence and Italy in the West to India in the East. Many of Ibn al-Tabbān's poems have been published by various scholars, but never yet in a complete collection. The editor has used these publications as well as the scholars' notes and commentaries, but has checked them with the MSS, added variant readings from parallel sources, and, in some instances, chosen a better source for publication. Some of the poems have not previously been published in any form.

The Introduction deals with biographical, bibliographical and literary problems. The first part expounds the few surviving testimonies about Ibn al-Tabbān as poet and grammarian by his contemporaries — for example, his friends Moses Ibn Ezra and Yehuda Halevi, and his disciple the grammarian Yiẓḥaq Ibn Barūn — and testimonies from later sources: Abraham Ibn Ezra, Yehuda al-Ḥarīzi, Yosef Ibn Wakār, Eliyahu Baḥur and others. The extant passages from his grammatical and exegetical works are here presented, as well as data about his son Ya'aqov, who also was a poet.

The second part of the Introduction treats of the problem of authorship. Many of Ibn al-Tabbān's poems have been attributed to Yehuda Halevi and others, and, conversely, poems by others attributed to Ibn al-Tabbān. The problem of authorship, which had already intrigued the mediaeval editors of Yehuda Halevi's *Diwān*, must be examined in each case, even if the poem has survived in its original form, and, of course, all the more so if the text and the acrostichon are corrupted. Some possible solutions are suggested by the editor.

The third part of the Introduction analyses Ibn al-Tabbān's poetry, its innovations and its adherence to the poetical tradition, its *genres* and rhyme-patterns.

CONTENTS

[iii]

Printed at the Central Press, Jerusalem

PUBLICATIONS OF THE ISRAEL ACADEMY OF
SCIENCES AND HUMANITIES

SECTION OF HUMANITIES

THE POEMS OF LEVI IBN AL-TABBĀN

Critical Edition with Introduction and Commentary

by

DAN PAGIS

JERUSALEM 1967